신선한

중국어문법

普通话的语法

pǔtōnghuà de yǔfǎ

Mandarin Grammar

강식진 · 이수진

신아사

이 책을 펴내는 까닭

중국인들과 중국 물건이 온통 이 지구를 뒤덮고 있다.

세계는 미국과 중국의 양 대국 시대로 재편되었다.

우리는 중국과의 무역거래에서 오는 흑자로 살고 있는 실정이다.

중국어는 이제 선택이 아니다. 필수이다.

다른 나라 말을 배운다는 것은 그 나라 말의 소리, 낱말, 문법, 문화, 그리고 중국어의 경우는 문자까지 익힌다는 뜻이다.

외국어는 듣고, 말하고, 읽고, 쓰기 위해 배우는 것이다. 요즈음에는 듣고 말하기만을 강조하는 풍조가 있다. 듣고 말하기가 중요하다고 해서 중국어의 규칙을 무시하고 말할 수 있는 노릇은 아니다.

바르게 말하고 쓰기 위해서, 그리고 제대로 알아듣고 읽기 위해서, 정확한 뜻을 알기 위해서는 반드시 그 나라 말의 규칙을 알아야한다. 말의 규칙이 곧 문법이다. 문법을 모르면서 바르게 말하고 쓸 수 없으며, 제대로 듣고 읽을 수 없다.

중국어를 하는 사람은 많지만 제대로 하는 사람은 드물고, 나아가 엉터리 중국어의 어디가 왜 제대로 되지 않았는지 꼬집어 설명할 수 있는 사람은 더욱 드물다.

이 책은 궁극적으로 중국어를 하되 제대로 하지 못하는 사람들에게 유익할 것이다.

중국어의 음소는 중요한 변별자질과 성조를 제외한 음절 구성이 한국어와 같으며, 낱말의 구성단위가 한국어와 같은 음절이기에 얼마간의 학습으로도 중국인이 알아들을 수 있도록 발음할 수 있고 또 음소를 분별하여 들을 수 있다. 따라서 얼마간의 중국어 학습으로도 중국인으로부터 중국인처럼 중국어를 잘 한다는 칭찬을 듣고 스스로 오해하는 경우가 많은데, 이는 어디까지나 초보적 단계의 과찬에 지나지 않는다. 진정으로 중국어를 잘 하기 위해서는 많은 어휘와 문법 지식을 알고 있어야 한다.

중국어의 문법은 영어나 한국어에 비해 훨씬 단순하다는 것이 일반적 견해이다. 중국어는 'I' 'my' 'me' 'mine'처럼 낱말이 굴절하지도 않고, '내가'

'나의' '나를' '나에게'처럼 낱말에 다른 낱말을 첨가하여 문법적 자격을 부여하지도 않으며 오로지 낱말의 순서와 몇 개의 문법형태소로 문법요소를 결정하는 고립어이기 때문에 외국인이 학습하기에는 단순하고 쉽다.

중국어에는 비록 정밀하고도 정확한 굴절이나 첨가 현상이 없지만, 당연히 모든 것을 표현 할 수 있는 문법 체계는 갖추고 있다. 따라서 문법의 단순함이 오히려 문법 현상의 파악을 어렵게 하는 점이 있다.

이 책은 이러한 점에 중점을 두고 가장 기본적인 것에서부터 문법적 해설이 어려운 수준까지 모두 올바르게 중국어를 구사하고 남을 가르치는데 도움이 되도록 노력하여 만들었다.

이 책은 원래 학생들을 가르치면서 틈틈이 입력해 두었던 파일을 최근 몇 년간 정리하여 교재로 쓰다가 몇 분의 권유가 있어 출판하게 된 것이다.

특히 중국어 중등교사 임용고사 등에 마땅한 수험서가 없어 고민하던 중 이 책을 활용하여 많은 효과를 본 것이 이 책을 출판하는데 용기를 주었다.

이 책이 독자들에게 도움이 된다면, 이런 책은 회사의 적자를 증가시킬 수도 있을 터인데 출판을 결정한 신아사에 그 공을 돌리고 싶다.

2013년 4월

부산대학교 연구실에서 씀

각종 형식의 한국어, 영어, 중국어 등의 표기 규칙

⑴ 중국의 인명, 서명, 논문 등의 표기

중국의 인명(人名)은 한자[한국한자음]으로 서명(書名)은 ≪한자[한국한자음]≫으로 표기하였으며, 논문명(論文名)과 저서 속이나 논문 속의 편장명(編章名) 등은 한자 원문을 그대로 < > 속에 표기하였다.

马建忠[마건충] 周德清[주덕청]
≪马氏文通[마씨문통]≫ ≪康熙字典[강희자전]≫
<聲調究竟有沒有用處>

⑵ 서양의 인명, 서명, 논문 등의 표기

서양인의 인명은 한글(원문)으로 표기하고 서명과 논문은 ≪원문≫으로 표기하였다.

파이크(Kenneth Lee Pike)
≪Tone Languages≫

⑶ 각주 문헌 표기

중국의 저서는 '저자명 한자[한국한자음], ≪저서명 원문≫(출판지역:출판사, 출판년도)'로 표기하고, 논문은 '저자명 한자[한국한자음], ≪논문집명≫(권호수, 출판년도)로 표기하고, 한국어나 서양의 저서는 '저자명 원문, ≪저서명 원문≫(출판지역:출판사, 출판년도)로, 논문은 '저자명 원문, ≪논문집명≫(권호수, 출판년도)로 표기하였다.

郭锦桴[곽금부], ≪汉语声调语调阐要与探索≫(北京:北京语言学院出版社, 1993)

后觉[후각], <声调究竟有没有用处>, ≪国语月刊≫(第一卷 第八期, 1922)

Kenneth, L. Pike, ≪Tone Languages≫(Ann Arbor, Michigan U.S.A.: University of Michigan Press, 1948)

⑷ 학술용어의 표기

각종 학술어는 제일 먼저 쓰인 경우는 가능한 한 한국어, 영어, 중국어 용어를 병기하여 용어의 정의를 명확하게 하고 이후 등장할 때는 한국어 용어를 주로 사용하였다. 학술 용어의 각국 병기 방식은 아래와 같다.

①한국어만 쓰는 경우

형태소

형태론

②한국어에 한국 한자나 영어를 병기하는 경우

형태소(形態素)

형태론[morphology]

③한국어에 한국 한자와 영어를 함께 병기하는 경우

형태소(形態素)[morpheme]

형태론(形態論)[morphology]

④한국어에 한국 한자와 중국어를 함께 병기하는 경우

형태소(形態素)[语位]

형태론(形態論)[构词法]

⑤한국어에 한국 한자와 영어 및 중국어를 모두 병기하는 경우

형태소(形態素)[morpheme:语位]

형태론(形態論)[morphology:词法/构词法]

⑥같은 의미의 용어가 여러 가지 있을 때는 '/'로 표시하였다.

형태소(形態素)[morpheme:词素/语素/语位]

형태론(形態論)[morphology/morphemics:词法/构词法]

⑸ 중국어의 표기

중국어를 그대로 인용할 때는 인용 부호를 써서 간체자로 표기하였으며, 특별히 필요할 때는 번체자로도 표기하였다.

'这个椅子'는 확정적인 것이며, …

'南头儿' '北头儿'은 복합 방위사가 아니라, …

목 차

第一編

중국어 문법 서설

우리가 '문법'이라고 번역하고 있는 'grammar'는 원래 그리스어 'grammatike'에서 유래된 것으로 '문장을 쓰는 기술'이란 뜻이다. 말을 바르게 하고 바르게 쓰기 위한 기술로서의 문법은 그리스어와 라틴어의 연구 단계를 거쳐, 16세기에 이르면 유럽 각국의 모국어에 대한 관심과 연구로 이어진다. 이때 학자들은 라틴어 문법 연구 방법을 그대로 준용하여 모국어를 분석하였다. 이러한 연구 방법을 전통문법(傳統文法) [traditional grammar]이라 한다. 이즈음의 문법 학자들은 그리스어와 라틴어의 문법에 맞도록 자국어의 문법을 규칙화하였고, 이것은 대중에게 규범적(規範的) 역할을 하였으므로 전통문법은 곧 규범문법(規範文法) [prescriptive grammar]이라 할 수 있다. 20세기에 들어 구조언어학이 발달하자 문법 연구도 전통적인 규범문법에서 벗어나, 어느 한 언어에 발생하고 있는 문법 현상을 있는 그대로 기술하게 되었다. 이를 기술문법(記述文法) [descriptive grammar)이라고 한다. 기술문법에서는 '과학으로서의 문법'과 방법적인 엄밀함을 강조하였으나, 통사론적인 측면에서는 오히려 전통문법보다 후퇴하였다. 이런 현상을 타개하기 위해 나타난 것이 변형생성문법(變形生成文法) [transformational-generative grammar]이다.

한편 중국에서도 20세기 말엽 라틴 문법 체계를 모방하고 허자(虛字)에 대한 이론을 세워 ≪文通≫[1)]이라는 문법서가 저술된 이후 지금까지 여러 하위 분야에 걸쳐 다각적 문법 연구서가 출판된다.

한국에서는 'grammar'를 보통 '문법'이라고 하지만 중국에서는 이를 '语法'라고 한다. 한국에서는 '어법'이란 말에는 '말하는 법' 혹은 '어투' 등의 의미가 있기 때문 'grammar'를 '어법'이라고는 하지 않지만 중국어에서 '文法'이란 말은 '作文造句之法'(글을 쓰는 법)의 의미가 있으므로 대개 '文法'이라고 하지 않는다.

또한 중국에서는 형태론을 '词法' 혹은 '构词法'라고 하고 통사론은 '句法' 혹은 '造句法'라고 하는데, 중국어는 낱말의 굴절이 없어 형태론적 고찰 대상이 다른 언어에 비해 풍부하지 않다. 따라서 중국어 문법은 형태론 보다는 통사론에 치우칠 수밖에 없으며, 실제로 중국어 문법 학자들은 통사론적 고찰 방법, 즉 '句法'만을 '语法'이라하기도 한다.

---

1) 1898년 출판, 马建忠[마건충]이 지었기 때문에 흔히 ≪马氏文通[마씨문통]≫이라고 함.

1 말의 분절성과 문법

인간은 연속적으로 이루어진 아날로그[analogue] 시계(視界) 현상을 분절적인 디지털[digital] 방식으로 표현하는 수밖에 없다. 예를 들면 무지개의 색깔은 파장에 따라 가시광선인 빨강색부터 보라색까지 무한대의 연속적인 색으로 구성되어 있음에도 불구하고 이를 보고 빨강, 주황, 노랑, 초록, 파랑, 남색, 보라' 일곱 가지로 분절하여 표현할 수밖에 없다. 이렇게 연속적인 사물을 불연속적인 것으로 쪼개어 표현하는 것을 '개념의 분절'이라고 한다. 이러한 개념의 분절은 언어에 그대로 반영될 뿐 아니라 언어 자체도 분절적으로 이루어져 있다. 예를 들면, '개구리가 황소를 삼켰다.'라는 문장은 음성의 단위별로 '개구리 + 가 + 황소 + 를 + 삼켰다'로 나눌 수 있을 것이며, 각 음성의 단위는 다시 '개구리'는 'ㄱ+ㅐ+ㄱ+ㅜ+ㄹ+ㅣ'와 같이 분절할 수 있다. 이와 같이 말의 신호가 나누어지는 것을 기호의 분절이라고 한다. 하나의 문장은 위와 같이 1차적으로 의미를 가진 소리의 덩어리, 즉 형태소(形態素)로 나눌 수 있으며, 이 소리의 덩어리는 2차적으로 한 언어의 체계 내에서 변별의 기능을 하는 소리, 즉 음소(音素)로 나누어 질 수 있다. 말이 분절된다는 특성은 아래와 같이 계층적인 구조로 이루어져 있음을 나타낸다.

문장[sentence]
1차 분절 ↓
형태소[morpheme]
2차 분절 ↓
음소[phoneme]

언어는 음파의 연속적인 집합으로 이루어져 있지만, 인간은 이런 소리들을 분석적으로 받아들이고 표현한다. 말의 소리는 자음이나 모음, 무기음이나 유기음, 유성음이나 무성음, 파열음, 파찰음, 마찰음 따위의 음소로 분절하여 이해할 수 있으며, 이러한 음소들은 일정한 규칙에 따라 낱말을 형성하고 낱말 역시 일정한 규칙에 따라 문장을 형성한다. 이렇게 각 분절의 단위에 적용된 규칙을 '문법[grammar]'이라고 하므로 문법은 다시 말해 음운론, 형태론, 통사론의 규칙이라고 할 수 있다.

인간이 말을 하기 위해 발음 기관에서 만들어 낸 소리를 음성(音聲)이라고 한다. 모든 음성은 물리학적으로 동일한 것이 절대 있을 수 없으므로 그 가짓수는 무한대라고 할 수 있다. 이렇게 동일성이 없는 소리임에도 불구하고 한 언어 체계 내에서 다른 것과 구별되어지는 소리로 두뇌가 인식하는 소리, 즉 변별적 기능을 하는 소리를 음소(音素)라고 한다. 따라서 말은 무한대의 음성에서 30개 내지 40개 정도의 변별 기능을 가진 음소를 기반으로 다시 무한대의 문장을 만들어 낼 수 있는 신호 체계라고 할 수 있다.

말은 이렇게 분절적으로 구성되어 있으므로 말에 대한 연구 역시 말의 분절 층위에 따라 다음과 같은 연구 분야가 있다.

음성[voice:语音]→음성학[phonetics:语音学]

음소[phoneme:音位]→음소론[phonemics]/음운론[phonology:音位学/音韵学/声韵学/音系学]

형태소[morpheme:词素/语素/语位], **낱말/단어**[word:词]→형태론[morphology/mor-phemics:词法/构词法]

문장/문/월[sentence:句子/句]→통사론/통어론[syntax:句法/造句法/句子结构学]

언어의 음성 구조를 연구하는 분야로는 음성학(音聲學)과 음운론(音韻論)이 있으며, 낱말의 구조를 연구하는 분야를 형태론(形態論), 문장의 구조를 연구하는 분야를 통사론(統辭論)이라고 하며 각 분절 층위에 따라 문법 연구의 단위도 결정된다.

2 문법 단위

(1) 형태소[morpheme:词素/语素/语位]

단어를 구성하는 기본 단위로 의미상 더 이상 쪼갤 수 없는 단위를 형태소(形態素)라고 하며, 어소(語素) 또는 형태부라고도 한다.

형태소는 독립적 사용 여부, 의미 기능 여부, 문법 기능 여부에 따라 다음과 같이 나눌 수 있다.

자립형태소 [自由语素]	독립적으로 쓰일 수 있음	산, 강, 사람, 山 江 人
의존형태소 [不自由语素]	독립적으로 쓰일 수 없음	-가, -에게, -着 -们
실질형태소 어휘형태소	실질적인 의미를 가짐	산, 강, 사람, 山 江 人
형식형태소 문법형태소	실질적 의미 없이 문법적 역할만 함	-가, -에게, -着 -们

(2) 낱말/단어[word:词]

일정한 뜻을 가지며 독립적으로 문법 기능을 담당하는 말의 가장 작은 단위이다. 문법을 기술하고 설명하기 위해 수십만에 이르는 낱말들을 의미적으로 혹은 문법적으로 공통점이 있는 몇 개의 집합으로 나누기도 하는데 이렇게 나눈 집합들을 품사(品詞)[part of speech:词类]라고 한다.

명사 [名词]	사물의 이름	水 树 道德
	시간사[时间词]-시간을 나타내는 낱말	今天 从前 星期一
	처소사[处所词]-장소를 나타내는 낱말	北京 图书馆
	방위사[方位词]-방위를 나타내는 낱말	里 上 里头
대명사 [代词]	인칭대명사[人称代词]-사람을 대신해서 쓰는 낱말	我 你 他
	지시대명사[指示代词]-사물, 장소, 시간 등을 대신해서 쓰는 낱말	这 那 这儿
	의문대명사[疑问代词]-묻는 것을 대신해서 쓰는 낱말	谁 什么 哪里
수사 [数词]	수를 나타내는 낱말	一 二 十 千 万
양사 [量词]	사람이나 사물의 수량 단위 혹은 동작의 횟수 단위를 나타내는 낱말	个 条 次 趟
동사 [动词]	동작행위, 존재, 관계, 심리활동 따위를 표현하는 낱말	来 写 研究
형용사 [形容词]	성질형용사[性质形容词]-사람이나 사물의 속성을 나타내는 낱말	大 小 好 坏
	상태형용사[状态形容词]-사람이나 사물의 상태를 나타내는 낱말	冰凉 通红
	비술어형용사[非谓语形容词]/구별사[区别词]-관형어로 쓰이나 직접 술어로 쓰일 수 없는 형용사	男 女 金 高级
부사 [副词]	동사나 형용사를 수식하는 낱말	很 已经 再
전치사 [介词]	명사나 대명사 앞에 쓰여 술어의 시간, 방향, 장소, 대상 등을 나타내는 낱말	把 被 从 连
접속사 [连词]	낱말, 구, 절, 문장 등을 연결하는 낱말	可是 如果 即使
조사 [助词]	낱말, 구, 문장 뒤에서 구조, 상(相), 어조를 나타내는 낱말	了 着 的 啊 吗
의성사 [拟声词]	소리를 흉내내는 낱말	啪 哗啦 叮当
감탄사 [感叹词]	느낌, 부름, 대답 등을 나타내는 낱말	哦 哎呀 咳

(3) 구/어구[phrase:词组/短语/仂语]

두 개 이상의 단어가 연결되어 절(節)이나 문장의 일부분이 된 단위를 구(句) 혹은 어구(語句)라고 한다. 중국어의 단어나 구[词组]는 다음과 같은 구조로 이루어져 있다.

주술구조[主谓结构]	주어와 술어 관계인 구조	年轻 地震 身体好
동목구조[动宾结构]	동사와 목적어 관계인 구조	毕业 照相 去北京
전목구조[介宾结构]	전치사와 목적어 관계인 구조	从学校 被他
동보구조[动补结构]	동사와 보충어 관계인 구조	提高 打倒 好极了
수식구조[偏正结构]	수식과 피수식 관계인 구조	火车 马路 新书
병렬구조[联合结构]	두 성분이 병렬관계인 구조	道路 美丽 谦虚谨慎
연동구조[连动结构]	하나의 주어에 두 개 이상의 동사가 연결된 구조	拿笔写字
겸어구조[兼语结构]	하나의 낱말이 앞 동사의 목적어임과 동시에 뒤 동사의 주어를 겸하고 있는 구조	我请他吃饭
동격구조[同位结构]	두 성분이 동일한 사람이나 사물을 지칭하는 구조	你自己 雷锋同志

⑷ 절[clause:小句/分句]

절은 일반적으로 '주어 + 술어' 형태를 갖추고 있지만 단독으로 문장이 되지는 못하고, 다른 더 큰 문장의 일부로 쓰인 구문이다.

절이 대등하게 이어진 문장을 대등접속문(對等接續文)[等立复句]이라 하고, 종속적으로 이어진 문장을 종속접속문(從屬接續文)[主从复句/偏正复句]이라고 하며 아래와 같은 부류가 있다.

대등접속문	병렬접속문 [并列复句]	대등하게 병렬	我们每天复习生词, 做练习
	점층접속문 [递进复句]	더 진일보한 내용	他不但善于打仗, 而且善于用人
	연접접속문 [承接复句]	연속적으로 발생한 사건을 순서에 따라 서술	他一说, 大家就大笑起来了
	선택접속문 [选择复句]	두 개 이상의 사건 중 어느 한 가지를 선택	或者去上课, 或者在家睡觉, 都随你的便
종속접속문	인과접속문 [因果复句]	인과-결과	只要你努力, 就一定能学好
	전환접속문 [转折复句]	상반된 내용	我想把他留下, 可是已经晚了
	가정접속문 [假设复句]	가설-결과	如果是你对了, 我把你叫做哥哥!
	조건접속문 [条件复句]	조건-결과	只要你努力, 就一定能学好

	양보접속문[让步复句]	가정-양보된 결과	他固然不对，可是你也不好啊!
	취사접속문[取舍复句]	두 가지 선택 사항	与其等死，不如起义反抗

종속접속문은 주절[主句]과 종속절[从句]이 있으며, 선행절이 종속절이고 후행절이 주절이다.

주절[主句]	종속절이 있을 때의 주가 되는 절	因为天气不好，所以我们没去那儿
종속절[从句]	주절에 대한 원인 · 이유 · 조건 등을 보여줌	因为天气不好，所以我们没去那儿

(5) 문장/문/글월(文章)[sentence:句子/句]

의미론적으로는 어떤 사상이나 감정의 표현이 완결된 말의 단위를 뜻하며, 논리적으로는 주어와 술어를 갖추고 있는 말의 단위를 뜻한다.

중국어의 문장 성분은 다음과 같다.

주어[主语]	화자와 청자의 대화의 주제	**我**吃晚饭
술어[谓语]	진술하거나 설명하는 내용	我**吃**晚饭
목적어[宾语]	동사의 동작 대상	我吃**晚饭**
관형어[定语]	체언을 꾸며 주는 말	**很好的**书
부사어[状语]	용언을 꾸며주는 말	他**已经**来了
보어[补语]	결과보어[结果补语]-동작의 결과를 나타냄	做**好**了
	방향보어[方向补语]-동작의 방향을 나타냄	爬**上去**
	상태보어[状态补语]-상황이나 사건의 상태를 나타냄	说得**很清楚**
	정도보어[程度补语]-상황의 정도를 나타냄	困**死了**
	가능보어[可能补语]-동작의 가능여부를 나타냄	看得**见**
	수량보어[数量补语]-동작의 시간이나 횟수를 나타냄	看**一个小时** 念**一遍**

① 술어의 종류별 문장의 분류

동사술어문[动词谓语句]	술어가 동사나 동사구로 된 단문	我学习汉语
형용사술어문[形容词谓语句]	술어가 형용사나 형용사구로 된 단문	我很忙
명사술어문[名词谓语句]	술어가 명사나 명사구로 된 단문	今天星期六
주술술어문[主谓谓语句]	술어가 주술구인 단문	我肚子疼

② 형태별 문장의 분류

주술문[主谓句/整句]	주어와 술어가 모두 있는 단문	他来了
비주술문[非主谓句/零句]	주어와 술어를 다 갖추지 못한 단문	饭呢？ 走开！
무주어문[无主句]	주어는 없고 술어만 있는 문장	来了 走了
단어문[独词句]	하나의 낱말로 이루어진 문장	谁？谢谢
단문/홑문장[单句]	주어 술어의 관계가 한 번 있는 문장	他吃了饭
접속문/겹문장[复句]	둘 이상의 단문이 결합된 문장	如果他不来，我还是走

③ 내용과 기능별 문장의 분류

진술문/평서문[陈述句]	생각을 말하거나 남의 물음에 대답하는 문장	北京很冷
의문문[疑问句]	대답을 바라거나 의문을 품고 말하는 문장	你叫什么名字？
반어문[反问句]	되묻는 형식으로 강조하는 문장	难道他不来吗？
명령문[祈使句/命令句]	어떤 일을 하도록 시키는 문장	请你帮忙！
감탄문[感叹句]	느낌을 강조해서 나타내는 문장	哎呀，真漂亮！

④ 형식이 비교적 특수한 단문(單文)

'把'구문 [把字句]	목적어가 '把'에 의해 확정되어 술어 앞에 위치한 문장	我们把那个东西扔到外面
'被'구문 [被字句/被动句]	'被'가 쓰여 주어가 동사의 동작을 받는 것을 나타내는 문장	那个东西被我们扔到外面
연동문 [连动句]	하나의 주어에 두 개 이상의 동사나 동사구가 연결된 문장	我用筷子吃菜
겸어문 [兼语句]	하나의 낱말이 앞 동사의 목적어이자 뒤 동사의 주어를 겸하는 문장	大家选他做代表
존현문 [存现句]	존재 , 출현, 소실 등을 나타내기 위해 동작의 주체가 목적어에 있는 문장	门口有一条狗
비교문 [比较句]	성질이나 정도의 차이를 비교해 보이는 문장	他比我高
'是 … 的'구문 [是 … 的句]	이미 발생한 동작의 시간, 장소, 대상, 방법이나 주관적 감정 및 견해를 강조하는 문장	我是从美国来的
'是'구문 [是字句]	동사 '是'가 술어로 쓰인 문장	我是学生
'有'구문 [有字句]	동사 '有'가 술어로 쓰인 문장	我有一个儿子念书

3 중국어의 문법적 특징

중국어는 어순에 의해 문법적인 요소를 나타내는 고립어이다. 단음절어이면서 동시에 음절수가 극히 제한되어 있기 때문에 성조라는 초분절소2)로 음절을 다시 분화하는 수밖에 없으며, 성조까지 포함한 동일 음절 내에도 너무 많은 의미가 있기 때문에 이를 다시 한자라는 표의문자로 시각적으로나마 그 의미를 분별할 수 있도록 하였다.

중국어의 음운론적 특징은 자음과 모음의 일정한 배열순서, 극히 제한적인 음절수, 성조와 주요 모음이 음절의 불가결 단위인 점, 무기음 대 유기음의 대립, 복자음이 없음 등을 들 수 있으며, 어휘적으로는 대다수의 음절이 형태소인 점, 절대 다수를 차지하는 이음절 낱말, 낱말구성 방식의 명료함, 출처가 다양한 어휘 등의 특징이 있다.

문법적인 특징을 상술하면 아래와 같다.

(1) 어순[word order]이나 허사[function word]가 문법적인 결정을 한다.

- 낱말의 굴절이 없다.
  I love her. → 我爱她。
  He loves me. → 她爱我。
- 첨가 현상이 없다.
  나는 그녀를 사랑한다. → 我爱她。
  그녀는 나를 사랑한다. → 她爱我。
- 허사에 의한 문법 요인 결정
  你爱我吗？(의문문)
  我爱**过**她。(과거 경험)

(2) 형태론적 규칙과 통사론적 규칙이 같다.

형태소가 낱말을 구성하는 규칙과 낱말이 문장을 구성하는 규칙이 동일하다.

<낱말>		<구 · 문장>
农业(수식관계)	→	农业大学(수식관계)
兄弟(병렬관계)	→	兄弟姐妹(병렬관계)

---

2) 자음과 모음으로 구성되어 독립적으로 쓰일 수 있는 소리의 단위를 음절이라 하고, 음절을 이루는 단위를 분절음(分節音)[segment]이라고 한다. 이런 분절음에 실린 소리의 고저, 장단, 강약 등이 의미 분화를 할 때 이런 소리를 초분절소(超分節素)[suprasegment]라고 한다. 예를 들면, 중국어 'hǎo' 속의 'h', 'a', 'o'는 분절음이고 제3성으로 발음한 소리의 높낮이는 초분절소이다.

担心(동목관계) → 担心失业(동목관계)
提高(술보관계) → 提高得快(술보관계)
地震(주술관계) → 地震少了(주술관계)

(3) 동사의 동작방향이 일정하지 않다.

동사의 동작방향은 주어 쪽으로 향하기도 하고 목적어 쪽에 미치기도 한다. 주어 쪽으로 향하는 경우를 '向内'라 하고 목적어 쪽으로 향하는 경우를 '向外'라고 한다.

你叫什么名字?(向内:너는 무엇으로 불리느냐? 네 이름이 무엇이냐?)
你叫谁?(向外:너는 누구를 부르느냐?)
他老闹病。(向内:그는 늘 병치레를 한다)
他掉眼泪。(向内:그는 눈물을 흘린다)
我找不到学生教。(向外:나는 내가 가르칠 학생을 찾을 수 없다)
我找不到老师教。(向内:나는 나를 가르쳐줄 선생님을 찾을 수 없다)
这个面包能吃三个人。(向内:이 빵은 세 사람이 먹을 수 있다)

(4) 주어는 설명하고자 하는 대상, 확정적인 것, 화제[topic]이고, 술어는 이 화제에 대한 설명[comment]이다.

중국어에서는 화자와 청자가 공통적으로 인식하고 있는 대상을 대화의 주제, 확정적인 사항 등을 주어의 위치에 두어 이것이 화제임을 나타내고, 화자는 이 화제에 대해 술어형식으로 설명하게 된다. 따라서 화자와 청자가 이미 알고 있는 정보는 주어 쪽에 있으며, 미지의 정보, 새로운 정보, 전달하고자 하는 정보는 술어 쪽에 위치하게 되며, 주어는 확정적, 특정한 대상이고 목적어는 일반적인, 비확정적인 대상이 된다. 영어에서 확정적 명사 앞에 'the'를 붙이고, 비확정 명사에는 'a/an'을 붙이는 것과 같이 중국어에서는 이것까지도 어순에 의해 나타낸다고 볼 수 있다.

这个椅子能坐三个人。
(이 의자에는 세 사람이 앉을 수 있다. – '这个椅子'는 확정적인 것이며, 화제이기 때문에 주어의 위치)
他死了父亲。
(그는 아버지가 돌아가셨다. – '他'(지금의 화제)에 대해 이야기하고 있는 중)
路边睡着一条狗。(개 한 마리가 길가에 자고 있다. – '一条狗'는 비확정적)
这件事早发表了。(이 일은 일찍 발표되었다. – 주어가 발표되어지는 것)
*一个人在屋子里。→ 屋子里有一个人。有一个人在屋子里。
('一个人'은 비확정적, 주어로 쓰일 수 없으므로 목적어의 위치에 오도록 함)

*我已经寄去了那封信。→ 那封信我已经寄去了。
('那封信'은 확정적인 것이므로 주어 위치로 이동할 수 있음)
着火了!(불이야! – '火'는 일반적인 대상)
火着了!(불이 붙었다! – '火'는 담뱃불과 같은 특정한 대상)
来客人了!(손님이 왔다! – '客人'은 일반적인 대상)
客人来了!(그 손님이 왔다! – '客人'은 화자와 청자가 관심을 가진 특정한 손님)

(5) 동사의 시제 표지는 없으나, 상(相)[3] 표지는 풍부하다.

중국어의 동사에는 과거 · 현재 · 미래 등의 시제를 나타내는 표지는 없으며, 필요한 경우 시간 명사나 시간 부사 혹은 전후 문장의 관계로 나타낸다. 하지만 동사의 완성 · 계속 · 진행 · 지속 등을 나타내는 상의 표지는 풍부하며, 이는 시제와 관련이 없다.

昨天下了雨，但是他竟然来看我。
('了'는 동작이 완성되었음을 나타냄. 따라서 '下了雨'는 이미 비가 멈춘 상태임. 그러므로 '비가 오는 중임에도 불구하고'라는 의미를 나타내고자 한다면 '昨天下雨' 혹은 '昨天下着雨'로 고쳐야 함)
他看了一条蛇，吓了一跳。('了'는 '见'으로 바꿔어야 함)
他看过一条蛇，吓了一跳。('过'는 '见'으로 바꿔어야 함)

(6) 대량의 양사가 있다.

영어나 한국어에는 양사[量词]라는 품사가 따로 없어 수사나 지시대명사가 가산명사(可算名詞)를 직접 수식할 수 있다. 하지만 현대중국어에서는 수사나 지시대명사가 명사를 직접 수식할 수 없으며 반드시 양사의 매개 역할이 있어야 할 뿐 아니라, 명사에 따라 적용되는 양사가 따로 있다.

영어	two teachers	this teacher	that teacher
한국어	두 선생님	이 선생님	저 선생님
중국어	两位老师 *两老师	这位老师 *这老师	那位老师 *那老师

3) 동사의 과거 · 현재 · 미래 따위를 나타내는 문법형식을 'tense'라고 하는데 이를 한국에서는 '시제(時制)'라하고 중국에서는 '时态'라고 한다. 동사의 계속 · 완료 · 반복 등의 모습을 나타내는 문법형식을 'aspect'라고 하는데 이를 한국에서는 '상(相)'이라고 하고 중국에서는 '动态'(동작 과정의 상태)라고 한다.

(7) 보어[4]가 발달해 있다.

중국어의 경우 동사의 동작 방향, 동작의 결과, 동작의 정도, 동작의 실현 가능성 여부 등은 동사의 뒤에서 동사의 뜻을 구체화하는 보어(補語)[complement]로 나타내게 되는데 이것은 영어나 한국어에는 없는 독특한 문법성분이다. 특히 한국어에는 이러한 표현법이 없기 때문에 중국어의 보어는 한국어에서는 주로 수식어로 나타나게 된다. 따라서 한국어의 수식어가 중국어의 보어에 해당하는지 여부를 가려 말해야 한다. 예를 들면, 한국어의 경우 '동작의 시간이 이르다'는 의미의 '일찍'이라는 단어는 부사어로 후행하는 동사를 수식한다. 그러나 중국어의 경우 이 '일찍'이 동작의 결과를 나타내는지의 여부에 따라 부사어로 실현되기도 하고 보어로 실현되기도 한다.

·방향의 구체화

出(나다??) → 出来(나오다) 出去(나가다)

进(들다??) → 进来(들어오다) 进去(들어가다)

·동작의 결과를 나타낼 때

明天你早来。(내일 일찍 오너라) 明天你不要早来。(내일 일찍 오지 마라)
('일찍'과 '早'는 동사의 결과를 나타내는 것이 아니므로 수식어로 쓰였다)

*昨天他早来。→ 昨天他来得早。(어제 그는 일찍 왔다)
(한국어의 '일찍'은 수식어로 쓰일 수밖에 없지만, 중국어의 '早'는 '来'라는 동사의 결과를 나타내므로 보어로 써야 한다)

·동작의 결과를 부정할 때

*昨天他不早来。→ 昨天他来得不早。(어제 그는 일찍 오지 않았다)
(동작을 부정하는 것이 아니고 동작의 결과를 부정하기 때문에, 중국어에서는 보어를 부정하였지만, 한국어에서는 동작을 부정하는 것처럼 부사어로 쓰인다)

(8) 문장 내에서 복수임을 중복 표시 하지 않는다.

영어에서는 문장 내의 단수와 복수를 항상 일치시키지만 중국어에서는 한 문장 내에서 복수임을 중복해서 표시하지 않는다.

---

4) '보어(補語)[complement]'라는 문법용어는 영어, 한국어, 중국어에서 각각 다른 의미로 쓰인다. 영어에서는 불완전동사의 서술을 완전하게 하는데 보완되는 명사나 형용사를 가리킨다. 'be' 'become' 등과 같은 불완전자동사는 주격보어를 가지게 되며, 'make' 'find' 'keep' 등과 같은 불완전타동사에는 목적격보어를 가지게 된다. 'She is pretty.' 'He makes her pretty.'에서 'pretty'가 보어이다.
한국어에서는 '되다'와 '아니다'의 바로 앞에 반드시 와야 하는 '체언+이/가'를 보어라고 한다. '효리는 예쁜 아가씨가 되었다.' '효리는 예쁜 아가씨가 아니다.'에서 '예쁜 아가씨'가 보어이다.

*我们都是学生们。 → 我们都是学生。
*三位老师们 → 三位老师
*参加的学生们很多。→ 参加的学生很多。
诗人、画家、音乐家们。

(9) 음절수의 결합규칙이 있다.

중국어의 음절은 성모와 운모로 고정되어 있기 때문에 음절간의 조화를 활용한 수사 기법이 발달해 있다. 이러한 수사법이 문법에까지 영향을 미쳐 의미상으로는 결합할 수 있지만 음절수 때문에 단어들이 결합할 수 없는 경우가 있다.

*加考虑 ⋮ *加以想 → 加以考虑
*进行学 → 进行学习
*极为多 → 极为丰富/极多丰富
*难忘记的故事 → 难忘的故事

중국어 문법 용어 통일 안

중국어	한국어	중국어	한국어	중국어	한국어
*词素/语素/语位	형태소	趋向动词	방향동사	*‘有’字句	‘有’구문
+ 自由语素	자립형태소	及物动词	타동사	*‘把’字句	‘把’구문
+ 不自由语素	의존형태소	不及物动词	자동사	‘是…的’句	‘是…的’구문
+ 字	글자/한자	+ 形容词	형용사	*连动句	연동문
*词	낱말/단어	+ 副词	부사	*兼语句	겸어문
+ 单纯词	단순어	+ 介词	전치사	*存现句	존현문
+ 合成词	합성어	+ 连词	접속사	*被动句/‘被’字句	피동문/‘被’구문
+ 复合词	복합어	+ 助词	조사	*形容词谓语句	형용사술어문
+ 派生词	파생어	动态助词	동태조사	*名词谓语句	명사술어문
+ 词根	어근	结构助词	구조조사	*主谓谓语句	주술술어문
+ 词缀	접사	语气助词	어조조사	*特殊句式	특수문형
+ 前缀/词头	접두사	+ 叹词	감탄사	*疑问句	의문문
+ 后缀/词尾	접미사	+ 拟声词	의성사	*反问句	반어문
+ 中缀/词中	접요사	*语节	어절	*陈述句	진술문
*词组/短语/仂语	구	*句/句子	문	*祈使句	명령문
+ 名词词组	명사구	+ 句群	문결합	*感叹句	감탄문
+ 动词词组	동사구	+ 主句	주절	*偏正结构[复文]	주종구조
+ 形容词词组	형용사구	+ 从句	종속절	*主谓结构	주술구조
+ 数量词组	수량구	+ 结构	구조	*无主句	무주어문
+ 主谓词组	주술구	+ 并列结构	병렬구조	*独词句	단어문
+ 介宾词组	전치사구	+ 偏正结构[单文]	수식구조	*紧缩句	축약문
+ 固定词组	관용구	*句子成分	문장성분	*补充结构	보충구조
+ 复指词组	동격구	+ 独立成分	독립성분	*动补结构	동보구조
*词类	품사	+ 主语	주어	*形补结构	형보구조
+ 实词	실사	+ 谓语	술어	*动宾结构	동목구조
+ 虚词	허사	+ 宾语	목적어	*介宾结构	전목구조
+ 名词	명사	+ 定语	관형어	*递进	점층
方位词	방위사	+ 状语	부사어	*转折	전환
时间词	시간사	+ 补语	보어	*因果	인과
处所词	처소사	趋向补语	방향보어	*假说	가정
+ 代词	대명사	结果补语	결과보어	*条件	조건
人称代词	인칭대명사	程度补语	정도보어	*承接	연접
指示代词	지시대명사	可能补语	가능보어	*标点符号	문장부호
疑问代词	의문대명사	数量补语	수량보어	*句号	마침표
+ 数词	수사	介词词组补语	전치사구보어	*逗号	쉼표
+ 量词	양사	*单句	단문	*顿号	작은쉼표
数量词	수량사	*复句	접속문	*分号	쌍반점
动量词	동량사	*主谓句	주술문	*冒号	쌍점
+ 动词	동사	*动词谓语句	동사술어문	*问号	물음표
助动词/能愿动词	조동사	*‘是’字句	‘是’구문	*感叹号	느낌표

第二編

중국어의 형태소와 낱말

第一章 중국어의 형태소
第二章 중국어의 낱말

第一章
중국어의 형태소

형태소는 더 이상 분해되지 않는 의미를 지닌 가장 작은 말의 단위이며, 낱말을 만드는 기본 요소이다. 하나의 형태소는 하나 이상의 음운(音韻)으로 이루어지고 낱말은 하나 이상의 형태소로 이루어진다.

이 형태소가 낱말이 될 수도 있고 그렇지 않을 수도 있다. 예를 들면, '人' '我' '葡萄' 등은 하나의 형태소이자 하나의 낱말이며, '民' '履' '历' '们' 등은 형태소이지만 단독으로 낱말이 될 수 없다.

일반적으로 형태소는 음운론적 환경이나 형태론적 환경에 따라 그 모습이 달라지지만[5] 중국어는 고립어이기 때문에 이러한 변화가 거의 없다는 특징이 있다.

---

5) 예를 들면 한국어에서 '영수가…' '구름이…'에서와 같은 경우 '가'와 '이'는 같은 문법기능이지만 앞의 음운론적 환경, 즉 결합되는 음절의 종성 유무에 따라 '가'를 쓸 수도 있고 '이'를 쓸 수도 있다.

1. 음절수에 따른 분류

(1) 일음절 형태소

我 ⁞ 学 ⁞ 弹 ⁞ 喜 ⁞ 欢 ⁞ 民 ⁞ 履 ⁞ 历 ⁞ 们

(2) 다음절 형태소

琵琶 ⁞ 葡萄 ⁞ 玫瑰 ⁞ 仿佛 ⁞ 蜈蚣 ⁞ 马达 ⁞ 沙发 ⁞ 啰唆 ⁞ 乌鲁木齐

加油

'葡萄' 속의 '葡'와 '萄'는 각기 떨어져서는 의미를 가질 수 없으므로 형태소가 아니고 '字[글자]'일 뿐이다. '字'는 사회적으로는 '낱말'의 의미로 쓰일 수 있지만 문법적으로는 특별한 의미가 없다.

(3) 비음절 형태소

비음절 형태소는 독립적으로 음절을 형성하지 못하는 형태소이다. 대표적인 비음절 형태소는 '-儿'이 있으며, '-们'과 '-么'는 빨리 발음할 때 성모 'm'이 앞 음절에 흡수되고 그 운모는 심하게 약화된다. 예를 들면, '我们wǒm' '什么shénm'와 같은 경우이다.

2. 결합형식에 따른 분류

(1) 자립형태소[自由语素]

단독으로 운용될 수 있는 형태소로 복합사를 구성할 수 있는 성분이 되기도 하며, 어휘적 의미가 있는 형태소이다.

山 ⁞ 江 ⁞ 人 ⁞ 大 ⁞ 学 ⁞ 铁 ⁞ 路 ⁞ 白 ⁞ 菜 ⁞ 牛 ⁞ 肉

(2) 의존형태소[不自由语素]

단독으로 운용될 수 없는 형태소로 제한적으로나마 다른 형태소와 결합하여 복합사를 구성할 수 있고 어휘적 의미는 희박한 형태소이다.

-着 ⁞ 从- ⁞ -的 ⁞ -啊 ⁞ -吧 ⁞ -呢

3. 단독으로 낱말이 될 수 있느냐의 여부에 따른 분류

(1) 단독으로 낱말이 될 수 있는 형태소[成词语素]

人 ⁞ 我 ⁞ 葡萄

(2) 단독으로 낱말이 될 수 없는 형태소[不成词语素]

民 ⋮ 履 ⋮ 历 ⋮ 们

4. 결합위치에 따른 분류

한 형태소가 다른 형태소와 결합하는 위치에 따라 '고정위치형태소'와 '비고정위치형태소'로 나눌 수 있으며, 고정위치형태소도 그 위치에 따라 '전치형태소', '후치형태소', '간치형태소'[6])로 나눌 수 있다.

(1) 고정위치형태소[定位语素]

① 전치형태소[前置定位语素] — 다른 형태소의 앞에만 쓰이는 형태소

第- ⋮ 初- ⋮ 最- ⋮ 更- ⋮ 就- ⋮ 国际- ⋮ 中华-

② 후치형태소[后置定位语素] — 다른 형태소의 뒤에만 쓰이는 형태소

-的 ⋮ -了 ⋮ -着 ⋮ -子 ⋮ -儿 ⋮ -吧 ⋮ -头 ⋮ -么 ⋮ -们 ⋮ -呢
-吗 ⋮ -啊 ⋮ -化

③ 간치형태소[间置定位语素] — 두 형태소의 사이에만 쓰이는 형태소

-里-(糊里糊涂) ⋮ -得-(看得见) ⋮ -不-(看不见)

(2) 비고정위치형태소[不定位语素]

대부분의 형태소는 앞이나 뒤에 다른 형태소가 첨가 될 수 있다.

民-民主 ⋮ 人民, 男-男生 ⋮ 丑男, 椅-椅子 ⋮ 桌椅
椅 ⋮ 味 ⋮ 石 ⋮ 男 ⋮ 女 ⋮ 东 ⋮ 南 ⋮ 西 ⋮ 北 ⋮ 春 ⋮ 夏 ⋮ 秋 ⋮ 冬 ⋮ 张 ⋮ 王 ⋮ 赵

---

6) 여기에 쓰인 '고정위치형태소' '비고정위치형태소' '전치형태소'등의 용어는 중국서 쓰고 있는 용어를 기준하여 필자가 만든 것이며, 특히 '간치형태소'는 중국에서도 쓰지 않는 용어이다.

第二章

중국어의 낱말

낱말은 문법 단위 중 가장 일반화된 단위로, 형태소로 구성되며 문장을 만드는 기본 요소이다. 중국어의 낱말도 형태소와 마찬가지로 음절수에 따라 분류하는 것이 의의가 있다. 일음절 낱말은 하나의 형태소가 하나의 낱말이 된 경우이며, 이음절 낱말은 하나의 이음절 형태소나 두 개의 일음절 형태소가 결합하여 만든 낱말이다. 삼음절 이상의 낱말은 일음절이나 다음절 형태소가 조합되어 이루어진 낱말이다.

낱말은 구성상의 특성에 따라 단순어/단일어와 합성어/복합어로 분류한다. 중국어의 단순어는 음절수에 관계없이 하나의 형태소로 이루어진 낱말이며, 합성어는 음절수와는 무관하게 두 개 이상의 형태소로 이루어진 낱말들이다.

중국어의 낱말은 음절수에 따라 일음절 낱말[单音节词]과 다음절 낱말[多音节词]로 나눌 수 있다. 또 하나의 형태소로 구성된 낱말을 단순어[单纯词]라 하고, 두 개 이상의 형태소가 결합하여 이루어진 낱말을 합성어[合成词]라고 하는데 단순어에는 일음절 낱말과 다음절 낱말이 있을 수 있으며, 합성어는 당연히 다음절 낱말이다. 또 합성어는 결합 방식에 따라 첨가식, 중첩식, 복합식으로 나눌 수 있다. 첨가식은 어근[词根]에 접두사나 접미사를 첨가하는 방식이고, 중첩식은 동일 어근을 두 번 겹치는 방식이며, 복합식은 서로 다른 어근을 일정한 규칙에 따라 배열하는 방식이다. 특히 복합식의 합성사를 복합사[复合词]라고하기도 한다. 이를 표로 나타내면 아래와 같다.

낱말[词]	단순어[单纯词]	일음절	我 你 去 来
		다음절	葡萄 玻璃 玫瑰 可乐 黑客 博客
	합성어[合成词]	중첩식(A+A형)	爸爸 弟弟 常常 星星
		첨가식(a+A / A+a형)	第一 老虎 桌子 木头 片儿
		복합식(A+B형)	抽烟 开关 小心

加油

'片儿' '事儿' '空儿' '头儿' '信儿' 등은 일음절 낱말인가, 다음절 낱말인가? 일음절 낱말이 '儿化'된 경우, 글자는 두 개이지만 실제로 뒤에 있는 '儿[er]'의 음은 앞 음절에 흡수되어 전체가 한 음절로 발음된다. 그러나 이는 어디까지나 두 음절이 합성되면서 일어난 변화이고, 또 중국인들은 모든 글자가 음절을 가지고 있다는 생각이 짙기 때문에 비록 일음절이지만 합성어로 간주한다.

1. 단순어

1) 일음절 단순어

하나의 음절로 구성된 낱말로, 고대한어부터 지금까지 독립적으로 쓰인 가장 기본 적인 낱말들이다.

人 ⋮ 田 ⋮ 笑 ⋮ 白 ⋮ 红

2) 다음절 단순어

두 개 이상의 음절이 하나의 형태소인 낱말로, 특히 고대한어에서는 이음절 낱말을 만들 때 쌍성이나 첩운을 활용하여 앞뒤 음절이 조화를 이루도록 하였다. 고대한어로부터 전해오는 이러한 낱말을 '연면어(連綿語)[联绵词]' 혹은 '연면자[联绵字]'라고 한다.7) 쌍성이나 첩운으로 이루어지지 않은 연면어는 대체로 외래어이다.

(1) 쌍성연면어[双声联绵词]

仿佛 ; 蜘蛛 ; 琉璃 ; 伶俐 ; 崎岖 ; 吩咐 ; 参差

(2) 첩운연면어[叠韵联绵词]

葫芦 ; 蜻蜓 ; 玫瑰 ; 喇叭 ; 苗条 ; 逍遥

(3) 쌍성첩운연면어[双声兼叠韵联绵词]

辗转

(4) 비쌍성첩운연면어[非双声叠韵联绵词]

杜鹃 ; 葡萄 ; 雷达 ; 吉普 ; 可口可乐 ; 黑客8)

(5) 의성사[象声词]

隆隆 ; 萧萧 ; 轰隆

2. 합성어

1) 첨가식

어간[词根]에 접두사[前缀/词头]나 접미사[后缀/词尾] 등의 접사[词缀]를 첨가하여 만들어진 새로운 낱말이다. 접사는 고정위치형태소[定位词素]이다.

---

7) 각 음절이 분리되면 의미를 갖지 못하는 다음절 단순어를 '연면어'라고 하는데 이를 중국에서는 '联绵词' 혹은 '联绵字'라고 한다. 간혹 '联绵'을 '连绵'이라고 쓰는데 이는 잘못 쓰인 것이다.

8) 중국인들은 의미 없는 음절에도 한자 고유의 의미가 있다고 생각하여 이로부터 다른 낱말을 만드는 경우가 많은데, 예를 들면 '可口可乐'속의 어떤 음절도 사실은 특정한 의미가 있다고 할 수 없으나, '可乐[cola]'라는 낱말을 만들었다. 하지만 영어에는 'cola'라는 보통명사가 없다. 또 다른 예로 '黑客[해커:hacker]'에서 '红客[레드해커:red hacker:정치나 애국을 표방하는 해커]' '灰客[그레이해커:grey hacker:초보 수준의 해커]' '蓝客[블루해커:blue hacker:특별한 목적 없이 하는 해커]' 등의 낱말을 만들어 내는 것과 같다.

⑴ 접두사[prefix:前缀/词头]

중국어에는 다른 나라 말에 비해 접두사가 많지 않으며, 중국어의 일음절적 특징 때문에 접두사에도 어느 정도 자기 본래의 뜻이 남아있다. 자주 쓰이는 접두사는 아래와 같은 것들이 있다.

①'老-'와 '小-'

성(姓) 앞에 붙여 애칭으로 쓰이며, '老-'가 '小-'보다는 어느 정도 경칭의 성질을 가진다. '老-'는 숫자 앞에 쓰여 형제나 자매의 순서를 나타낸다.

老张 ; 小李 ; 老大 ; 老二 ; 老总

②'第-'

숫자 앞에 쓰여 서수를 만든다.

第一 ; 第二 ; 第三

③'初-'

음력 초순의 날짜를 나타낸다.

初一 ; 初二 ; 初三

④'可-'

동사 앞에 붙어 형용사를 만든다.

可爱 ; 可笑 ; 可靠 ; 可口 ; 可怕 ; 可惜 ; 可见 ; 可怜

⑤'好-'와 '难-'

자기 본래의 뜻을 유지하고, 동사 앞에 붙어 서로 상반된 의미의 형용사를 만든다.

好吃 ↔ 难吃 ; 好看 ↔ 难看 ; 好闻 ↔ 难闻 ; 好听 ↔ 难听

⑵ 접미사[sufix:后缀/词尾]

'普通话'에 특별히 '-子', '-头'와 같은 별 의미 없는 접미사가 붙은 명사가 많은 이유는 음절수의 감소로 인해 일음절의 변별력이 떨어지게 되자 다음절로 만들어 음절수의 감소에서 비롯되는 변별력을 만회하기 위한 것이다.

木 → 木头 ; 木板 ; 木炭

孩 → 孩子 ; 小孩 ; 女孩

鞋 → 鞋子 ; 皮鞋 ; 布鞋 ; 拖鞋

①'-儿'

'-儿'은 의미를 분화하기도 하고 품사를 전환시키기도 한다. '-儿'이 붙은 낱말의 발음은 '-儿化'의 발음 규칙에 따른다.

ⓐ 의미 분화

眼 ↔ 眼儿(눈 ↔ 구멍) ; 门 ↔ 门儿(문 ↔ 방법)

ⓑ 품사의 전환

'-儿'은 명사, 양사, 형용사, 동사 등에 붙어 명사나 양사가 되도록 한다.

·명사+儿 → 명사 :刀儿 ; 嘴儿 ; 字儿 ; 心儿
·형용사+儿 → 명사 :尖儿 ; 黄儿
·동사+儿 → 명사 :画儿 ; 盖儿
·양사+儿 → 명사 :口儿 ; 根儿 ; 串儿 ; 片儿

'-儿'이 붙은 동사는 극소수이다.

玩儿 ; 嗤儿chīr ; 火儿

'-儿'은 부사와 상태형용사의 접미사로 쓰인다.

慢慢儿 ; 远远儿 ; 好好儿 ; 小小儿的

'-儿'은 날짜를 나타내는 낱말의 접미사로 쓰인다.

今儿 ; 明儿 ; 后儿('儿'은 '日'의 변음)

'-儿'은 '这' '那' '哪'의 접미사로 쓰인다.

这儿 ; 那儿 ; 哪儿('儿'은 '里'의 변음)

②'-们'

인칭대명사나 사람을 나타내는 말에 붙어 복수를 만들며, 경성으로 발음한다. 사람을 나타내는 명사라도 일음절일 때는 쓰이지 않는다.

我们 ; 你们 ; 他们 ; 老师们 ; 学生们

③'-学'

학문명을 나타낸다.

动物学 ; 心理学 ; 生物学

④'-家'

전문가를 나타낸다.

科学家 ; 作家 ; 物理学家

⑤'-化'

변화를 나타낸다.

酸化 ; 工业化 ; 机械化

⑥'-子'

명사와 양사 다음에 쓰이며 경성으로 발음된다. '-子'가 접미사로 쓰인 낱말에서 '-子'가 하는 역할이나 의미의 공통점이 뚜렷하지는 않다.

椅子 ; 胡子 ; 包子 ; 老子(아버지:어린 사람 앞에서의 자칭)

그러나 '-子'가 자기 뜻을 가지고 있을 때는 접미사가 아니므로 본래의 성조로 발음해야 한다.

君子 ; 仙子 ; 原子 ; 孔子 ; 鸡子 ; 老子(노자:'子'는 '선생님'이란 뜻)

⑦'-头'

ⓐ명사의 접미사로 쓰인다.

馒头 ; 木头 ; 石头

ⓑ방위사의 접미사로 쓰인다.

后头 ; 前头 ; 里头

ⓒ형용사의 접미사로 쓰여 추상명사를 만든다.

甜头 ; 苦头

ⓓ동작동사의 접미사로 쓰여 추상명사를 만든다. 주로 '有/没有 + 동작동사 + 头'의 형식으로 쓰이며 이때는 '…할 가치가 있다'라는 뜻으로 쓰인다.

念头 ; 看头 ; 吃头 ; 听头

有看头(볼 만한 것이 있다)

没什么吃头(뭐 별로 먹을 것이 없다)

(3) 접요사[infix:中缀]

중국어의 접요사는 동사와 보어의 사이에 들어가 가능여부를 나타내는 '得'와 '不'뿐이다. 따라서 이 둘을 '가능접요사'라고도 한다. 그러나 이들은 조사 '的', '地'와 마찬가지로 문법적 기능을 주로 하는 의존 형태소이므로 조사로 취급하기도 한다. 본 책에서는 이들을 구조 조사로 분류하여 살펴보기로 한다.

说得清楚 ; 说不清楚

2) 중첩식

낱말이 중첩되어 일종의 통사적 역할을 하는 경우는 대단히 많지만, 중첩식으로 이루어진 낱말은 그리 많지 않다. 동사, 형용사, 양사 등은 중첩하여 일정한 문법적 변화를 가져 오지만 중첩으로 이루어진 낱말은 단순히 하나의 낱말일 뿐이다.

(1) 중첩식 명사

① 중첩식으로 된 친족 호칭어의 각 음절은 '妈'와 '爸'를 제외하고는 의존형태소이다. '姐'와 '哥'도 환경에 따라 자립형태소로 쓰이기도 한다.

妈妈 ¦ 爸爸 ¦ 哥哥 ¦ 姐姐 ¦ 奶奶

② 의존형태소의 친족 호칭어일지라도 다른 형태소와 결합되어 호칭어로 쓰인다.

大哥 ¦ 二姐 ¦ 小弟

③ 이음절 친족어의 중첩형은 없다.

祖父 ¦ 表哥 ¦ 堂弟 ¦ 侄女

④ 기타 중첩식 명사

星星 ¦ 娃娃 ¦ 宝宝

(2) 중첩식 부사와 형용사

① 일음절 부사가 'A → AA'식으로 중첩된 부사로 그 발음의 변화는 없다.

常常 ¦ 稍稍 ¦ 渐渐

② 일음절 형용사가 'A → AA(儿)'식으로 중첩되어 부사어가 되며, 여기에 다시 '的'가 첨가되면 상태형용사[9]가 된다. 이때 두 번째 음절은 제1성으로 발음한다.

好好儿 ¦ 细细儿 ¦ 远远儿

好好儿睡觉 ¦ 好好儿的睡觉 ¦ 睡得好好儿的 ¦ 好好儿的一本书

③ 원래 중첩된 형식의 낱말이 있다.

毛毛雨(毛雨라는 낱말은 없음) ¦ 冷冰冰(冷冰이란 낱말은 없음)

---

9) '大' '小' '干净'과 같이 대상의 성격, 성질, 외형과 같은 속성만을 객관적으로 나타내는 형용사를 성질형용사라고 하고, '通红' '冰凉' '好好儿(的)'와 같이 어떤 대상에 대해 구체적으로 화자의 주관적 견해를 나타내는 형용사를 상태형용사라고 한다.

(3) 복합식

중국어의 일음절적 특성으로 복합식 낱말을 구성하는 방법은 문장을 구성하는 방법과 동일하기 때문에 실제로 하나의 낱말[词]인지 아니면 하나의 구[词组/短语]인지를 판별하기는 쉽지 않다.

抽烟(낱말) ; 喝汤(구:동사+목적어)

说话(구:동사+목적어) ; 说梦(?) ; 谈话(?) ; 废话(?)

加油

복합식 낱말[词]인지 아니면 같은 방법으로 구성된 구[词组/短语]인지 판단하는 방법

Ⓐ 마지막 음절이 경성이면 복합식 낱말이다.
买卖(구:팔고 사다) ↔ 买・卖(낱말:매매. 장사)
东西(구:동쪽과 서쪽) ↔ 东・西(낱말:물건)

Ⓑ 이음절 낱말의 두 음절 중 하나가 의존형태소이면 낱말이다. 하지만 이 중 하나가 고정위치의존형태소[定位粘着词素 – 위치가 고정되어 있는 의존 형태소]이면 구이다.
·낱말 – 植物 ; 吝啬 ; 寒冷 ; 伟大
·구 – 去吧 ; 也好 ; 买的

Ⓒ 복합식의 두 음절이 모두 자립형태소이면 복합식 낱말일 수도 있고 구일 수도 있다.
·낱말 – 铁路 ; 白菜 ; 牛肉
·구 – 我去 ; 买票 ; 新书

Ⓓ 복합식의 두 음절이 계속 확장되어 쓰일 수 있으면 구이고, 그렇지 않으면 낱말이다.
·生姜(복합사) ↔ 生肉 (→ 生的肉 ; '구')
·金笔(복합사) ↔ 金表 (→ 金的表 ; '구')

Ⓔ 음절간 의미의 결합으로 전체 의미를 구성하면 구이고, 별개의 뜻이 파생되었다면 낱말인 것이 보통이지만 반드시 그러한 것은 아니기 때문에 종합적으로 판단해야 한다.
·별개의 뜻이 파생되어 낱말인 경우
大方 ; 龙头 ; 马上
·음절간 의미의 결합이지만 낱말인 경우
鸭蛋(0점, 빵점 ; 吃了鸭蛋了) ; 有意思(재밌다)
半瓶醋(반 밖에 안 되는 지식. 얼치기. 팔푼이)
·음절간 의미의 결합이지만 확장되면 다른 뜻이 되는 낱말인 경우
铁路 ↔ 铁的路 ; 白菜 ↔ 白的菜 ; 牛肉 ↔ 牛的肉

① 주술관계[主谓式]

·명사 - 冬至 ; 霜降

•동사 - 心疼 ¦ 例如

•형용사 - 年轻 ¦ 面熟 ¦ 胆怯

ⓐ주술복합어는 대부분 '주어 + 형용사'의 형태이고 동작동사가 술어인 경우는 극히 드물다.

•주어 + 형용사 - 年轻 ¦ 心软 ¦ 嘴硬 ¦ 眼红 ¦ 胆寒 ¦ 胆小 ¦ 胆大

•주어 + 동작동사 - 兵乱 ¦ 气喘 ¦ 地震

ⓑ주술복합어는 하나의 낱말처럼 쓰인다.

张三头疼。↔ 张三的头疼。

张三很头疼。↔ 张三的头很疼。

张三不头疼。 ¦ 张三常常头疼。 ¦ 张三头疼不头疼?

ⓒ인체의 일부와 그 감각이 결합된 복합사로 상태나 특징 등을 나타낸다. 대개 '头, 脚, 腿, 腰, 肚子, 牙, 嗓子' + '疼, 痒, 酸, 麻' 등이다.

我胆儿大。(나는 담이 크다)

她肚子大。(그녀는 배가 부르다 → 임신하였다)

他脸皮厚。(그 사람 얼굴이 두껍다)

ⓓ주술복합어가 술어로 쓰인 경우 주어의 소속, 부분, 요소, 시간, 장소, 조건 등을 나타낸다.

十个梨五个烂了。(배 10개 중 5개가 썩었다)

朋友旧的好, 衣裳新的好。(친구는 오래된 사람이 좋고, 옷은 새것이 좋다)

ⓔ주술복합어가 하나의 술어임은 수식어의 위치를 보면 알 수 있으며, 주술복합어가 아닌 주술구조의 구[词组]로 쓰이면 그 의미가 달라진다.

她肚子大。(그녀는 임신하였다) ↔ 她又肚子大。(그녀는 또 임신하였다)

她的肚子大。(그녀의 배는 불룩하다) ↔ 她的肚子不大。(그녀의 배는 불룩하지 않다)

②동목관계[述宾式]

•명사 - 主席 ¦ 将军 ¦ 防风

•동사 - 列席 ¦ 关心 ¦ 告别

•형용사 - 小心(동사로도 쓰임) ¦ 卫生 ¦ 无聊

ⓐ동목복합어는 대체로 구성 요소 중 하나가 의존형태소이며, 숙어적인 의미가 강하고 구성 요소가 분리될 수 없거나, 분리될 경우 그 환경이 제한된다.

•의존형태소가 있고 제한된 환경에서 분리되는 경우

革命(구성 요소가 의존형태소이고 숙어적인 성격이 강하며 분리될 수 없다)
伤风 → 伤大风 →伤了风(숙어적인 성격이 강하며 분리될 수 있다)
*风伤了(동목구와는 달리 목적어를 주제어로 도치할 수 없다)

- 의존형태소이지만 상당히 자유로이 분리되는 경우

睡觉 → 睡一觉 → 睡了三个钟头的觉 → 我睡了觉了
这一觉，睡得真好。
(이번 잠은 정말 잘 잤다 - 한정된 형태로 목적어 부분을 주제어로 내세울 수 있다)

ⓑ 동목복합어가 분리되는 경우는 다음과 같다.

- 동태조사에 의한 분리 - 毕了业了 ; 理过发
- 양사에 의한 분리 - 理了一次发 ; 行了一个礼
- 목적어 앞의 수식어에 의한 분리 - 生他的气。 ; 诉什么苦。
- 목적어를 동사 앞으로 이동 - 他连舞都不跳。 ; 这个谎我们不能说。

ⓒ 동목복합어는 목적어를 자체적으로 가지고 있기 때문에 다른 직접목적어를 가질 수 없다. 따라서 동작의 대상이 되는 목적어는 다음과 같은 방법으로 표현한다.

- 전치사를 써서 나타낸다.

医生给他开刀。(의사가 그에게 수술을 해준다)
我跟他结婚。(나는 그와 결혼한다)

- 목적어 앞의 소유격으로 나타낸다.

我开他的玩笑。(나는 그를 놀린다) ; 他吃我的豆腐。(그는 나를 희롱했다)

- 극히 일부의 동목복합어는 직접목적어를 취하기도 한다.

关心 ; 怀疑 ; 出版 ; 提议 ; 得罪 ; 注意
我很关心他。(나는 그에게 아주 관심이 많다)
他注意那件事。(그는 그 일에 주의한다)

③ 수식관계[偏正式]

- 명사 - 飞机 ; 蛋白 ; 意外
- 동사 - 重视 ; 热爱 ; 中立
- 형용사 - 自私 ; 冰凉
- 부사 - 至少 ; 未免
- 접속사 - 不但

④ 동보관계[述补式]

ⓐ 다른 동사의 뒤에서 앞 동사의 의미를 보충시키는 성분을 보어[补语]라고 하는데 보어는 대개 동사의 동작 방향, 결과, 정도, 가능여부 등을

나타낸다.

·방향보어 - 出 — 出去 ¦ 出来 ¦ 进 — 进去 ¦ 进来
·결과보어 - 说 — 说明 ¦ 说破 ¦ 说服 ¦ 说清楚 ¦ 说明白
·정도보어 - 唱得很好
·가능보어 - 听得懂 ¦ 听不懂

ⓑ 동보복합어에서 보어는 동사의 동작이나 과정의 결과를 나타낸다. 특히 결과보어는 동사와의 결합력이 강하여 하나의 낱말로 굳어지는 경향이 짙다.

·동사 - 革新 ¦ 改良 ¦ 扩大

⑤ 병렬관계[联合式]

·명사 - 音乐 ¦ 道路 ¦ 法律
·동사 - 调查 ¦ 可能 ¦ 安慰
·형용사 - 奇怪 ¦ 透彻 ¦ 光明
·부사 - 根本 ¦ 千万
·전치사 - 自从
·연사 - 而且 ¦ 并且 ¦ 因为

加油

일음절로도 의미를 나타낼 수 있었던 낱말이 동의어나 유의어로 이음절화한 경우가 많다.
买 → 购买 ¦ 幸 → 幸福 ¦ 庆 → 庆祝
Ⓐ 동의어로 병렬된 경우
慈善 ¦ 疲乏 ¦ 困难 ¦ 贫穷
Ⓑ 유의어로 병렬된 경우
痛苦 ¦ 正确 ¦ 悲伤 ¦ 破旧
Ⓒ 반의어로 병렬된 경우
ⓐ 반의어의 형용사가 병렬되어 만들어진 복합식 명사로 긍정적, 적극적인 의미의 형용사가 앞에 위치한다.
好坏 ¦ 高低 ¦ 高矮 ¦ 大小 ¦ 快慢 ¦ 长短 ¦ 冷热 ¦ 真假
粗细 ¦ 硬软 ¦ 咸淡 ¦ 浓淡
ⓑ 반의어 병렬식 명사는 '这么，那么，多么，一样，同样'으로 수식할 수는 있지만, '很，多'로 수식할 수는 없다.
多么粗细? ¦ 多粗? ¦ 多细? ¦ *多粗细?
很大 ¦ 多大 ¦ 很长 ¦ 多长 ¦ *很大小 ¦ *很长短

第三編

낱말의 종류와 문법

第一章

품사[词类]

문법을 기술하고 설명하기 위하여 수십만 개의 낱말들을 문법적 공통점이 있는 몇 개의 집합으로 나눈 부류(部類)를 품사(品詞)[part of speech:词类]라고 하며, 품사별로 낱말을 나누는 작업을 품사 분류라고 한다.

품사는 한 언어의 문법을 설명하기 위해 문법적 공통점을 발견하고 그것을 기준으로 분류한 것이다. 따라서 품사 분류의 기준은 그 언어의 특성에 따라 달라질 수밖에 없다.

언어학적으로 품사 분류의 가장 기본적이고 분명한 기준은 형태, 즉 어형 변화이다. 예를 들면, 영어에서 단수와 복수 간의 어형 변화를 일으키는 낱말은 명사, 시제의 어형 변화를 일으키는 낱말은 동사라고 분류하는 등의 방법이다.

중국어는 어형 변화가 아주 빈약한 고립어이다. 따라서 어형 변화라는 형태론적 기준을 품사 분류에 모두 적용한다는 것은 불가능하므로 다른 기준이 모색되어야 하는데, 중국어는 다른 낱말과의 결합에 나타나는 통사론적 특징을 품사 분류의 기준으로 삼는 경우가 많다. 하지만 이러한 기준도 절대적이지 못한 경우가 많기 때문에 품사 분류의 다양한 방안이 모색되고 있다.

중국어의 품사 분류 기준으로 낱말의 의미를 참고하는 것은 과학적이지 못할 때도 있지만, 학교 문법 수준에서는 상당히 유용할 때도 있다. 하지만 한국어와의 비교를 통해 품사를 예측할 수 있을 정도로 일률적이지는 않으므로 상당히 주의해야 한다.

품사 분류는 여러 기준들을 종합하여 판단하는 작업이므로 이론상으로 그리 간단하지는 않지만, 분류 자체가 목적이 아니므로 문법 구조를 설명하는데 합리적이고 편리한 기준이면 충분하다고 할 수 있다. 따라서 이 장에서는 학교 문법의 수준에서 낱말의 품사를 분류하고 그 품사 내에서 가지는 특징을 설명하기로 한다.

1. 품사 분류의 기준

중국어는 굴절이나 첨가 현상 등이 빈약한 언어이기 때문에 품사 분류의 형태론적 기준을 정하기가 쉽지 않다. 뿐만 아니라 낱말의 의미에 따른 범주 또한 명확한 품사 분류의 기준이 되지 못하는 경우가 많다.

战争(명사) : 战斗(동사) : 红(형용사) : 红色(명사) : 友谊(명사) : 友好(형용사)
*美国与伊拉克正在战争。 → 美国与伊拉克正在战斗。
*美国与伊拉克开始战争。 → 美国与伊拉克开始战斗。
*中韩两国很友谊。→ 中韩两国很友好。

따라서 품사 분류를 통사적 기준에 많이 의존하게 되고 주로 어순으로 문법관계를 나타내기 때문에 낱말의 위치에 따라 품사를 분류하는 방법이 가장 보편적으로 활용된다. 문장 내에서 같은 위치에 올 수 있는 낱말들의 공통점을 보여주는 표본적인 구조를 기능틀[functional frame:功能架]이라고 한다.

·명사의 기능틀(다음의 위치에 들어 갈 수 있으면 명사이다)
这是 ___ 。 那是 ___ 。

2. 품사의 공통성과 개별성

(1) 하위분류

낱말의 공통성을 묶어 하나의 품사로 간주하지만 하나의 품사에 속한다고 해서 이들 낱말들이 모두 예외 없이 동일성을 가지고 있지는 않다. 따라서 각각의 개별성 속의 공통성을 묶어 다시 분류할 수밖에 없다.

·'很___'의 위치에 올 수 있는 것은 형용사이다.
·'___목적어'의 위치에 올 수 있는 것은 동사이다.
·'很___목적어'의 위치에 올 수 있는 것은 동사의 하위분류인 '심리동사'이다.

(2) 상위분류

각기 다른 품사에 속한 낱말이 더 큰 공통성을 가질 수 있고 이러한 공통성을 묶어 더 큰 분류로 나눌 수 있다. 형용사와 동사는 모두 술어[谓语]로 쓰일 수 있고, 부사의 수식을 받을 수 있다는 공통성이 있다. 따라서 이러한 공통성에 따라 용언[谓词]으로 상위 분류를 할 수 있다.

3. 중복품사[兼类]

중국어는 품사 분류가 명확하지 않아 두 가지 이상의 품사에 귀속될 수 있는 낱말이 매우 많다. 이러한 낱말을 '중복품사[兼类]'라고 하는데, 어느 한 품사에 속한 낱말의 일부가 다른 품사의 속성을 가진다고 해서 그 낱말 전체를 중복품사라고 할 수는 없다.

- 명사와 동사 중복품사 낱말
  锁(명사:자물쇠) (동사:잠그다)
- 동사이면서 형용사로도 쓰이는 낱말
  死(동사:죽다) (형용사:융통성이 없다)

4. 실사[实词]와 허사[虚词]

실사와 허사의 분류는 중국 전통의 분류법일 뿐 언어학적 분류는 아니지만 대체적으로 의미적 기능이 강한 낱말을 실사라고 하고 문법적 기능이 강한 낱말을 허사라고 한다.

실사	허사
의미 기능이 강하다.	문법 기능이 강하다.
자립형이다.	의존형이다.
비고정 위치형태소이다.	고정위치 형태소이다.
개방적 – 열거할 수 없다.	폐쇄적 – 열거할 수 있다.
人 ⋮ 我 ⋮ 有 ⋮ 水 ⋮ 今天	把 ⋮ 可是 ⋮ 啊 ⋮ 吗 ⋮ 得

5. 품사 분류표

<table>
<tr><td rowspan="2">실사</td><td>체언[体词]</td><td>1.명사[名词]
+처소사[处所词]
+방위사[方位词]
+시간사[时间词]
+구별사[区别词](비술어형용사)10)
2.수사[数词]
3.양사[量词]
4.대명사[代词]</td><td>水 ⋮ 树 ⋮ 道德 ⋮ 战争
+北京 ⋮ 图书馆 ⋮ 邮局
+里 ⋮ 上 ⋮ 里头 ⋮ 东边
+今天 ⋮ 现在 ⋮ 从前 ⋮ 星期一
+男 ⋮ 女 ⋮ 金 ⋮ 银 ⋮ 新式 ⋮ 高级
一 ⋮ 二 ⋮ 十 ⋮ 百 ⋮ 千 ⋮ 万
个 ⋮ 只 ⋮ 快 ⋮ 条
我 ⋮ 谁 ⋮ 这 ⋮ 那 ⋮ 什么</td></tr>
<tr><td>용언[谓词]</td><td>4.대명사[代词]
5.동사[动词]
6.형용사[形容词](+비술어형용사)</td><td>这么 ⋮ 那么样 ⋮ 怎么
来 ⋮ 写 ⋮ 买 ⋮ 研究
红 ⋮ 大 ⋮ 干净 ⋮ 多(+男 ⋮ 新式)</td></tr>
<tr><td colspan="2">허사</td><td>7.부사[副词]
8.전치사[介词]
9.접속사[连词]
10.조사[助词]
(+어조사[语气词])</td><td>很 ⋮ 也 ⋮ 已经 ⋮ 再
把 ⋮ 被 ⋮ 从 ⋮ 连
可是 ⋮ 如果 ⋮ 即使 ⋮ 和
的 ⋮ 所 ⋮ 得 ⋮ 似的
(+啊 ⋮ 吗 ⋮ 呢 ⋮ 吧)</td></tr>
<tr><td colspan="2"></td><td>11.의성사[拟声词/象声词]
12.감탄사[感叹词/叹词]</td><td>啪 ⋮ 哗啦 ⋮ 叮叮当当 ⋮ 叽里咕噜
哦 ⋮ 哎呀 ⋮ 咳</td></tr>
</table>

第二章

명사[名词]

사물의 이름을 나타내는 낱말들을 명사(名詞)[noun]라고 하며, 이 명사는 가장 어휘수가 많은 품사이다.

중국어의 명사는 성(性) · 수(數) · 격(格)에 따른 어미변화가 없을 뿐 아니라, 한국어와 같이 주격이나 목적격 조사를 가지는 것도 아니기 때문에 명사임을 단정하기가 쉽지 않다.

한국어에서는 명사를 고유명사/유정명사(有情名詞)/무정명사(無情名詞), 독립적으로 쓰일 수 있는 자립명사/일반명사, 문장 안에서 홀로 쓰이지 못하는 의존명사/불완전명사로 등으로 나눈다. 한국어의 의존명사 중 '바' '터' '듯' '수' '척' '체' '양' '줄' 등에 대응되는 적당한 중국어 명사가 없으며, 또한 '되' '치' '권' '장' '개' '그루' 등과 같이 물건을 세는 단위도 중국어에서는 명사이거나 한국어에는 없는 양사[量词]이다.

중국어에서는 수사가 명사를 수식하기 위해서는 일정한 양사를 반드시 동반하여야 하기 때문에, 명사를 수량사와 관련지어 분류하면 명사의 문법적 특징을 잘 파악할 수 있다.

시간, 장소, 방위를 나타내는 낱말들은 한국어에서는 부사어미를 동반하여 부사어로 쓰이지만, 중국어에서는 이런 어미를 붙이지 않고 그대로 쓰이기 때문에 일반명사와는 다른 독특한 문법적 특징을 가지고 있다. 따라서 이런 명사를 특별히 시간사, 처소사, 방위사라고 한다.

---

10) 이에 대해서는 第三編 第七章 형용사 편을 참고.

1 명사의 종류

1. 고유명사와 보통명사

(1) 고유명사[专有名词]

같은 종류에 속하는 사람이나 사물 중에서 어느 특정한 사람이나 사물을 다른 것과 구별하기 위해서 붙인 이름을 고유명사라고 한다. 고유명사는 복수형이 없고 또한 한어병음으로 표기할 때 첫 글자를 대문자로 쓴다. 성과 이름은 띄어 쓰고 각기 첫 글자를 대문자로 쓴다.

中国(Zhōngguó) ¦ 北京大学(Běijīng Dàxué)
李白(Lǐ Bái) ¦ 李东民(Lǐ Dōngmín)

(2) 보통명사[普通名词]

사람이나 사물의 명칭을 나타내는 말이다.

书 ¦ 桌子 ¦ 学校 ¦ 电脑 ¦ 词典

2. 가산명사, 불가산명사, 집합명사

(1) 가산명사[可算名词]

셀 수 있는 명사로 개체양사와 함께 쓴다.

一本书 ¦ 一匹马 ¦ 一所房子 ¦ 一家商店

(2) 불가산명사[不可算名词]

셀 수 없는 명사로 개체양사와 함께 쓸 수 없으며, 도량사, 임시양사, 부정양사[不定量词]와 쓸 수 있다. 따라서 상황에 따라 화자가 말하고자 하는 단위가 다르면 양사도 달라질 수 있다.

一桶水 ¦ 一杯水 ¦ 一点儿水
一壶酒 ¦ 一杯酒 ¦ 一滴酒

(3) 집합명사[集体名词]

개체양사와 함께 쓸 수 없으며 집합양사, 부정양사[不定量词]만 쓸 수 있다.

一些亲友 ¦ 一批军火

중국어의 집합명사에는 가산명사 뒤에 해당 양사를 붙인 형태로 이루어진 경우가 많다.

一辆车 → 车辆 ; 一口人 → 人口 ; 一本书 → 书本

3. 구체명사와 추상명사

(1) 구체명사[具体名词]

구체적인 사물의 명칭을 나타내는 낱말이다.

椅子 ; 窗户 ; 经理 ; 天空 ; 电视

(2) 추상명사[抽象名词]

추상적인 개념을 나타내는 낱말이다. '很'이나 '不'를 붙여 형용사처럼 쓰일 수 있다.

道德 ; 精神 ; 理想 ; 性格

4. 시간사[时间词]

시간적인 개념을 나타내는 명사이다.

昨天 ; 今年 ; 下午 ; 以前 ; 刚才

5. 처소사[处所词]

장소나 지점을 나타내는 명사이다.

- 장소 - 附近 ; 对面 ; 当地
- 지명 - 北京 ; 上海 ; 南京路
- 기관(지점으로 간주할 수 있는 일반명사) - 学校 ; 银行 ; 商店

6. 방위사[方位词]

방향과 위치를 나타내는 명사이다.

(1) 단순 방위사

일음절로 이루어진 기본적인 형태를 말한다.

上 ; 下 ; 前 ; 后 ; 左 ; 右

(2) 복합 방위사

단순 방위사 앞에 '以' '之'가 오거나 뒤에 '边' '面' '头'가 와서 합성어를 이룬 형태로 이들은 단순히 방위뿐만 아니라 장소나 시간을 나타내기도 한다.

以上 ; 以下 ; 前面 ; 后面 ; 左边 ; 右边

2 명사의 문법적 특징

(1) 명사, 대명사, 수량사, 동사, 형용사 및 각종 구의 수식을 받는다.

中国地图 ; 语法书 (명사의 수식)
他的桌子 ; 我的家 (대명사의 수식)
一个人 ; 一点心意 (수량사의 수식)
红脸 ; 灿烂的阳光 (형용사의 수식)
出差计划 ; 出版日期 (동사의 수식)
他要看的电影 ; 自己写的书 (구의 수식)

수량사가 명사를 수식할 때는 아래와 같이 주의해야 할 점이 있다.

① '布匹' '书本' '书籍' '马匹' '车辆' '船只' 등과 같은 집합명사는 개체 양사와 결합할 수 없다.

一个词 ; 一些词 ; 一张纸 ; 一些纸
*一个词汇 → 一些词汇 ; *一张纸张 → 一些纸张
*一个人口 → 一些人口 ; *一棵树木 → 一些树木

② '男女' '师生' '儿女' '姐妹' '兄弟' '夫妇'처럼 두 사람을 동시에 지칭하는 집합명사는 수량사를 뒤에 두거나 쌍을 나타내는 '对' 등의 전문양사를 사용한다.

*一个夫妇 → 一对夫妇 / 夫妇两个 / 夫妇俩
*两个姐妹 → 姐妹两个

(2) 부사의 수식을 받을 수 없다.

*不人 ; *很桌子 ; *都书

(3) 명사도 아래와 같은 경우에는 부사의 수식을 받는다.

① 그 명사가 문장 속에서 술어의 역할을 할 경우

已经春天了。(이미 봄이에요)
才星期六，还有一天的时间呢! (겨우 토요일이야, 아직 시간이 하루 남았다고!)

②범위 부사가 명사의 앞에서 범위를 제한하는 경우

教室里就老师一个人。(교실에는 선생님 혼자이셔)

③일부 추상명사가 형용사처럼 쓰여 문장 속에서 술어 역할을 할 경우

很精神 ¦ 不太科学 ¦ 不礼貌 ¦ 很理想 ¦ 不道德 ¦ 不民主

④그 외 일부 관용어에서는 부사의 수식을 받을 수 있다.

·A不A, B不B (A도 아니고 B도 아니다)

男不男, 女不女。 ¦ 人不人, 鬼不鬼。

·不A不B (A도 아니고 B도 아니다)

不男不女 ¦ 不人不鬼 ¦ 不前不后

·A不A (아무렇지도 않다, 문제없다)

什么钱不钱的, 说它干嘛?

(4)단수와 복수의 구분이 없지만, 사람을 나타내는 명사는 복수접미사 '–们'을 붙일 수 있다.

这张桌子 ¦ 这些桌子

这么点儿水 ¦ 这么些水

老师们 ¦ 同学们 ¦ 旅客们

加油

복수접미사 '–们'과 결합할 때 주의할 점

Ⓐ문장 중에 많은 수를 표시하는 다른 낱말이 있을 때는 사용할 수 없다. 아래의 예와 같이 구체적인 수량사, '些'와 같이 불특정한 양을 가리키는 낱말, 복수의 개념을 나타내는 형용사 등이 있는 경우에 그러하다.

*三位老师们 ¦ *九个学生们 ¦ *这些青年们

*参加的学生们很多。

*不愿意参加的学生们很少。

Ⓑ주어와 목적어가 동일한 사람을 가리킬 경우 주어에만 '–们'으로 복수를 표시한다.

*你们永远是我的好朋友们。→ 你们永远是我的好朋友。

Ⓒ'别的'나 '其他'의 수식을 받은 명사에도 '–们'을 쓰지 않는다.

*别的老师们 ¦ *其他学生们

Ⓓ사람을 표시하는 명사가 병렬될 경우, 마지막 명사에만 '–们'을 붙인다.

诗人、画家、音乐家们。

(5)명사는 기본적으로 중첩할 수 없다.

*学校学校 ¦ *电话电话

(6)양사로도 쓰일 수 있는 일부 일음절 명사의 중첩형, 그리고 고대한어에서부터 관용적으로 중첩형으로 쓰였던 이음절 명사의 중첩형은 '… 마다'의 의미를 나타낸다.

处处 ; 事事 ; 人人

方方面面 ; 世世代代 ; 时时刻刻 ; 子子孙孙

口口声声 ; 风风雨雨 ; 头头脑脑 ; 山山水水

加油

'哥哥' '妹妹' '星星'과 같은 명사는 단순한 음절의 반복일 뿐 중첩형은 아니기 때문에 경우에 따라 일음절 형태로 쓴다고 해도 의미의 변화를 가지지는 않는다. 이는 일반 명사가 통사적으로 중첩하는 것과 다르다. '人' '天' '年' '家' '户'는 모두 명사로도 쓰이고, 양사로도 쓰이는 낱말로 '人人' '天天' '年年' '家家' '户户'는 양사의 중첩으로 보기도 하고, 명사의 중첩으로 보기도 한다. 그러나 분명한 것은 중첩된 후 의미의 변화를 가져온다는 점에서 단순한 음절의 반복형과 차이를 보인다는 것이다. 또한 일부 이음절 명사의 중첩형인 '方方面面' '时时刻刻' '子子孙孙' '世世代代'는 고대한어에서부터 관용적으로 쓰였던 것들로 역시 의미상의 변화를 동반하게 된다.

(7)명사가 중첩될 경우에는 아래의 사항을 주의해야 한다.

①일음절 명사의 중첩형은 양사의 중첩형과 마찬가지로 문장 속에서 주어 및 부사어로 쓰일 수 있으나 관형어나 목적어는 되지 못한다.

人人都渴望真情与真诚。(주어)

要事事小心。(부사어)

*他记录天天的计划。(관형어) → 每天的计划

*你去告诉会场里的人人。(목적어) → 会场里的每个人

②이음절 명사의 중첩형은 주어, 부사어, 관형어 역할은 할 수 있으나 목적어는 되지 못한다.

子子孙孙要永远记住这段历史。(주어)

方方面面的事情。(관형어)

时时刻刻记在心里。(부사어)

*那东西确实在我家传递了世世代代。(목적어) → 许多世代

3 명사의 문법적 기능

1) 주어, 목적어, 관형어

天气好。(주어) ⁝ 玻璃杯(관형어)

我去看电影。(동사의 목적어) ⁝ 请把窗户打开。(전치사의 목적어)

2) 술어

⑴명사는 기본적으로 술어로 쓰이지 않는다.

*明天我电话你吧！

⑵그러나 아래와 같은 경우는 술어로 쓰일 수 있다.

①성명, 신분, 국적, 직업, 성격, 날씨, 날짜를 나타낼 때

这部小说的作家，鲁迅。
(성명 – 이 소설의 작가는 루쉰입니다)

约翰，美国人。
(국적 – 존은 미국인이야)

张老师，上海人。
(출신 – 장선생님은 상해 사람입니다)

她丈夫，急性子。
(성격 – 그녀의 남편은 성격이 급해)

现在九点钟。
(시간 – 지금은 9시입니다)

今天星期天。
(날짜 – 오늘은 일요일이야)

刚才还晴天呢，现在又下雨了。
(날씨 – 조금 전만해도 맑은 날씨였는데 지금은 또 비가 와)

②사람의 신체적 특징을 형상적으로 나타낼 때

那个爷爷驼背。(그 할아버지는 곱추이시다)

她大眼睛，短头发。(그녀는 큰 눈에 짧은 머리를 하고 있다)

③위와 같은 의미적인 면 외에 구조적인 면에서 볼 때 명사구, 수량사구, 혹은 '的'자구가 술어가 될 수도 있다.

一年三百六十五天。
(1년은 365일이다)

小李新来的，当然不知道详细的内容。
(샤오리는 새로 왔으니 상세한 내용은 당연히 모르지)

3)부사어

일반적으로 명사는 '地'를 동반하고 부사어로 쓰이지만, 일부 명사가 동작의 구체적인 방식을 나타낼 때는 '地' 없이 직접 부사어로 쓰일 수 있다. 때로는 수량사와 결합해서 동작의 방식 등을 나타내는 부사어가 되기도 한다. 시간사와 처소사는 단독으로 부사어가 될 수 있다.

大声唱歌！(큰 소리로 노래 부르세요!)
他昨天来了。(그는 어제 왔어요)
大家屋里坐。(모두들 방에 앉으세요)
他一口气吃了一大半。(그는 한 입에 절반이나 먹었다)

4 방위사, 처소사, 시간사

1. 방위사[方位词]

명사나 명사구와 결합되어 그것의 방향을 나타내는 역할을 한다.

1) 방위사의 유형

(1)단순 방위사 — 하나의 방위사로만 이루어진 것을 말한다. 주로 장소나 시간을 나타내는 명사나 구 뒤에 직접 결합되어 사용된다.

上 ¦ 下 ¦ 前 ¦ 后 ¦ 左 ¦ 右 ¦ 里 ¦ 外 ¦ 内 ¦ 中 ¦ 间 ¦ 旁 ¦ 东 ¦ 南 ¦ 西 ¦ 北
桌子上 ¦ 大门前 ¦ 屋子里

(2)복합 방위사 — '以/之 + 단순 방위사' '단순 방위사 + 边/头/面'의 형식의 방위사이다. 모든 단순 방위사가 위와 같이 결합할 수 있는 것은 아니므로 이에 주의해야 한다. 또한 복합 방위사는 단순 방위사와 달리 문장 속에서 단독으로 쓰일 수 있다.[11)]

	东	西	南	北	上	下	前	后	左	右	外	内	里	中	间	旁
以~	+	+	+	+	+	+	+	+	−	−	+	+	−	−	−	−
之~	+	+	+	+	+	+	+	+	−	−	+	+	−	+	+	−
~边	+	+	+	+	+	+	+	+	+	+	+	−	+	−	−	+
~面	+	+	+	+	+	+	+	+	+	+	+	−	+	−	−	−
~头	−	−	−	−	+	+	+	+	+	+	+	−	+	−	−	−

11) '东头儿' '西头儿' '南头儿' '北头儿'은 복합 방위사가 아니라 그 방향의 끝부분을 가리키는 것으로 '동쪽 끝' '서쪽 끝' '남쪽 끝' '북쪽 끝'이라는 뜻이다.

2) 단순 방위사

⑴단순 방위사의 특징

①일반적으로 명사나 명사구와 결합하여 장소나 시간을 표시한다.

本月内 ; 学校里

그러나 아래와 같은 경우 단독으로 쓰이기도 한다.

- 사자성어나 관용어 속에서 방위를 나타낼 때

  前赴后继 ; 前因后果 ; 东张西望

  上传下达 ; 南来北往 ; 左思右想

- 서면어 속에서 방위를 나타낼 때

  请勿入内。

- 동사나 전치사의 목적어로 쓰여 동작이 향하는 방향을 나타낼 때

  往右拐 ; 朝前看

- 주어나 부사어로 쓰여 방위를 나타낼 때

  大姐上有公婆，下有一女。

  (큰 언니한테는 위로는 시부모가 계시고 밑으로는 딸이 하나 있다 → 주어)

  在大家的帮助下，我终于完成了这项任务。

  (모두의 도움 아래 나는 드디어 이 임무를 완성했다 → 부사어. '在'와 결합되어 쓰임)

②대응관계를 지닌 단순 방위사들은 서로 결합되어 하나의 낱말이 될 수 있으며, 이들이 다시 중첩되어 '이쪽저쪽에 모두 미침'이라는 의미를 나타낸다.

上下 ; 前后 ; 左右 ; 内外

上上下下 ; 里里外外

⑵단순 방위사의 문법적 기능

①주어로 쓰일 수 있다.

她家上有公婆，下有一女。

(그녀의 집에는 위로는 시부모가 계시고 밑으로는 딸이 하나 있다)

②부사어로 쓰일 수 있다.

在街上，东打听西打听，终于找到了他的家。

(거리에서 여기저기 물어 결국 그의 집을 찾았다)

③전치사의 목적어로 쓰일 수 있다.

不停地往前跑。(끊임없이 앞을 향해 달린다)

3) 복합 방위사

(1) 복합 방위사의 특징

① 복합 방위사는 단순 방위사보다 자유로워 낱말이나 구와 결합하지 않고 단독으로 사용될 수 있다.

外边冷，屋里坐。(바깥은 추우니 집안에 앉으세요)

以前我不认识他。(예전엔 나는 그를 몰랐어)

② 일부 복합 방위사는 단독으로 쓰이지 못하고 명사, 대명사, 동사, 형용사, 수량사 등의 낱말 뒤에서만 쓰이기도 한다. '之间' '之中' '之内' '之外' 등의 낱말이 이에 속한다.

两国之间 (양국 간에) ¦ 我们班学生之中 (우리 학생들 중에)

十天之内 (열흘 안에) ¦ 地球之外的星球上 (지구 밖의 행성에서)

③ 앞의 성분이 다음절이면 단순 방위사와 복합 방위사 모두 결합할 수 있으나, 일음절일 때는 단순 방위사와만 결합할 수 있다.

大门前边 ¦ 大门前

*窗外边 → 窗外 ¦ *门前边 → 门前

*报上边 → 报上(지면에) → 报的上边(신문지 위쪽에)

④ 일반적으로 명사는 몇 가지 경우를 제외하고는 부사의 수식을 받을 수 없으나 일부 복합 방위사는 부사의 수식을 받기도 한다.

最前 ¦ 太前 ¦ 不前

最后 ¦ 太后 ¦ 不后

最前边 ¦ 稍微前面 ¦ 比较前面

再下边儿 ¦ 稍微后面 ¦ 比较后面

稍微中间一点儿 ¦ 比较中间 ¦ 太中间了 ¦ 最中间

*最北 ¦ *太北 ¦ *不北

最外边 ¦ *太外边 ¦ *不外边

(2) 복합 방위사의 문법적 기능

① 주어로 쓰일 수 있다.

前边来了一个美丽的姑娘。
(앞쪽에서 아름다운 아가씨 한 분이 왔다)

② 부사어로 쓰일 수 있다.

以前我不知道怎么回事，今天才知道了详细的内容。

(이전에 나는 어떻게 된 일인지 몰랐는데 오늘에서야 상세한 내용을 알게 되었다)

복합 방위사가 주어나 부사어가 될 경우에는 장소를 나타내는 말일지라도 전치사 '在'를 쓰지 않는다.

里面有一架钢琴。(안에는 피아노가 한 대 있습니다)

您里边坐。(안쪽으로 앉으세요)

③ 전치사의 목적어로 쓰일 수 있다.

他走得很快，总是走在前边。(그는 아주 빨리 걸어서 늘 앞쪽에 간다)

④ 복합 방위사는 관형어로 쓰일 수 있다. 이때는 반드시 '的'를 동반한다.

上边的书就是我的，下边的就是他的。
(위쪽의 책은 내 것이고 아래쪽의 것은 그의 것이다.)

以前的事情，他忘得一干二净了。
(이전의 사정들은 그는 깨끗이 잊어버렸다)

4) 방위사의 확장 용법

방위사는 기본적으로 방위, 장소, 시간을 표현하지만 그 의미가 확장되어 다른 의미, 즉 범위, 조건, 상황, 과정 등의 의미를 표현하기도 한다.

⑴ 上

① 방면, 분야 — '…방면에서'의 의미를 가지며, 전치사 '在' '从'을 앞에 둘 수도 있다.

工作上(일에 관한 면에서) ; 思想上(사상 면에서)

经济上(경제적 방면에서) ; (从)现象上(현상적인 면에서)

② 범위 — '…범위 안에서'라는 의미를 나타낸다.

书上(책에서) ; 世界上(세계에서) ; 课堂上(교실에서)

③ 시간 — 연령을 나타내는 말 뒤에 쓰여 '…세일 때'의 의미를 나타낸다.

我爸爸十五岁上就离开了家乡。(우리 아버지는 15세일 때 고향을 떠나셨다)

⑵ 下

① 조건 — '…(의 조건)에서'의 의미를 가지며 전치사 '在'와 결합할 수 있다.

高温下(고온이라는 조건 하에 — 고온에서)

在朋友的帮助下(친구가 도움을 준다는 조건 아래 — 친구의 도움 아래)

在老师的指导下(선생님이 지도를 해주는 조건 아래 — 선생님의 시도 아래)

② 시절, 시기 — 시간, 시기, 절기 등을 나타내는 말과 함께 쓰여 '…때'의 의미로 쓰인다.

年下(연초, 새해) ┆ 时下(지금, 현재)

⑶ 中

① 범위 — '…중에'의 의미로 전치사 '在'와 결합할 수 있다.

在我所有的朋友中(나의 모든 친구들 중에)

② 과정 — '…하던 중에'의 의미로 쓰인다.

讨论中(토론하던 중에) ┆ 假期中(휴가기간 중에)

⑷ 以上　以下　以前　以后　以外　以内[12)]

'以' 다음의 방위사가 나타내는 범위로 제한됨을 나타낸다.

年收入在三千元以上的占百分之八十。
(연수입이 3000위엔 이상인 사람이 84%를 차지한다)

十八周岁以下的青少年不准购买酒类商品。
(만 18세 이하의 청소년은 주류 제품을 구입할 수 없다)

本世纪末以前
(본 세기 말 이전에)

蔬菜市场全面放开以后
(야채시장이 전면적으로 개방된 이후)

十米以内的近处
(10미터 이내의 가까운 곳)

技术以外的话题
(기술 이 외의 화제)

5) 준요 방위사의 구별

⑴ 中　中间　之间　之内

① 中 — 일정한 범위의 안을 표시한다.

那六个孩子中，他最可爱。(그 여섯 아이들 가운데 그가 제일 귀엽다)

② 中间 — 두 지점의 가운데를 표시한다.

---

12) '以+방위사'의 형태가 범위를 제한할 경우 결합된 숫자는 한국어와 마찬가지로 범위에 포함된다. 그러나 때로 중국인들도 여기에 혼란을 겪어 법률이나 계약서에는 결합된 숫사를 범위에 포함하는지, 하지 않는지를 명시하는 경우가 많다.
예) '本合同所称'以上'、'以下'、'以内'包含本数，'以后''未满'不包含本数。'

前头的人少，中间人多，后面有充足的准备力量。
(앞쪽의 사람은 적고, 중간 지점의 사람은 많고 뒤쪽에는 충분한 준비된 역량이 있다)

③之间 — 두 지점의 사이를 표시한다.

从什么时候开始，人和人之间变得这么互不信任了？
(언제부터 사람과 사람 사이에 이렇게 서로 불신임이 시작되었지?)

④之内 — 일정 지역 혹은 그 범위의 안을 표시한다.

没问题，一个星期之内保证修得好好的！
(문제없어요, 일주일 이내 잘 수리할 것을 보장합니다!)

⑵以后　后来

①'以后' — 과거와 미래의 시간을 모두 표시할 수 있다. 이때 '以后'는 다른 낱말이나 구 혹은 절 뒤에 쓰일 수도 있고, 또한 단독으로 쓰일 수도 있다.

*七月后来 → 七月以后

*后来你要注意 → 以后你要注意

②'后来' — 과거의 시간만을 표시하며 '以后'와 달리 다른 낱말이나 구와 결합하지 못하고 단독으로 쓰인다.

后来我才知道。
(나중에서야 나는 알았어요)

去年来过一封信，后来再没有来过信。
(작년에 편지 한 통 오고 그 이후로는 한 번도 오지 않았어요)

⑶以前　之前

①'以前' — 시간을 표시한다.

两个孩子以前在一块玩，现在一块上幼儿园，当然好上了。
(두 아이가 이전에 같이 놀았고 지금은 같이 유아원에 다니니 당연히 좋아하게 되지요)

②'之前' — 시간과 장소를 모두 표시할 수 있다.

学校之前是新建的操场。
(학교 앞은 새로 지은 운동장이다 — 장소)

一直到六、七岁之前，孩子每天绝大部分时间花在玩具中。
(6,7살 전까지 아이는 매일 대부분의 시간을 장난감에 쏟는다 — 시간)

2. 처소사[处所词]

1) 처소사의 종류

①지명

中国 ; 天津 ; 天安门

②장소를 뜻하는 기관 이름이나 공간의 개념을 가지고 있는 단위

北京大学 ; 车站 ; 周围 ; 附近

③방위사 및 방위사와 결합된 구

身旁 ; 天上 ; 老师前边

④장소를 나타내는 지시대명사

这儿 ; 那里

2) 처소사의 기능

①주어가 될 수 있다.

这里安静极了。(여기는 너무 조용하다)

我家的后面有一个很大的植物园。(우리 집 뒤에는 아주 큰 식물원이 있다)

②동사나 전치사의 목적어가 될 수 있다.

飞往北京。(북경으로 날아간다)

他已经离开北京去香港了。(그는 이미 북경을 떠나 홍콩으로 갔다)

③관형어가 될 수 있다.

北京的秋天是人间的天堂。(북경의 가을은 인간 세계의 천당이다)

④부사어가 될 수 있다.

他们这几天地里吃，地里睡。(그들은 며칠 동안 땅에서 먹고 자고 한다)

3. 시간사[时间词]

(1) 시간사의 종류

①시점 시간사

年 ; 月 ; 号 ; 星期 ; 礼拜 ; 点(钟) ; 分 ; 今天 ; 明天 ; 明年

②시량 시간사

年 ; 月 ; 天 ; 星期 ; 礼拜 ; 钟头 ; 小时 ; 分

③ 시간사 이외의 시간을 나타낼 수 있는 품사

•시간부사 - 已经, 刚, 忽然

•일반명사 - 时间, 时候, 工夫

•수량사 - 一会儿, 半年, 两年

加油

Ⓐ 시점 시간사와 시량 시간사가 같은 형태를 가지고 있는 경우

ⓐ 년 — 年 앞의 수사를 읽는 법을 달리하여 구별한다.
二零零三年(시점) ⁝ 两千零三年(시량)

ⓑ 달 — 양사의 사용 여부로 구별한다.
三月(시점) ⁝ 三个月(시량)

ⓒ 날 — 양사가 다르다.
三号(시점) ⁝ 三天(시량)

Ⓑ 시/시간 — 시점사는 '点钟', 시량사는 '钟头' '小时'를 쓴다. '小时'의 경우 '钟头'와는 달리 양사 '个'를 생략할 수 있다.
三分钟(시량) ⁝ 三点钟(시점) ⁝ 三个钟头(시량)
三个小时(시량) ⁝ 三小时(시량)

Ⓒ 시간사의 위치와 의미

ⓐ 동작이 수행되는 시점을 나타내는 시점사는 동사 앞에 쓰임.
我们三点钟吃饭吧。(시점)

ⓑ 동작이 진행된 시간이나 동작 후 경과된 시간을 나타내는 시간사는 동사 뒤에 쓰임.
他吃了三个小时。(진행된 시간) 他死了三年了。(경과된 시간)

ⓒ 시간사가 동사 앞에 쓰이면 동작이 수행되는 시간 단위를 나타냄.
他三天没洗澡。(그는 3일 간 목욕하지 않았다 – 3일이라는 단위 내에 한 차례도 목욕하지 않았다)

(2) 시간사의 기능

① 주어가 될 수 있다.

昨天是我的生日。(어제는 저의 생일이었어요)

新年快要到了。(새해가 곧 다가와요!)

② 관형어가 될 수 있다.

在上星期的研讨会上, 我发表了一篇论文。
(지난 주 토론회에서 나는 논문 한 편을 발표하였다)

③ 주어의 앞이나 뒤에서 부사어가 될 수 있다.

我们下午去图书馆看书, 没做别的事。
(우리들은 오후에 도서관에 가서 책 볼 거야, 별 다른 일은 없어)

④목적어가 될 수 있다.

他的生日就是国庆节那天。(그의 생일은 바로 국경일 그 날이야)

⑤술어가 될 수 있다.

今天三月十五号，星期五。(오늘은 3월 15일, 금요일이다)

⑥보어가 될 수 있다.

我在中国学习了三年。(나는 중국에서 2년 동안 공부했어요)

第三章

대명사[代词]

인물, 사물, 장소 등을 지시하는 기능을 가진 낱말들을 대명사(代名詞)[pronoun]라고 한다.

서양언어의 문법에서는 대명사를 인칭, 지시, 재귀, 관계, 의문, 부정대명사 등으로 나누지만, 중국어에는 재귀대명사나 관계대명사가 없다.

대명사는 일반적으로 명사를 대신하지만 동사나 형용사, 혹은 구나 절 전체를 받아 대신 지칭할 수도 있기 때문에 중국에서는 일반적으로 '代名词'라 하지 않고 '代替词' '代词'라고 하는데, 이를 '대명사'라고 하여도 특별한 모순이 생기지는 않기 때문에 우리나라에서도 보통 '대명사'라고 번역한다.

대명사의 문법 기능이나 특징은 대신하는 낱말의 그것과 동일하다. 예를 들면, 명사를 대신하는 경우는 명사의 기능과 특징을, 부사를 대신하는 경우는 부사의 기능과 특징을 그대로 가진다는 것이다. 따라서 대명사에 대해서는 그 유형 및 특정 대명사의 개별적인 특징에 대해서 이해하도록 한다.

1 대명사의 종류

대명사는 그 의미와 기능에 따라 인칭대명사, 지시대명사, 의문대명사로 나눌 수 있다.

1. 인칭대명사[人称代词]

단수	복수
我	我们
你 ; 您[13]	你们 ; 您们
他 ; 她 ; 它	他们 ; 她们 ; 它们
咱	咱们
人家 ; 别人 ; 旁人 ; 他人	
自己 ; 自家 ; 自个儿 ; 本人	
	大家 ; 大伙儿

2. 지시대명사[指示代词]

	가까운 것을 지시	멀리 있는 것을 지시
사람이나 사물을 지시	这	那
장소를 지시	这里 ; 这儿 ; 此地	那里 ; 那儿
시간을 지시	这会儿 ; 此时 ; 此刻 ; 这阵儿	那会儿 ; 那阵儿
성질, 정도, 방식을 지시	这么 ; 这样 ; 这么样	那么 ; 那样 ; 那么样
기타 형태를 지시	该 ; 本 ; 某 ; 每 ; 各 ; 别的 ; 另外 ; 其他	

3. 의문대명사[疑问代词]

사람이나 사물에 대한 의문	谁 ; 什么 ; 哪
장소에 대한 의문	哪儿 ; 哪里 ; 什么地方
시간에 대한 의문	几时 ; 什么时候 ; 哪会儿 ; 多会儿 ; 何时
성질, 상태, 정도, 방식에 대한 의문	怎样 ; 怎么样 ; 怎么 ; 如何
원인에 대한 의문	为什么 ; 为何
수량에 대한 의문	几 ; 多少 ; 多

13) 이인칭 대명사의 존칭형 '您'은 이지만, 원래 '你们'의 합음(合音) 형식으로 만들어진 낱말이다. 따라서 구어체의 경우에는 일반적으로 '您们'이라고 쓰지 않으나, 문어체에서는 받아들여지고 있는 실정이다.

2 인칭대명사의 특징

(1) 我们 咱们

이 두 개의 대명사는 한국어로는 모두 '우리'라고 번역할 수밖에 없지만 사실 그 지시 대상 면에 있어서 서로 구별된다. '咱们'은 말하는 사람과 듣는 사람을 모두 포함하는 '우리'이지만 '我们'은 말하는 사람만을 가리키는 '우리'이기 때문에 이 둘은 서로 바꾸어 쓰지 못한다.14)

*咱们走了。→ 我们走了。
(손님들이 나가면서 '우리 가보겠습니다'라고 인사할 때)

(2) 人家

기본적으로 '다른 사람' '남'이라는 뜻이지만, 일인칭과 삼인칭을 지시하기도 한다.

① 다른 사람

你这样说, 人家会笑你的。
(네가 그렇게 말하면 다른 사람들이 널 비웃을 거야)

② 나(1인칭) — 주로 젊은 여성들이 구어체에 많이 쓴다.

你要不要去?(너 갈 거야, 안 갈 거야?)
-人家不去!(나 안 가!)

③ 그(3인칭) — 주로 앞 문장에 언급한 사람을 가리킨다.

他为什么不去?(그는 왜 안 가니?) -人家有事。(그는 일이 있대)
看人家小李多有礼貌!(이 군 그 사람은 얼마나 예의바른지!)

(3) 自己

① 단독으로 쓰일 수도 있고, 다른 인칭대명사나 명사와 함께 쓰여 그 사람 자신, 그 사물 자체를 강조하는 역할을 한다.

自己的事应该自己做。
(자기 자신의 일은 자기가 해야지)
我自己会算。
(나 스스로 계산할 수 있어)

---

14) 근래에는 '我们' 역시 청자를 포함한 '우리'의 개념을 나타내기도 하는데 '我们'은 비교적 공식적인 표현, 객관적인 관계 등을 나타내며 '咱们'은 친밀하고 사적인 표현, 개인적인 관계 등을 나타내는 경향이 있다. 그래서 '咱们学校'는 다소 어색하지만 '我们学校'는 자연스러운 표현이 된다.

我很满意自己的选择。
(나는 나 자신의 선택에 만족한다)
你自己的问题。
(너 자신의 문제)
这是他自己说的。
(이건 그 사람 본인이 말한 거야)
她也从不把自己当明星。
(그녀도 지금까지 스스로를 스타라고 생각하지 않는다)

② '직접', '스스로', '저절로' 라는 의미로 동사나 형용사를 수식하는 부사어가 될 수 있다.

电灯怎么自己亮了呢?(전등이 어떻게 저절로 켜졌지?)
你们自己做饭吃?(너희들이 직접 밥을 해먹는다 말이야?)

(4) 亲自　亲身

① '친히' '직접'의 의미로 쓰이는 낱말이다.

这活不好干, 得我亲自动手。
(이 일은 하기 어려우니 내가 직접 손을 대어야 한다)

② 구체적인 동작에 따라 그 동작에 사용되는 신체부위를 따로 붙여 쓰며 이 때 '亲' 뒤에는 일음절 명사만 올 수 있다.

亲口说 ⁝ 亲眼看 ⁝ 亲耳听 ⁝ 亲手做
*亲眼睛看 → 亲眼看

3 지시대명사의 특징

(1) 这　那

① 단독으로 주어가 될 수도 있고 수량사, 명사 등과 함께 쓰이기도 한다.

这是汉语书。(이것은 중국어 책입니다)
那回我去晚了。(그 때 내가 늦게 갔어요)
这三种状况都对经济全局不利。(이 3가지 상황은 경제 전반에 불리하다)

② '这' '那'는 단독으로 동사의 목적어가 될 수 없으므로 목적어로 쓰일 경우 반드시 생략된 명사에 대한 양사를 수반해야 한다.

我看这本(杂志), 你看那本(杂志)。(난 이 잡지를 보고 넌 저 잡지를 보자)

③‘这’는 ‘就’와 함께 쓰여 ‘금방’ ‘바로’라는 의미로 사용되기도 한다.

他这就来。(그가 금방 올 거야)

④‘那’는 앞의 말을 이어받아서 ‘那么’(‘그러면’ ‘그렇다면’)의 의미로 사용되기도 한다.

你喜欢这位作家，那我就送给你他的书。
(네가 이 작가를 좋아한다면, 그러면 내가 그 분 책을 너에게 줄께)

⑤‘那个’는 문장 속에서 술어로 쓰여, 특정한 사물을 대신하여 가리키는 것이 아니라 구체적으로 묘사하기 난처한 내용을 표현할 때 사용되기도 한다.

他是好人，只是他的脾气有点儿那个。
(그는 좋은 사람이야, 단지 성질이 좀 그래서 그렇지)

今天这样的情况很那个。
(오늘 이런 상황은 정말 좀 그래)

⑥‘这个’ ‘那个’의 형태로 말을 머뭇거릴 때 쓰인다.

我说的就是，那个，那个，考古学。
(내가 말하고자 하는 게 뭐야, 그 뭐야 고고학이라는 것이다)

⑦‘这个’ ‘那个’의 형태로 직접 말하기 어려운 것을 완곡하게 가리킨다.

你刚才的态度太那个了。(네 방금 전의 태도는 좀 그렇다)

⑵这里　这儿　那里　那儿

‘인칭대명사/사람이나 사물을 나타내는 명사+这里/这儿/那里/那儿’의 형식은 장소를 나타내는 처소구가 되어 ‘그 사람이 있는 (혹은 그 사물이) 이곳/저곳’의 의미가 된다.

老师那儿 (선생님 계신 곳) ┆ 我朋友那儿 (내 친구 쪽)

*一会儿我想去老师一趟。→ 一会儿我想去老师那儿一趟。
(좀 있다 선생님 계신 곳으로 가보려구요)

*欢迎你常到我们来玩。→ 欢迎你常到我们这儿来玩。
(우리 쪽에 자주 놀러 오시길 바랍니다)

⑶这么　这样　那么　那样

이들 지시 대명사는 관형어나 부사어로 쓰여 ‘이렇게’ ‘저렇게’ ‘그렇게’ 등의 의미로 방식이나 정도를 나타낸다.

曾听人讲过这样一件事。

(일찍이 누군가 이런 일을 얘기하는 걸 들었어요)

已经耽误了那么多时间，怎么能不着急?

(이미 그렇게 많은 시간을 미루었는데 어떻게 조급해하지 않을 수가 있겠니?)

①这样 那样

문장 속에서 광범위하게 활용되어 주어, 술어, 관형어, 부사어 역할을 할 수 있다.

这样比较好。(주어 - 이렇게 하는 게 비교적 좋다)

不要那样了。(술어 - 그러지 마라)

他们有这样的观点。(관형어 - 그들은 이런 관점을 가지고 있다)

我真那样做了。(부사어 - 나 정말 그렇게 했어)

②这么 那么

단독으로 쓰여 술어 역할을 하기도 하는데 이때 대개 '着'와 결합해서 쓰인다.

现在只能这么着了。(지금으로서는 이렇게 할 수 밖에 없어)

那么着，您难受，我更不好过。(그렇게 하면 너도 괴롭겠지만 난 더 힘들어)

③동량사를 수식하여 그 횟수가 적음을 표현하기도 한다.

这几十年来，只到泰山去过那么一次。

(요 몇 십 년 동안, 태산에 그렇게 한 번 가봤을 뿐이다)

⑷每 各

①每(매, 마다)

ⓐ개별의 대상이 가진 공통점에 착안하여 쓰이기 때문에, 일반적으로 범위부사 '都'와 같이 쓰인다.

他说的每一句话我都听懂了。

(그가 말하는 한 마디 한 마디를 나는 전부 알아들었다.)

ⓑ일반적으로 '每 + 수사 + 양사 + 명사'의 형태로 쓰이나, 명사를 직접 수식하지 않는다.

*每书 ⁞ *每学生

每一本书 ⁞ 每一个学生 ⁞ 每一个人

ⓒ이때 수사가 '一'인 경우 생략도 가능하다.

每本书 ⁞ 每个学生 ⁞ 每个人

ⓓ수식을 받는 명사가 양사를 겸하는 낱말이라면 직접 수식할 수 있다.

每天 | 每人

②'各(각, 각자)'

ⓐ사물의 차이점에 착안하여 쓰인다.

我们班的学生各有自己的意见。
(우리 반의 학생들은 각자 자기의 의견이 있다)
告诉大家，各就各位。
(각자 자기 자리에 위치하라고 모두에게 알리세요)

ⓑ양사와 같이 쓰일 수도 있고 명사를 직접 수식할 수도 있다.

各个学校 | 各学校 | 各所工厂 | 各工厂

ⓒ그러나 일음절 명사를 수식하게 될 경우 양사를 쓰지 않는다.

*各个国 → 各国 | *各个系 → 各系

'每'와 '各'는 때로 단독으로 동사를 수식할 수도 있으며 '每'는 동사의 동작을 '할 때마다'의 의미를 가지게 되고, '各'는 앞서 열거된 명사를 다시 지칭하여 '각각'의 의미를 가진 부사어로 동사 앞에 쓰일 수 있다.

每到假期，他就回他的故乡。
(휴가기간이 될 때마다 그는 그의 고향으로 돌아간다)
每逢元旦、春节，总有一些家长给老师送礼。
(신년, 음력설이 될 때마다 몇몇 가장들은 선생님께 선물을 보낸다)
黄山，泰山各有特点。
(황산, 태산은 각각 특징을 가지고 있다)
双方各有一名队员被韩国主裁判红牌罚下。
(양측 각각 선수 한 명씩 한국 주심에 의해 레드카드를 받았다)

⑸另　另外　别的

①'另' '另外'는 일정한 범위 안의 또 다른 것, '别的'는 언급한 범위 외의 다른 것을 나타낸다. 따라서 앞에 '除了…以外' 구문이 있는 경우 '别的'만 쓰일 수 있다.

100路公共汽车刚刚开走了，你要等另外一辆车，还是坐别的车回去。
(100번 버스가 막 출발했는데, 나머지 차를 기다리든지, 아니면 다른 차를 타고 가든지 해야겠다 – '另外一辆车'는 100번의 (뒤이어 올) 또 다른 차를 가리키며 '别的车'는 100번 외 다른 차량을 지칭하게 된다)
他走了另一条路。

(그는 또 하나의 다른 길로 갔다 — 목적지에 도달할 수 있는 여러 개의 길 중 또 다른 하나를 의미한다)

别的不要说，就说今天这件事。

(다른 건 말하지 말고 오늘 이 일에 대해서만 이야기 하자 — 여기서 말하는 '别的'는 '오늘의 사건'이라는 범위 외의 것을 의미한다)

②'另'은 수량사를 동반한 명사만을, '另外'는 명사를 바로 수식할 수도 있고, 수량사를 수식할 수도 있으며, '别的'는 명사만을 직접 수식한다.

另一方面是保护国家动物。

(또 다른 측면은 국가의 동물을 보호한다는 것이다)

我还要跟你谈另外一件事。

(난 또 다른 일 한 가지에 대해 너와 얘기하고 싶어)

你们几个人先坐火车去，另外的人坐船去。

(너희들 몇 명은 우선 기차타고 가고 다른 사람들은 배를 타고 가자)

*我还有别的一件衣服。→ 我还有一件别的衣服。

③'另' '另外'은 단독으로 부사어로 쓰일 수 있으며 이 때 의미는 '달리' '그밖에' '따로'이다.

另(外)有缘故。(달리 이유가 있어)

另外有什么问题？(부사어 — 그밖에 무슨 문제가 있어요?)

④'另外'는 '이 외에' '그 외에'의 의미를 가진 접속사로도 쓰일 수 있다.

电话上我已经告诉他了，另外我又写了一封详细的信去。

(접속사 — 전화상 내가 이미 그에게 알려주었고, 그 외에 또 상세한 편지를 써서 보냈다)

⑤앞 구에 '除了…以外'가 쓰인 경우, '别的'만 가능하다.

除了北京，别的地方我都没去过。

(북경 이외 다른 지방은 모두 가보지 못했어요)

除了他一个人以外，别的人都不知道。

(그 사람 한 사람을 제외하고 다른 사람은 모두 몰라요)

⑹本 该

①'本'은 명사와 결합되어 쓰이며 화자 자신 혹은 화자가 속한 단체, 기관, 기업, 장소 등을 나타낸다.

本人(본인 — 화자 자신) ; 本世纪(본 세기 — 화자가 살고 있는 세기)

本公司(본사 — 화자가 속한 회사) ; 本校(본교 — 화자가 속한 학교)

②'该' 역시 명사와 결합되어 쓰이지만 화자가 속한 단체, 기관, 기업, 장소 등을 가리키지 못한다.

该校(이 학교) ; 该公司(이 회사) ; 该报(이 신문)

③따라서 우리 회사는 '本公司', 상대방 회사는 '贵公司', 제3의 회사는 '该公司'이다.

4 의문대명사의 특징

⑴谁 什么

'谁'와 '什么'는 그것이 대신하는 명사와 그 용법이 같다. 다만 관형어로 쓰일 때는 아래와 같이 주의해야 한다.

①'谁'가 관형어로 쓰일 때는 반드시 구조 조사 '的'를 동반한다.

这是谁的书包？(이것은 누구의 가방입니까?)

谁的个子最高呢？(누구의 키가 가장 큽니까?)

②'什么'가 관형어로 쓰일 경우 일반적으로 구조조사 '的'를 쓰지 않지만, 소속이나 소유 관계를 물을 때는 '的'를 쓴다.

这是什么的味道？(이건 무엇의 맛이야? — '어떤 사물의 맛'임을 묻는 것)

这是什么味道？(이건 무슨 맛이야? — '맛의 형태'를 묻는 것)

⑵怎样 怎么样 怎么

①'怎样' '怎么样' '怎么'은 대개 상황이나 방법을 묻지만 '怎么+ 수사 + 양사'의 형태로 성질이나 상태를 묻기도 한다.

怎么一回事(어떻게 된 일) ; 怎么一种情况(어떤 상황)

怎么个人(어떤 사람) ; 怎(么)样的一个人(어떤 사람)

②'怎么' '怎么样'은 모두 술어가 될 수 있으나 '怎么'가 술어로 쓰이려면 '了'가 있어야 한다.

恢复得怎么样？(회복은 좀 어떠세요?)

你怎么了？(너 어떻게 된 거야?)

③'不怎么 + 동사/형용사' — 정도가 높지 않음을 표시한다.

做中国菜不怎么难。

(중국 요리하는 건 별로 어렵지 않아)

外国的事情隔得远，我不怎么了解。
(외국의 사정은 너무 멀리 떨어져 있어 잘 몰라요)

④'不怎么样' — 불만족스러운 화자의 주관적 감정 혹은 평가를 표시하는 것으로 술어, 보어 혹은 관형어로 쓰일 수 있다.

这地方可真不怎么样。
(이 지방은 정말 별로이다)

对这些问题，他回答得不怎么样。
(이 문제들에 대해 그는 아무렇게나 대답한다)

家庭环境不怎么样的人家，种种问题就会出现。
(가정환경이 별로 좋지 못한 사람은 각종 문제가 출현할 수도 있다)

⑶ 几　多少

①'几'는 추측하는 수량이 10미만일 경우 쓰며, '多少'는 추측하는 수량이 10이상인 경우에 쓴다.

一个星期有几天？(일주일은 며칠이지요?)
天上有多少星星？(하늘에 얼마나 많은 별이 있어요?)

②'几'가 명사와 쓰일 때는 양사가 있어야 하고 '多少'는 이러한 제한이 없다.

几个小时？(몇 시간 동안?)
多少(个)座位？(자리가 몇 개?)

③'几'는 모든 자릿수에 쓰일 수 있으나 '多少'는 '万' '亿' '兆' 앞에만 놓일 수 있다.

几千人? ¦ 几十本? ¦ 多少万人?

④의문사 '哪'는 '几'앞에서 수식할 수 있으나 '多少'는 수식할 수 없다.

哪几位? (어느 몇 분이세요?)
*哪多少?

⑷ 多

수량이나 정도를 묻는 의문대명사이다. 일반적으로 일음절 형용사 앞에 쓰인다.

①'有 + 多 + 高/长/深/远' — 수량을 묻는다.

有多高？(얼마나 높습니까? → 높이가 얼마입니까?)

有多长？(얼마나 깁니까? → 길이가 얼마입니까?)
有多深？(얼마나 깊습니까? → 깊이가 얼마입니까?)
有多远？(얼마나 멉니까? → 거리가 얼마입니까?)

②'(有＋) 多＋大' — 크기나 나이를 묻는다.

多大号的衣服？(얼마나 큰 사이즈의 옷? → 몇 사이즈의 옷?)
有多大？(얼마나 큽니까? → 크기가 얼마입니까?)
他今年多大了？(얼마나 컸지? → 나이가 얼마지?)

5 의문대명사의 의문 외의 용법

(1) 의문대명사는 반문, 비한정, 불특정을 지칭하기도 한다.

他怎么不知道?
(그가 어떻게 모르지? — 반문. 그가 모를 리가 없다는 뜻)
你什么时候来都行。
(언제 와도 모두 괜찮아 — 비한정. 올 수 있는 날에 제한이 없다는 뜻)
无论什么意见，大家都可以提。
(어떤 의견이든 간에 제시해도 좋아 — 무작위. 의견의 선택에 제한이 없다는 뜻)
爱去哪儿就去哪儿。
(가고 싶은 곳으로 가는 거야 — 비한정. 가고자 하는 장소에 제한이 없다는 뜻)
大家想怎么干就怎么干。
(모두들 하고 싶은 대로 한다 — 비한정. 하려는 행동에 제한을 두지 않는다는 뜻)
这个人我好像在哪儿看见过。
(이 사람을 내가 어디선가 본 적이 있는 거 같아 — 불특정)

(2) 일부 의문사는 한 문장 속에서 반복 사용되어 동일한 대상이나 동일한 동작 등을 가리킬 수 있다.

有什么就吃什么。
(있는 대로 먹으면 된다 — 두 개의 '什么'가 동일 대상)
谁喜欢它谁就拿去。
(그걸 좋아하는 사람이 가져가라 — 두 개의 '谁'가 동일 대상)
你要去哪儿就去哪儿。
(네가 가고 싶은 곳으로 가라 — 두 개의 '哪儿'이 동일한 장소)
你爱怎么干就怎么干。
(네가 하고 싶은 대로 해라 — 두 개의 '怎么'가 동작의 동일한 방식)

第四章

수사[数词]

명사, 대명사와 함께 체언에 속하면서 수량이나 순서 등을 나타내는 낱말을 수사라고 한다. 이 수사는 사물의 개수를 나타내는 양수사(量數詞)와 사물의 순서를 나타내는 서수사(序數詞)로 나눌 수 있고, 또 수를 나타내는 낱말의 역할에 따라 낱수와 자릿수로 나눌 수 있다.

우리나라의 수사는 '하나' '둘' '열' … '첫째' '둘째' … '온(100)' '즈믄(1000)'과 같은 고유의 수사도 있고 중국에서 들어온 한자어 계열로 '일' '십' '백' '천' 등도 있다. 우리가 쓰고 있는 한자어 계열의 명수법(命數法: 수를 표현하는 방법)과 기수법(記數法: 수를 적는 방법)은 중국과 같기 때문에 약간의 차이만 익히면 된다.

동양의 전통적 기수법은 '0'을 활용하지 못하였기 때문에 아라비아 숫자의 기수법과 많이 다르다. 예를 들면, '23'을 전통적 방법에서는 '二十三'으로, '230'을 '二百三十'라고 적었다. '23'은 '20 + 3'인데 '203'으로 적지 않는 것은 두 번째의 자릿수는 '10단위'를 나타낸다는 약속이 있기 때문이지만 중국에는 이런 방법이 없었다. 또 '230'의 '0'은 끝자리 수가 없다는 뜻인데 중국에는 '0'의 개념을 수를 적는데 활용하지 않았기 때문에 '二百三十'이라고 적게 된 것이다.

지금의 중국은 수를 적을 때는 아라비아 기수법을 받아 들여 상용하지만 수를 읽는 법은 전통식 명수법을 그대로 따르고 있다.

중국어의 수사는 명사를 직접 수식하지 못하고, 항상 양사를 동반한 채 명사를 수식하거나 혹은 독립적으로 쓰인다. 따라서 현대한어에서는 수사와 양사의 결합형을 '수량사'라고 따로 지칭하기도 하며 그 기능과 용법 또한 수사나 양사의 그것과 다소 차이를 보이기도 한다.

1 수사의 형식

1. 낱수와 자릿수

중국어의 수사는 낱수[系数词]와 자릿수[位数词]로 이루어져 있다. 낱수는 단 단위에 쓰이거나 자릿수 앞에 쓰이는 '一' '二' '三' '四' 등을 말하는 것이고, 자릿수란 수의 단위를 나타내는 '十' '百' '千' '万' 등을 말한다.

(1) 낱수[系数词]

단독으로 쓰여 사물의 갯수를 나타내거나 자릿수 앞에서 그 단위의 수를 나타내는 수사이다.

零 ⁝ 一 ⁝ 二 ⁝ 两 ⁝ 三 ⁝ 四 ⁝ 五 ⁝ 六 ⁝ 七 ⁝ 八 ⁝ 九 ⁝ 十

(2) 자릿수[位数词]

십진법(十進法)에 따른 각 단위를 나타내는 수사이다. 중국어에서는 모든 수의 단위를 10^n을 나타내는 십진법 자릿수와 10000^n을 나타내는 만진법(萬進法)의 자릿수로 나타낸다. 따라서 중국어의 수사는 십진 — 만진법으로 이루어져 있다고 할 수 있다.[15)]

·십진법 자리수

10^1 = 十 ⁝ 10^2 = 百 ⁝ 10^3 = 千

·만진법 자리수

10000^1 = 万 ⁝ 10000^2 = 亿 ⁝ 10000^3 = 兆 ⁝ 10000^4 = 京 ⁝ 10000^5 = 垓

2. 단순수사와 합성수사

(1) 단순수사[单纯数词]와 합성수사[合成数词]

단순히 낱수로만 나타낸 수사를 단순수사라고 하고 자릿수 앞뒤에 낱수가 놓인 수를 합성수사라고 한다.[16)]

---

15) '十'는 낱수와 자릿수의 역할을 동시에 하는 수사이다. 예를 들면, '二十' '十二'에서 '十'는 자릿수이고, '十' '十万' '十亿'에서는 낱수이다.

16) 한국, 중국, 일본 등의 동양인의 수에 대한 개념은 10^4 단위, 즉 4자리마다 한 단위씩 올라가게 되어 있는 반면, 서양식은 10^3 즉 3자리마다 한 단위씩 올라가게 되어 있다. 따라서 동양식을 '네 자릿수 단락 십진 명수법' 혹은 '십진-만진법'이라고 할 수 있고, 서양식은 '세 자릿수 단락 십진 명수법' 혹은 '십진-천진법'이라고 할 수 있다. 예를

·단순수사

三 ; 七 ; 四 ; 八

·합성수사

三百 ; 七千 ; 四万 ; 十三 ; 二十五 ; 三十九

(2) 합성수사의 형식

① 낱수 + 자릿수17)

三十 ; 五百 ; 四千 ; 十万

② 낱수 + 자릿수 + 낱수

二十一 ; 三百五十六

③ 낱수 + 자릿수 + 자릿수

二千万 ; 一百万 ; 三十亿

④ 낱수 + 万万

三万万(=三亿) ; 两万万(=两亿)

2 양수사의 명수법

사물의 갯수를 나타내는 수사를 양수사(量數詞)[基数词/基数]라고 하며, 양수사를 활용하여 배수[倍数], 분수[分数], 소수[小数] 및 어림수[概数]를 나타낸다. 중국의 전통적 명수법과 기수법은 현재 널리 쓰이고 있는 아라비아 식과 달랐기 때문에 아라비아 식을 중국어로 표현하는 방법을 익혀야 한다.

(1) 零

중국어는 '0'을 표현하는 방법이 한국과 중국이 조금 다르다. 한국은 '0'을 무시하는 체계이고 중국은 '0'을 '零'으로 읽는 체계이다. 중국에서는 '0'을 받아들여 전통식 명수법에 활용하였다고 할 수 있다.

들면, 3456789345678912를 동양인은 (삼천사백오십육)조/(칠천팔백구십삼)억/(사천오백육십칠)만/(팔천구백십이)로 읽는다. 이에 반해 서양인은 세 자리마다 끊어서 수를 읽게 되는데 3quadrillion/456trillion/789billion/345million/678thousand/912라고 읽는다. 즉 동양인은 10의 제곱으로 한 자리씩 올라가고, 10000의 제곱으로 4자리 단위로 올라간다.

17) '十'와 '多少'는 '万' '亿' '兆' 등의 낱수에만 사용된다.

十亿 ; 多少万 - *十百 ; *多少千

53 → 오십삼 → 五十三

503 → 오백삼 → 五百零三

530 → 오백삼십 → 五百三十 혹은 五百三[18]

5003 → 오천삼 → 五千零三

5030 → 오천삼십 → 五千零三十

①숫자와 숫자 사이에 '0'이 있는 경우, 반드시 '零'으로 읽어야 하며, '0'이 두개 이상이라도 한 번만 '零'으로 읽는다.

304 → 三百零四

3,004 → 三千零四

②끝 부분이 '0'으로 이루어진 숫자는 낱수만 읽고 자릿수는 읽지 않을 수 있다.

340 → 三百四十 혹은 三百四

3,400 → 三千四百 혹은 三千四

34,000 → 三万四千 혹은 三万四

③숫자 사이에 '0'이 있고 끝 부분이 '0'으로 이루어진 숫자는 끝부분을 합성수사(낱수 + 자릿수)로 읽어야 한다. 만약 낱수만 읽으면 자릿수를 생략한 경우와 독법(讀法)이 같아지기 때문에 혼돈된다.

3,040 → 三千零四十 *三千零四 ; 三千零四 → 3,004

30,400 → 三万零四百 *三万零四 ; 三万零四 → 30,004

30,040 → 三万零四十 *三万零四 ; 三万零四 → 30,004

(2) 一와 十

①'十' '百' '千' '万' '亿'와 같은 자릿수 앞의 낱수가 '1'일 때는 '一'를 붙여 읽는다. 단 십단위로만 이루어진 수의 '十' 앞에는 '一'를 붙이지 않는다. 따라서 만진법의 수 '万' '亿' '兆' '京' 등의 앞의 '十'에도 역시 '一'를 붙이지 않는다.

10 → 十 ⁝ *一十 ⁝ 12 → 十二 ⁝ *一十二(십 단위로만 구성된 수)

100 → 一百

1,000 → 一千

---

18) 한국어에서는 '530 → 오백삼십'과 같이 '0'을 읽지 않고 '0'앞의 자릿수를 읽지만, 중국은 '530 → 五百三'과 같이 마지막 자리의 '0'을 읽지 않기 때문에 혼란이 일어날 수 있으니 수를 말할 때 특히 조심해야 한다.

110 → 一百一十
(십 단위로만 구성된 수가 아닌 수의 십 단위)

611 → 六百一十一

10만 → 十万
(만진법 앞에 십 단위로만 구성된 수)

11만 → 十一万

12억 → 十二亿

5,100,000 → 五百一十万
(만진법 앞에 십 단위로만 구성된 수가 아닌 수의 십 단위)

65,130,000 → 六千五百一十三万

②'一'의 중첩형 '一一'는 동사 앞에 부사어로 쓰여 '일일이' '낱낱이' '차례대로' '하나하나'의 의미가 된다.

他一一给我说明。(그가 나에게 일일이 설명해주었다)

同大家一一握手。(모두와 일일이 악수했다)

③'一'가 제1동사구 앞에서 부사어로 쓰이고 '就'가 제2동사구 앞에서 부사어로 쓰인 '一…就…' 형태는 두 동사의 동작이 긴밀히 연결되어 발생하거나, 앞 동작의 조건 아래 뒤의 상황이 출현함을 표시한다.

他们一认识就结婚了。(그들은 알게 되자마자 바로 결혼하였다)

老王一退休就回老家了。(라오왕은 퇴직하자마자 바로 고향으로 돌아갔다)

(3) 二과 两

고대한어에서는 '2'를 나타내는 수사는 '二'이었으며, '两'은 병렬되어 있거나 짝을 이룬 사물을 지칭하는 것이었다. 현대한어에서는 둘 다 모두 수사로 쓰이지만 용법상의 차이가 있다.

① 단독으로 숫자로 쓰이거나 수학에서는 '二'을 쓴다.

一、二、三、四 ; 一加一等于二 (1+1=2) ; 一元二次方程 (1원2차방정식)

② 서수(序數), 소수, 분수 등에서는 '二'을 쓴다.

第二 (두번째) ; 二哥 (둘째 형) ; 零点二 (0.2) ; 三分之二 (2/3)

③ 일반 양사 앞의 일 단위 숫자에는 '两'을 쓰고, 합성수사의 일 단위에서는 '二'을 쓴다.

两个人 (두 사람) ; 两次 (두 차례)

一百五十二人 (152명) ; 十二次 (열두 번)

④ 전통의 도량형 단위 앞에는 '二'과 '两' 모두 쓸 수 있지만, 중량 단위인 '两(양)' 앞에서는 '二'을 쓴다.

二亩地 | 两亩地 | 二尺布 | 两尺布

*两两酒 → 二两酒(술 두 량)

⑤ 법정 계량 단위와 일부의 비법정 계량 단위 앞에서는 일반적으로 '两'을 쓰는 경향이 짙다.

两吨 (2t) | 两公里 (2km) | 两米 (2m) | 二米 (2m)

⑥ 합성수사의 단단위, 십단위, 백단위에서는 '二'을 쓰고, 천 단위 이상에서는 주로 '两'을 쓴다. 하지만 합성수사의 가운데에 있는 '百' '千' '万' 등의 앞에서는 '二'을 주로 쓴다.

2 → 二 *两

20 → 二十 *两十

22 → 二十二 *两十两

222 → 二百二十二

2,000 → 两千 | 20,000 → 两万

22,222 → 两万二千二百二十二

加油

'二' '两'이 예외적으로 혼용해서 쓰이는 경우도 있으며, '二' '两' 모두 쓸 수 있지만, 무엇을 쓰느냐에 따라 의미가 달라지는 경우가 있다.

•예외적으로 혼용해서 쓰이는 경우

二位 | 两位

二倍 | 两倍

*二半 → 两半

•의미가 달라지는 경우

二层楼(2층) | 两层楼(2층짜리 건물)

读完了两册(두 권을 읽었다) | 读完了二册(제2권을 읽었다)

3 서수사

(1) 서수사의 형태

① 第 + 기수[19]

第一 | 第二 | 第三

② 第 + 기수 + 양사

第一天 (첫째 날) ; 第二天 (둘째 날) ; 第一年 (첫 해)

第二年 (둘째 해) ; 第五名 (5등)

③ 第 + 기수 + 양사 + 명사

第一件事 (첫 번째 사건) ; 第一句话 (첫마디) ; 第一堂课 (첫 번째 수업)

(2) '第'를 생략하거나 습관상 표기하지 않는 경우

① 형제자매의 항렬을 나타낼 때

二哥 (둘째 형) ; 三姐 (셋째 언니)

② 편성번호를 나타낼 때

三年级 (3학년) ; 二号病房 (2번 병실) ; 三楼 (3번 건물)

③ 순서를 열거해서 설명하는 경우

一开会, 二报告, 三讨论。(첫째 회의, 둘째 보고, 셋째 토론)

④ 등급을 표시하는 양사 앞

一等 (1등) ; 二等 (2등) ; 三等 (3등)

4 수사와 관련된 기타 표현

1) 분수

① '기수 + 分之 + 기수'

3/4 → 四分之三

② '기수 + 又 + 분수'

2¾ → 二又四分之三

③ 분모가 '100'일 때는 '%(percent)'로 표기하고, '百分之XX'로 읽으며, 퍼센트 포인트(percent point)는 'XX个百分点'이라고 읽는다. 또 분모가 '1000'일 때는 '‰'(permillage)로 표기하고 '千分之XX'로 읽는다.

25% → 百分之二十五

---

19) '第'와 '头'의 의미상 차이점

第一名(일등) ; 第二名(이등) ; 第三名(삼등)

头一名(앞의 한 명) ; 头二名(앞의 두 명) ; 头三名(앞의 세 명)

25‰ → 千分之二十五

④ 분모가 '10'일 때, 분모를 쓰지 않고 분자의 뒤에 '分'과 '成'을 사용해서 표현한다.[20]

10분의 3, 3할, 30% → 三分 혹은 三成

10분의 7, 7할, 70% → 七分 혹은 七成

2) 소수, 비율, 제곱

① 소수점 이상의 수가 십 단위 이상일 경우 자릿수를 붙여 읽지만 소수점 이하의 수는 낱수로 읽는다.

0.3 → 零点三 ; 3.4 → 三点四

138.45 → 一百三十八点四五

② 비율은 '比'로 나타낸다.

3:0 → 三比零

2:2 → 二比二

9:9 → 九比九, 九平

③ 제곱은 아래와 같이 표현한다.

2^2 → 二的平方

2^3 → 二的立方

2^4 → 二的四次方

2^n → 二的n次方

3) 더하기, 빼기, 곱하기, 나누기

① 더하기 — 'X 加 Y 等于 Z'

5 + 5 = 10 → 五 加 五 等于 十

② 빼기 — 'X 減 Y 等于 Z'

19 - 7 = 12 → 十九 減 七 等于 十二

③ 곱하기 — 'X 乘(以) Y 等于 Z'

3 × 2 = 6 → 三 乘 以 二 等于 六

④ 나누기 — 'X 除以 Y 等于 Z'

---

20) '八成'과 '八成儿'의 의미가 다르다.
八成은 8할(80%), 八成儿은 '십중팔구' '틀림없이'라는 의미이다.

25 ÷ 5 = 5 → 二十五 除 以 五 等于 五

4) 배수 및 증가의 표현

⑴ 배수

①A는 B의 X배이다(A에서 B를 나눈 수치로 표현)

他有三本，我有九本，我的是他的三倍。
(그는 세 권이 있고 나는 아홉 권이 있으니 내 것이 그의 것 세 배이다)

②A는 B보다 X배가 많다 혹은 크다(A에서 B를 뺀 뒤, B로 나눈 수치로 표현)

他有三本，我有九本，我的比他的多两倍。
(그는 세 권이 있고 나는 아홉 권이 있으니 내 것이 그의 것보다 두 배 많다)

他二十岁，我六十岁，我比他大两倍。
(그는 스무 살이고 나는 예순이니 내가 그보다 두 배 더 나이가 많다)

加油

'倍'는 증가만을 표현하므로, 감소를 표현할 때는 분수나 백분율을 사용해야 한다.

三十四是十七的两倍。(24는 17의 2배이다)
减少了三分之一。 ($\frac{1}{3}$이 줄었다)
这个月的产量比上个月的减少了50%。
(이번 달의 생산량은 지난 달 보다 50%가 줄었다)
*减少了三倍。

⑵ 증가를 나타내는 동사 '增' '增加' '提高'의 용법

①'增加' '增加了' '提高' '提高了'는 원래의 수량은 포함하지 않고 증가된 수량만 나타낸다.

去年中文系的学生共六十名，今年增加了(/增加)六十名。
(작년에 중문과의 학생은 모두 60명이었는데 올해는 60명이 증가되었다. → 그래서 올해는 120명이 되었다는 의미)

②'增为' '增加到' '提高为' '提高到'는 원래 수량을 포함하여 현재의 수치에 이르렀음을 나타낸다.

去年中文系的学生共六十名，今年增加到(/增为)一百二十名。
(작년에 중문과의 학생은 모두 60명이었는데 올해 120명으로 증가되었다. → 즉, 60명이 추가되었다는 의미)

5) 半

①'半'이 다른 수사와 함께 쓰이지 않고 단독으로 쓰일 경우 양사 앞에 위치한다.

半斤肉 (고기 반 근) | 半个小时 (반 시간)

②'半'이 다른 수사와 함께 쓰이면 양사 뒤에 위치한다.

一瓶半 (한 병 반) | 一斤半肉 (고기 한 근 반) | 一个半小时 (한 시간 반)

5 어림수사

'来' '多' '好几' '好些' '若干' 등은 합성수사와 양사 사이에 쓰여 대략의 수를 나타낸다. 이런 낱말을 어림수사[概数]라고 한다.

三十来个(30개 정도) | 三十多个(30개 남짓) | 三十好几个(30개 훨씬 넘어)
好些个人
(몇몇 사람)
关于科学技术普及工作的若干意见
(과학 기술 보급 및 작업에 관한 몇 가지 의견)

1) 来 多

①'来'와 '多'는 반드시 '낱수 + 자릿수'의 형식 뒤에만 쓰인다.

*三来个('三'은 '낱수+자릿수' 형식이 아님)
*十二来个('十二'은 '낱수+자릿수' 형식이 아님)
五十多个('五十'는 '낱수+자릿수' 형식임)
五百多个('五百'는 '낱수+자릿수' 형식임)
五百五十多个('五十'는 '낱수+자릿수' 형식임)
两万多人('两万'은 '낱수+자릿수' 형식임)
两万零五十多人('五十'은 '낱수+자릿수' 형식임)
*二十万多个('二十万'은 '낱수+자릿수+자릿수' 형식임)
*三千五百万多个('五百万'은 '낱수+자릿수+자릿수' 형식임)

②'来'와 '多'는 '万' '亿' '兆'와 같은 네 자리 자릿수 앞에 있는 '낱수+자릿수' 형식의 뒤에도 쓰인다.

*二十万多个 → 二十多万个
*三千五百亿多个 → 三千五百多亿个

③'来'와 '多'는 '낱수 + 자릿수'의 형식이 아닐 때는 양사 뒤에 쓰인다. 하지만 명사가 분할 불가능할 때는 이렇게도 쓰일 수 없다.

*三多斤重 → 三斤多重

*十二来里地 → 十二里来地

*九个多朋友(朋友는 분할 할 수 없음)

④'十'는 '十万'에서처럼 낱수로 쓰이기도 하고 '二十'와 같이 자릿수로도 쓰이므로 그 위치에 따라 뜻이 달라진다.

十来年期间(십 년 전후의 기간:10±A년:9년 10년 11년 정도)

十年来期间(십 년쯤의 기간:10년±α:10년 ±1개월, 2개월 정도)

十多年(십 몇 년:10+A년:11년, 12년, 13년)

十年多(십 년 여:10년+ α:10년+1개월, 2개월, 3개월 정도)

十多万年(십 몇 만 년:10+ α + 만년:11만년, 12만년, 13만년 정도)

十万多年(십만 여 년:10만+α년:10만년+1천, 2천, 3천년 정도)

⑤'수사 + 多'는 단독으로 쓰이지만, '수사 + 来'는 단독으로 쓰이지 못하고 반드시 다른 명사 혹은 양사와 결합하여 쓰인다.

你有多少钱?- 我有三千多。(너 얼마 있니? - 나 삼천 원 조금 넘게 있어)

你有多少钱? | *我有三千来。→ 我有三千来块。(나 삼천 원 정도 있어)

2) 左右 前后 上下

①'左右'는 '낱수 + 자릿수' 형식의 수사 뒤에 오며, 양사가 있을 때는 양사 뒤에 위치하여 앞의 수보다 약간 많거나 적음을 나타낸다.

五个小时左右 (다섯 시간 정도) | 三十左右 (30쯤)

二十岁左右 (스무 살 정도) | *三左右 → 三个左右

②'前后'는 수량사이든 명사이든 관계없이 시점을 나타내는 낱말 뒤에 쓰인다.

六点半前后 (6시 반 전후) | 元旦前后 (새해 전후)

③'前后'는 시점을 나타낼 때만 쓰이고 시량을 나타내는 낱말과는 결합하지 못한다. 반면에 '左右'는 시점이든 시량이든 상관없이 수량사이면 결합이 가능하다.

*元旦左右 → 元旦前后

*五个前后 → 五个左右

*五个小时前后 → 五个小时左右

五点左右 | 五点前后

④'上下'는 사용범위가 좁아 연령, 고도, 중량 등에 제한적으로 사용된다. 뿐만 아니라 연령의 경우 성년에게만 쓰이고, 고도나 중량을 나타낼 경우에도 어떤 시간적 범위 내에서 그 수량이 유동적일 수 있음을 나타낸다.

二十(岁)上下 ⋮ *五岁上下

这几年来, 他的体重平均在六十公斤上下。

(요 몇 년 동안, 그의 체중이 평균 60kg을 왔다 갔다 한다)

3) 几　两

'两 + 양사(+ 명사)' '几(+ 자릿수) + 양사(+ 명사)'의 형식으로 쓰며 5이하의 적은 수를 가리킨다.

几张 ⋮ 几天 ⋮ 几十本 ⋮ 几百个人

这两(=几)天我工作太忙。(요 며칠 내가 너무 바빠요)

这两(=几)天我没见过他。(요 며칠 제가 그를 보지 못했어요)

4) 成　上　约　近

①'成/上 + 100 이상의 수'의 형식으로 쓰여 수량이 많음을 나타낸다.

成千成百 ⋮ 成百上千

上百间房屋(백 칸이 넘는 집)

成万首尔市民参加了投票。(수만의 서울 시민이 투표에 참여하였다)

②'约 + 수사'의 형태로 쓰여 수사와 별 차이가 얼마 없음을 나타낸다.

釜山市人口约四百万。(부산시 인구는 약 4백만이다)

③'近 + 수사'의 형태로 쓰여 수사에 가까움을 표시한다.

我年近四十。(내 나이 곧 40에 가깝다)

5) 好几　好些　若干

①'낱수 + 자릿수 + 好几 + 양사' 또는 '好几 + 양사/자릿수'의 형태로 쓰여 수가 훨씬 많음을 나타낸다.

三十好几个(30개 훨씬 넘어) ⋮ 好几万(몇 만) ⋮ 好几十个(몇 십 개)

②'好些/若干 + 명사/양사' 또는 '若干 + 万/亿' 형태로 쓰인다.

好些个人 ⋮ 好些件

6) 把

'百/千/万 + 把 + 양사 + 명사' '양사 + 把 + 명사'의 형태로 약간 많거나 적음을 나타낸다.

千把块钱(일천 원 정도) ; 百把个人(백 사람 정도) ; 万把本书(책 만 권 정도)
块把钱(한두 푼) ; 个把小时(한두 시간) ; 个把人(한두 사람)

7) 인접한 수의 연용

인접한 두 수를 연이어 사용하여 그 두 수의 범위를 넘지 않음을 나타낸다.

一两 ; 两三 ; 三四 ; 三五 ; 四五 ; 十六七
千百 ; 百十
百儿八十(80-100사이의 수) ; 千儿八百(800-1000사이의 수)

6 수사의 활용

① '三' '九' '十' '百' '千' '万'은 모두 많은 수를 상징적으로 나타내기도 한다. 따라서 이들 수사를 이용하여 성어(成語)나 관용어를 형성하는 경우가 많다.

一问三不知 ; 十全十美 ; 百思不解 ; 千里马

② 그러나 수사 '三'과 '两'이 같이 쓰이는 경우는 적은 수량을 의미하게 된다.

三下两下(한 두 차례 하다 — 대충하다)
三言两语(두세 마디 말)

第五章

양사[量词]

양사는 사람이나 사물의 수량 단위, 동작이나 행위의 횟수 단위를 표시하는 낱말이다. 양사는 중국어의 특성을 잘 반영한 품사로서 아주 중요한 의미를 갖는다. 중국어는 일음절로 구성된 낱말이 상당히 많다. 따라서 낱말을 '한자'와 같은 시각적 부호가 아닌 소리로만 들어 구분해야 하는 경우에는 동음(同音) 이형(異形) 이의(異意)의 낱말들이 오해 및 혼동을 불러올 가능성이 많다. 이때 양사가 명사를 수식하게 되면 동일 음절의 명사가 지칭하는 의미 범주를 어느 정도 제한하게 된다. 예를 들면, 'jiāng'이란 음절에는 '姜'과 '江'의 두 명사가 존재한다. 하지만 이 명사가 양사의 수식을 받아 'yīkuàijiāng[一块姜]'과 'yītiáojiāng[一条江]'이 되면 이 '块'와 '条'로 인해 해당 명사의 특성을 유추할 수 있으며 이런 이유로 양사가 명사의 의미 범주를 제한한다고 하는 것이다. 즉 중국어는 분절음의 부족 현상을 성조라는 초분절소로 만회하고 음절의 부족은 복음화로 만회하는데 양사도 상술한 것과 같이 그러한 작용을 한다고 할 수 있다.

이처럼 양사는 단순한 단위로만 작용하는 것이 아니라 사물의 범주를 제한하여 그 의미를 명확하게 하는 기능도 있기 때문에 중국어의 양사는 다른 언어에서 볼 수 없는 중요한 낱말의 종류이다.

다른 언어에서는 수사나 지시대명사가 명사를 직접 수식할 수 있지만, 중국어에서는 수사, 지시대명사와 명사 사이에 반드시 양사가 개입되어야 한다. 이렇게 명사의 범주를 제한하는 역할을 하는 양사는 문법적으로도 독특한 양상을 보인다.

1 양사의 종류

양사는 쓰임에 따라 명량사와 동량사, 형태에 따라 단순양사와 복합양사, 성격에 따라 전용양사와 차용양사 등으로 크게 분류할 수 있다.

1. 명량사

명사를 세는 단위이다. 이들은 다시 양사로만 쓰이는 전용 명량사와 동사나 명사에서 차용되어 임시로 쓰이는 차용 명량사로 나누어 살펴볼 수 있다.

1) 전용 명량사

①개체양사 — 가산명사에 쓰이는 양사

一个月 (한 달) ; 两位老师 (선생님 두 분) ; 三张桌子 (탁자 세 개)

②집합양사 — 짝이나 무리를 이루고 있는 사물에 쓰이는 양사

一双筷子 (젓가락 한 벌) ; 一套家具 (가구 한 세트)

③도량형 양사 — 양을 측정하는 단위[21)]

- 길이 - 丈 ; 尺 ; 寸 ; 米 ; 里 ; 公里
- 넓이 - 亩 ; 公亩 ; 顷 ; 平方米
- 무게 - 两 ; 斤 ; 公斤 ; 克 ; 吨
- 부피 - 斗 ; 升 ; 公升 ; 立方米

④부정양사[不定量词] — 일정하지 않은 수를 나타내는 양사

一些资料 (자료 약간) ; 好些礼物 (많은 선물) ; 一点水果 (과일 조금)

2) 차용 명량사

(1) 임시양사

동사나 명사가 임시로 차용되어 양사처럼 쓰이는 것들이다.

一挑水 (물 한 멜대) ; 一捆柴 (장작 한 묶음) ; 一束鲜花 (꽃 한 다발)

一杯茶 (차 한 잔) ; 一桌菜 (요리 한 상) ; 一屋子书 (방 한 칸의 책)

①'一 + 임시양사 + 的 + 명사'의 형식은 '满' '整个'의 의미를 나타낸다.

---

21) 두 개 이상의 도량사가 같이 쓰일 경우, 마지막 단위를 나타내는 도량사는 생략할 수 있다.
三尺五(寸) ; 一丈二(尺)

一地的水(满地的水:온 땅에 가득한 물)
一脸的汗(满脸的汗:온 얼굴에 가득한 땀)
一身的泥(满身的泥:온 몸의 진흙)

② 일반적으로 수사와 양사 사이에 다른 성분을 첨가할 수 없으나 임시양사는 본래 명사였기 때문에 형용사의 수식을 받을 수 있다.

三大锅汤 (큰 냄비 세 개의 국)
一满壶酒 (한 주전자 가득한 술)
一大箱子书 (큰 상자 하나만큼의 책)
*一小个苹果 → 一个小苹果 ; *一新件衣服 → 一件新衣服

③ 개체양사라 해도 그 뒤의 명사가 다시 분할 가능하다면 '大' '小'를 삽입하여 크기를 표현하기도 하며, 이런 경우 삽입된 형용사는 강한 묘사성을 지니게 된다.

一大块面包(빵 큰 것 한 조각) ; 两小片牛肉(쇠고기 작은 것 두 점)
一小块石头(돌멩이 작은 것 하나)

(2) 준양사

양사처럼 수사 뒤에 직접 쓰일 수 있는 일부의 명사를 준양사라고 한다. 이처럼 양사로도 쓰일 수 있는 명사는 주로 '国' '省' '县' '站'과 같은 행정 단위와 '年' '月' '天' '小时' '世纪'와 같은 시간 단위이다.

준양사가 수량사의 형태로 명사를 수식할 때는 '的'를 첨가할 수 있으며, 수사와 명사, 수사와 준양사 사이에 '个'를 사용하는 것은 일정하지 않으므로 주의해야 한다. 특히 한국어의 표현 방법을 그대로 옮겨 쓰지 않도록 해야 한다.

五年计划 ; 五年的计划 ; *五个年的计划
一天时间 ; 一天的时间 ; *一个天的时间
*三月时间 ; 三个月时间 ; 三个月的时间
('一月' '二月' '三月' 등은 서수사가 명사 앞에 첨가된 형태이다)

加油

같은 시간사이지만 '小时' '星期'는 준양사이고 '钟头'는 명사로만 쓰이고 양사로는 쓰일 수 없다. 따라서 '钟头'는 '个'와의 결합이 필수적이다.

一小时 ; 一个小时, 一星期 ; 一个星期
*一钟头 → 一个钟头

2. 동량사

동량사는 동작의 횟수를 세는 단위이며 명량사와 마찬가지로 동량사로만 쓰이는 전용 동량사와 명사에서 임시로 차용되어 쓰이는 차용 동량사로 나눌 수 있다.

1) 전용 동량사[22]

次 ; 回 ; 遍 ; 下儿 ; 场 ; 顿 ; 番 ; 趟

去了一趟北京 (북경에 한번 다녀왔다) ; 请再说一遍 (다시 한 번 말씀해주세요)

摇了三下 (세 번 가로저었다) ; 打了一场 (한 차례 싸웠다)

2) 차용 동량사

동작에 필요한 도구나 신체 부위를 나타내는 명사를 차용하여 그 동작의 횟수를 나타낸다.

咬一口 (한 입 물다) ; 踢了一脚 (한 발 차다) ; 打了一拳 (한 주먹 치다)

写一笔 (한 붓 쓰다) ; 切了一刀 (한 칼 자르다)

3. 복합양사

두 개의 양사가 결합되어 다른 의미를 만들어낸 양사이다. 이런 양사 뒤에는 명사를 두지 못하는 것이 일반 명량사와 다르다.

架次(연대수) ; 人次(연인원) ; 秒立方米(㎥/sec:흐르는 액체의 측량 단위)

最大机场已发送旅客三十二万人次, 出港航班两千二百八十一架次。
(가장 큰 공항은 이미 연인원 32만 명의 여행객을 보냈고, 2,281의 연운항편이 출발하였다)

2 양사의 특징

1. 명량사의 특징

1) 명량사의 어순

(1) 명량사는 일반적으로 '수사 + 양사 + 명사'의 형식으로 쓰인다.

---

22) '个'도 동량사로 사용할 수 있는데, 이때 결합하는 수사는 '一'에 한정되며 생략하여 쓰기도 한다.
洗了(一)个澡 ; 打了(一)个电话

一只狗 (개 한 마리) ; 两篇文章 (글 두 편) ; 五把椅子 (의자 다섯 개)

⑵ 다음의 조건에서는 '명사 + 수사 + 양사'의 형식으로 쓰인다.

① 명사가 반대의 의미를 가진 두 형태소로 결합되어 이루어진 경우

夫妇两个 ; 夫妇俩 ; 姐妹俩

男女 ; 夫妇 ; 兄弟 ; 姐妹 ; 师生

② 명사가 복수형 인칭대명사인 경우

咱们俩 ; 我们俩

我们 ; 咱们 ; 他们 ; 她们 ; 你们

③ 사물의 수량을 열거하거나 부각시키는 경우

她有中文书五十本, 英文书三十本, 共有八十本外文书。

(그는 중국어책 오십 권, 영어책 서른 권, 모두 팔십 권의 외국어 책이 있다)

2) 명량사의 중첩

① 대부분의 개체양사는 중첩되어 '…마다' '모든 …' 등의 의미를 나타낸다. 그러나 이음절 양사나 복합양사 및 새로 만들어진 양사는 중첩할 수 없다.[23)]

天天 ; 人人 ; 个个

*毫米毫米 ; *人次人次 ; *米米

② 양사의 중첩형은 '개체로부터 형성된 전체'를 의미하므로 '예외가 없음'을 나타낸다. 따라서 범위 부사 '都'와 호응하여 전체의 동일한 동작 및 현상을 나타내게 된다. 반면에 '每'는 '전체 속의 개체'를 의미하기 때문에 각 개체가 모두 같은 동작이나 현상을 나타내는 경우, 각기 다른 동작이나 현상을 나타내는 경우에 모두 쓰일 수 있다.

我们班的学生个个都很聪明。(우리 반 학생들은 하나하나 모두 총명하다)

样样东西都很漂亮。(갖가지 물건들이 모두 예쁘다)

人人都努力学习。(= 每个人都努力学习。)

*人人努力的程度不一样。→ 每个人努力的程度不一样。

---

23) 명사는 몇 가지를 제외하고는 통사적으로 중첩할 수 없다. 따라서 양사를 명사로 잘못 인식하여 다음과 같은 경우 자칫 오역할 수 있다.
门门都通过了。('문마다 통과하였다'가 아니고, '门'이라는 양사가 지시하는 명사, 즉 시험 과목 등을 모두 통과하였다는 뜻이다)

*人人带来的词典都不一样。→ 每个人带来的词典都不一样。

③양사의 중첩형은 주어와 주어의 관형어가 될 수 있지만 목적어나 목적어의 관형어는 될 수 없다.

朵朵葵花向太阳。(주어의 관형어)

件件有记录，有处理结果。(주어)

*通知人人 → 通知每个人(목적어)

*打动了人人的心 → 打动了每个人的心(목적어의 관형어)

④양사의 중첩형은 수사의 동반 없이 명사를 수식할 수 있다. 그러나 집합명사는 수식하지 못한다.

*张张纸张 → 张张纸

2. 동량사의 특징

1) 동량사와 목적어의 어순

①일반명사가 목적어인 경우는 '동량사 + 목적어'의 순이다.

看了一次电影。(영화를 한 차례 보았다)

念了一遍红楼梦。(홍루몽을 한 번 다 읽었다)

见过一次面。(한 차례 만났다)

②대명사가 목적어인 경우는 '목적어 + 동량사'의 순이다.

*找了三次你们。→ 找了你们三次。

*见过一次他 → 见过他一次。

③지명, 인명, 호칭이 목적어인 경우는 그 순서가 자유롭다.

来过一次北京。┆来过北京一次。(북경에 한 번 와본 적이 있다)

找过两回小平。┆找过小平两回。(샤오핑을 두 차례 찾았다)

骂了一顿弟弟。┆骂了弟弟一顿。(남동생을 한 차례 혼냈다)

④다음과 같이 목적어가 도치된 문장에서는 동량사가 목적어를 구성하는 명사와 함께 도치되어 마치 명량사처럼 쓰이기도 한다.

一趟城也没进。(시내엔 한 번도 다녀오지 않았다)

一次电影也没看。(단 한 차례도 영화를 보지 않았다)

一遍红楼梦也没念。(단 한 번도 홍루몽을 읽지 않았다)

⑤차용양사가 동량사로 쓰인 경우는 '목적어 + 차용 동량사'의 순이다.

告诉老师一声。(선생님께 한 마디 일러주세요)

踢了狗一脚。(개를 한 번 찼다)

打他一巴掌。(손으로 한 대 쳤다)

2) 동량사가 쓰인 문장의 부정 형태

①동량사를 가진 동사 앞에 부정부사를 쓰는 경우는 동작을 부정하는 것이 아니라 동작의 횟수를 부정하는 것이다. 동작의 횟수를 부정한 다음에는 그 뒤에 대체로 화자가 긍정하는 동작의 횟수를 부연해 준다.

我没见过他三次。
(나는 그를 세 번 만나지 않았다)

我没来过中国两次，只来过一次。
(나는 중국에 두 번 온 적은 없다. 다만 한 번 와 본 적이 있을 뿐이다)

동작 자체를 부정할 경우 동작의 횟수는 무의미하므로 이때는 동량사를 쓰지 않는다.

我没见过他。(나는 그 사람을 만난 적이 없다)

②가정이나 조건을 나타낼 때 즉, 동사가 아직 실현되지 않았을 때는 '不'로 부정한다.

你不去一下，怎么知道北京是很好的?
(넌 한 번 가보지도 않고 어떻게 북경이 좋다는 것을 아니?)

3) 동량사의 중첩

동량사의 중첩형이 부사어로 쓰이면 '매번' '…할 때마다'라는 의미를 나타내고, 관형어나 술어로 쓰이면 '많다'라는 의미를 나타낸다.

次次都打中了。
(부사어 – 쏠 때마다 모두 다 맞추었다)

天气突变，刮起了阵阵狂风。
(관형어 – 날씨가 갑자기 변해서 수차례 광풍이 불었다)

会场里掌声阵阵。
(술어 – 회의장에서 박수 소리가 계속 울렸다)

3 수량사

'수사 + 양사'의 결합 형태를 수량사[数量词]라고 하며, 이는 자립형태소로서 하나의 낱말처럼 쓰일 수 있다. '这/那/哪 + 양사'의 형태 역시 수량사와 문법적 기능이 같다.

(1) 수량사의 중요한 기능은 명사를 수식하는 것이지만, 수량사만으로 '수량사+명사'를 대신할 수도 있다.

我就买这三本(书)。

(2) 수량사는 직접 명사를 수식하기 때문에 '수량사+的+명사'의 형식을 취하지 않는다. 하지만 도량형 양사, 준양사, 시간 양사는 이와 같은 형식을 취할 수 있다.

*两本的书

买了五斤(的)肉 (고기 다섯 근을 샀다)

(3) 수사가 '一'인 경우에 명량사와 동량사 모두 '一AA', '一A一A', 혹은 '一A又一A'의 형식으로 중첩할 수 있다. 이러한 중첩형이 부사어로 사용되면 '하나씩 하나씩'의 의미를, 관형어나 보어로 사용되면 '많다'라는 의미를 나타낸다.

一条一条的小路 (한 줄기 한 줄기의 길들 — 많은 길들)

两个两个地走进教室 (두 사람씩 두 사람씩 교실에 걸어들어 간다)

(4) 수량사를 중첩할 경우 다음과 같은 점에 유의해야 한다.

① 수량사의 중첩이 관형어가 될 경우 구조조사 '的'가 필요하다.

一盘一盘的水果 (한 접시 한 접시의 과일)

② 중첩된 수사 '一'가 생략된 경우 구조조사 '的' 역시 생략할 수 있다.

件件往事 (매 과거지사)

③ 수량사의 중첩 형태는 그들이 수식하는 사람이나 사물 혹은 동작이 눈앞에 하나씩 하나씩 펼쳐진다는 의미를 나타낸다. 따라서 단순히 사람이나 사물이 많다는 의미의 '很多'와는 의미와 용법이 다르다.

他看着眼前一张张孩子的画儿，就不知不觉流下了眼泪。
(아이들의 그림이 눈앞에 펼쳐지므로 → 그는 눈앞에 있는 아이들 그림을 한 장 한 장 보면서 자기도 모르게 눈물을 흘렸다)

*我喜欢看小说，我想买一本一本的小说。
(눈앞에 펼쳐지는 광경에 대한 묘사가 아니므로)

④ 수사 '一'의 중첩 '一一'는 '빠짐없이' '낱낱이'의 의미이고, 수량사의 중첩 형태인 '一个个/一个一个'는 '하나하나' '하나하나 차례로'의 의미로 '빠

짐없이'란 의미가 없다.

她都认真地一一记在采访本上。
(부사어 – 그녀는 아주 열심히 인터뷰 노트에 하나하나 기록해 두었다)

去国外的人一个一个地回来。
(부사어 – 외국에 갔던 사람들이 하나씩 하나씩 돌아온다)

一件一件的事办不完。
(관형어 – 한 가지 한 가지 일들을 모두 다 끝낼 수 없다)

这本小说我看了一遍又一遍。
(보어 — 이 소설은 내가 한 번 읽고 또 읽었다)

4 주요 양사의 용법

1. 명량사

1) 个

가장 광범위하게 사용되는 양사이며, 다른 양사와는 달리 특수한 용법이 있다.

① 전문양사가 없는 명사의 양사로 사용할 수 있다. 그러나 이 경우 양사가 가질 수 있는 제한적, 묘사적 성격을 상실하게 된다.

一个姜 ¦ 一个江 ¦ 一个学校 ¦ 一个飞机

② '동사 + 个 + 수사 + 수사 + 양사' 형식의 보어로 쓰여 어림수를 표시한다.

得等个两三天 (이삼일 기다려야 한다)
买个二三百本 (이삼백 권 산다)
买个四五斤 (네다섯 권 산다)

③ 동보구조에서 구조조사 '得'대신 사용되어 그 정도가 심함을 나타낸다. 이때 '个'를 '得'로 바꾸어 쓸 수 있지만, 동사 술어가 아닌 형용사 술어인 경우 '个'는 쓸 수 없다.

唱个痛快 (시원시원하게 노래하다)
睡个够 (충분히 자다)
看个仔细 (자세히 보다)
*热个要命 → 热得要命

④'동사 + 个 + 不/没 + 동사'형식의 동보 구조 부정 형태로 쓰여 주로 동작이 계속 반복됨을 나타낸다.

说个没完 (끊임없이 얘기한다)
笑个不住 (끝없이 웃는다)
哭个不停 (멈추지 않고 욕한다)

⑤동목이합사 사이에서 쓰여 목적어를 명확하게 함과 동시에 동작의 횟수를 나타낸다.

洗个澡(=洗一次澡) ⁝ 见个面(=见一次面) ⁝ 过个节(=过一次节)

2) 条

①긴 물건으로 굽을 수 있는 것을 셀 때 쓰이며, 일부 꼬리가 길거나 뱀처럼 생긴 짐승에도 쓰인다.

一条毛巾 ⁝ 一条路 ⁝ 一条河 ⁝ 一条蛇 ⁝ 一条狗

②그 외 항목, 생명, 추상적 사물에 대해서 쓰기도 한다.

五条新闻 ⁝ 一条性命 ⁝ 一条计划 ⁝ 两条意见

3) 张

평평한 물건 혹은 펼치거나 열 수 있는 물건을 셀 때 쓰인다.

一张床 ⁝ 一张桌子 ⁝ 一张嘴 ⁝ 一张弓

4) 把

손잡이가 달린 기구를 셀 때 쓰인다.

一把刀 ⁝ 一把椅子 ⁝ 一把伞

5) 根

가늘고 긴 물건을 셀 때 쓰인다.

一根头发 ⁝ 一根黄瓜

6) 颗

공처럼 둥근 형태의 물건을 셀 때 쓰인다.

一颗珠子 ⁝ 一颗星 ⁝ 一颗珍珠

7) 粒

입자 형태의 물건을 셀 때 쓰인다.

一粒种子 ; 一粒米

8) 支

곧고 딱딱하며 가늘고 긴 것을 셀 때 쓰인다.

一支钢笔 ; 一支枪

9) 份

①문건을 나타내거나 몫을 나타낼 때 쓰인다.

三份 ; 两份报纸 ; 一份菜

②추상적인 사물, 개념, 감정 등을 나타낼 때 쓰인다.

那份高兴劲儿 ; 这份闲心

10) 道

①강이나 하천, 혹은 그와 같이 가늘고 긴 모양의 물건을 나타낼 때 쓰인다.

一道光 ; 一道河水

②문이나 담 따위를 셀 때 쓰인다.

这个楼有两道门。

③명령이나 제목을 나타낼 때 쓰인다.

一道命令

④기관에서 밟는 절차 따위를 나타낼 때 쓰인다.

经过好几道手续

11) 门

①친척 일가를 나타낼 때 쓰인다.

哪一门亲戚?

②과목, 기술 분야 등을 셀 때 쓰인다.

一门技术 ; 听了三门课

12) 所

①주택 건물을 셀 때 쓰인다.

一所房子

② 학교나 병원 따위를 나타낼 때 쓰인다.

一所学校 ⋮ 一所警察局

13) 双

쌍이나 짝을 이루고 있는 사람이나 사물에만 쓰인다.

一双手 ⋮ 一双袜子

14) 对

짝이나 쌍을 이루고 있으되, 서로 상반되는 속성을 가진 사람이나 사물을 함께 일컬을 때 쓴다.

一对夫妻 ⋮ 一对恋人

15) 副

① 조, 벌, 쌍의 의미로 쓰인다.

一副眼镜

② 때로 얼굴 표정을 나타내는 양사로 쓰이기도 한다.

一副笑脸

16) 套

세트, 조의 의미로 쓰이며, 여러 개를 묶어 한 단위로 표현할 때 쓴다.

一套家具 ⋮ 一套西服

17) 群 打 批 系列

여러 개를 묶어 하나로 표현할 때 쓴다.

一批货 ⋮ 一群孩子 ⋮ 一帮敌人

양사가 범주를 표현한다는 특징 때문에 같은 명사라 할지라도 어떤 양사의 수식을 받느냐에 따라 의미가 달라질 수도 있다.

一支筷子 (젓가락 한 짝)
一双筷子 (젓가락 한 벌)
一间房子 (방만 한 칸인 집 한 채)
一套房子 (방, 거실, 부엌, 욕실 등을 모두 갖춘 집 한 채)

2. 부정양사 ‘些’와 ‘点儿’

⑴부정양사[不定量词] 앞에 수사는 ‘一’만 올 수 있고, 대명사 ‘这么’ ‘那么’와 결합할 수도 있으며, 이렇게 결합된 ‘这些’ ‘那些’ ‘一些’ 뒤에는 양사 ‘个’를 쓸 수도 있다.

这么些书 ¦ 那么点钱 ¦ 这些个学生 ¦ 那些个学生 ¦ 一些个学生

⑵‘一些’ ‘一点儿’은 관형어나 보어로 쓰일 수 있으며 이때 ‘一’는 생략할 수 있다.

一些问题 ¦ 想出点儿办法 ¦ 注意点儿 ¦ 远一些

⑶‘些’와 ‘点儿’의 차이점

①‘些’는 셀 수 있는 명사 앞에 쓰이며, ‘点儿’은 셀 수 없는 명사 앞에 쓰인다.

这些人 ¦ 一些问题 ¦ 一点毛病 ¦ 那一点困难
*一点儿人 → 一些人

②‘些’는 ‘얼마간’ ‘다소간’ 있음을 표시하지만, ‘点儿’은 ‘아주 적은 양’으로 모자람을 표시한다.

一些钱 (다소간의 돈) ¦ 一点儿钱 (소량의 돈)
那(么)些学生 (그 만큼의 학생들) ¦ 这(么)点儿水 (겨우 이 만큼의 물)
吃(一)些东西。(뭘 좀 먹다) ¦ 吃(一)点儿东西。(뭘 아주 약간 먹다)
他的病好一些了。(그의 병이 좀 좋아졌다) ¦
他的病好一点儿了。(그의 병이 겨우 조금 좋아졌다)

③‘一点儿’은 부정문에 사용할 수 있지만 ‘一些’는 부정문에 사용할 수 없다.

有一些水 ¦ 有一点儿水 (물이 조금 있다)
*没有一些水 ¦ 没有一点儿水 (물이 조금도 없다)

④‘一点儿’은 관형어나 보어가 될 수 있으나, 부사어가 될 수 없다. 다만 앞에 ‘有’를 첨가하면 가능하다. 이렇게 만들어진 ‘有点儿’은 부사어로 술어의 앞에 쓰이며, 다소 부정적인 의미를 가지게 되는 반면에, ‘一点儿’은 수량보어로 술어의 뒤에 오거나 명사를 수식하며 다소 긍정적인 의미를 나타낸다.

*一点儿热 → 有一点儿热。

('热'는 일반적인 기준에서 볼 때 극단적인 날씨이므로 부정적 어감을 지니는 낱말이다)

*有点儿电影内容。→ 有些电影内容。

('有点儿'은 부사어로 술어 앞에 쓰인다)

这件衣服有点儿大。

(이 옷은 좀 크다 – 그래서 좀 불편하거나 맘에 들지 않는다)

这件衣服大了一点儿。

(이 옷은 좀 여유 있다 – 그래서 편하거나 맘에 든다)

⑤수량의 전면적인 부정 형식인 '一 + 양사 + 也/都 + 不/没 + 술어'에서 '点'은 사용가능하나 '些'는 쓰지 못한다.

*家里一些水也没有。→ 家里一点儿水也没有。(집에 과일이 조금도 없어)

*我一些也不难过。→ 我一点儿也不难过。(난 조금도 힘들지 않아)

⑥'些'는 뒤에 '个'와 결합하여 '좀' 혹은 '약간'의 의미를 나타내는 복합양사가 될 수 있으나, '点'은 그렇게 되지 못한다.

*这点个都是我的。→ 这些个都是我的。(이것들은 모두 내 것이야)

3. 동량사

1) 次

①동작의 회수, 번, 차례를 나타내며 가장 널리 쓰이는 동량사이다.

见过他一次。(그를 한 번 본 적이 있다)

去了北京两次。⋮去了两次北京。(북경에 두 차례 갔었다)

问过小李几次。⋮问过几次小李。(샤오리에게 여러 번 물어 보았다)

②'有一次'는 과거의 어느 한 시점을 표시한다.

有一次，老王来，对我谈过这件事。

(한번은 라오왕이 와서 내게 이 일을 얘기한 적 있어)

③중복 출현하는 상황이나 사물의 양사, 즉 명량사의 형태로도 자주 쓰인다.

一次机会 (한 번의 기회)

取得了无数次胜利 (무수한 승리를 거두었다)

第二次世界大战。(제2차 세계 대전)

④부사어로도 쓰일 수 있다.

一次解决。(한 번에 해결하다)

多次试验。(여러 번 실험하다)

2) 回

①동작의 회수, 차례를 나타낸다.

去了两回。(두 번 갔다)

喝了两回。(두 번 마셨다)

问过小王一回。⁝问过一回小王。(샤오왕에게 한 번 물어 보았다)

②'回'는 '这么' '那么' '怎么'의 뒤에서 명량사로도 쓰인다.

这是怎么回事?
(이건 어떻게 된 일이야?)

原来是这么(那么)回事?
(원래 이렇게 된 일이었어?)

你们俩说的是两回事, 不是一回事。
(너희 둘이 얘기하는 건 다른 일이지 같은 일이 아니라구)

③명량사로 장회소설의 장절을 표시하기도 한다.

红楼梦一共有一百二十回。
(홍루몽은 모두 120회로 이루어져 있다)

3) 趟

①동작의 왕복 횟수를 나타낸다. 따라서 '가다' '오다' 등과 같이 왕복을 전제로 하는 동작 동사와 주로 많이 쓰인다.

去了北京一趟。(북경에 한 차례 다녀왔다)

想回一趟家。(집에 한 번 다녀오고 싶다)

②부사어를 구성할 수 있으며 이때 모든 수사와 결합할 수 있다.

这一趟来, 是要告诉你们好消息的。
(이번에 온 것은 너희들에게 좋은 소식을 알려주기 위해서야)

左一趟右一趟地跑火车站。
(기차역을 이 쪽 저 쪽으로 뛰어 다닌다)

4) 遍

처음부터 끝까지의 동작 횟수, 차례를 나타낸다.

要念两遍。(처음부터 두 번 읽으세요)

这本书我看了两遍。(이 책은 내가 처음부터 끝까지 두 번 읽었어요)

5) 顿

질책, 매도, 권고의 횟수를 표시한다.

劝了一顿 (한 차례 권했다)
打了两顿 (두 차례 때렸다)
批评了一顿 (한 차례 비난했다)
受了一顿批评。(한 차례 비난을 받았다)

6) 下

①짧은 시간에 이루어진 순간적 동작의 횟수를 표시하며 '下儿'로 쓸 수 있다.

踢了小王两下。(샤오왕을 두 번 찼다)
踢了一下小狗。(작은 개를 한 번 찼다)
钟鼓了三下。(종이 세 번 쳤다)
鼓了几下门。(문을 여러 번 두드렸다)

②'동사 + 一下' — 동작에 소요된 시간의 '짧음', '한 번 시도해 보다'의 의미를 나타낸다.

你去问一下王老师。(왕선생님께 가서 한 번 물어봐)
你快帮一下忙。(빨리 좀 도와줘)
给我看一下。(나에게 잠깐 보여줘)

③재간이나 재주를 표시하기도 하는데 이때 수사는 '两' '三' 혹은 '几'만 가능하다. '下子'나 '下儿'의 형태로도 쓰인다.

他真有两下子。(그 사람은 정말 재주가 있어)
想不到他还有这几下子。(뜻밖에 그에게 이런 재주가 있다니)

④부사어를 구성할 수 있으며 주로 '一下子(갑자기)'의 형태로 많이 쓰인다.

一下子想不起来了。
(갑자기 생각이 나지 않았어)
那几棵树一下子就被台风刮倒了。
(그 몇 그루의 나무들이 순식간에 태풍에 넘어졌다)

7) 阵

①동작이 연속되는 한 단락의 시간동안 지속되었음을 의미한다. 결합 가능한 수사는 '一' 뿐이며 '阵子' '阵儿'의 형태도 가능하다.

雨下了一阵子又停了。(비가 한 때 내리다가 또 멈추었다)
走一阵歇了一阵。(한동안 걷다가 한동안 쉬다가 한다)

我的病好一阵坏一阵。(내 병세가 한 때 좋았다가 한 때 나빠졌다가 한다)

②부사어로 쓰일 경우 수사 '一'만 결합하며, 형용사의 앞에서도 쓰일 수 있다.

雨一阵紧一阵松地下个不停。
(비가 한 때는 세차게 한 때는 가늘게 내리며 그치지 않는다)

③명량사로도 쓰인다.

一阵激烈的疼痛。(한 때의 극렬한 통증)
一阵阵热烈的掌声。(한동안 울리는 열렬한 박수소리)

8) 场

①일이 한 번 경과한 횟수를 표시하며 주로 경기, 극, 영화의 횟수를 가리킨다.

打了一场球。(공을 한 경기 찼다)
看了一场电影。(영화를 한 차례 보았다)
发生了一场革命。(한 차례 혁명이 발생하였다)

②주로 비, 바람, 병, 재해, 농사 활동 등에 사용할 수도 있으며 목적어 앞에 위치한다.

下了一场大雨。(큰 비가 한바탕 내렸다)
生了一场病。(병이 한 차례 났다)

③모종의 언어 · 행위에 사용할 수 있으며 이 경우 뒤에 목적어를 가지지 못한다.

大哭一场。(한바탕 크게 울었다)
责备了我一场。(나를 한바탕 꾸짖다)

9) 番

①과정이 비교적 긴 동작의 회수를 표시하며 수사는 '一'만 결합할 수 있다.

调查了一番。
(한 차례 조사했다)
整顿了一番。
(한바탕 정리를 했다)
他打量了我一番, 似乎有点不认识了。
(그가 나를 한 차례 훑어보는데 마치 잘 모르는 듯 했다)

②관용어구에 자주 쓰인다.

三番五次 ; 三番两次 ; 两次三番 (여러 번/누차)

三番五次来电报催我回去。

(누차 전보를 보내 나를 돌아오라고 재촉하였다)

③언어활동이나 심리활동 표시하는 말의 명량사로도 쓰이며, 수사는 '一'과 '几'만 가능하다.

讲一番道理。(한 차례 도리를 설명하다)

做了一番解释。(한 차례 해설을 하였다)

那是他的一番好意。(그건 그 사람의 호의예요)

10) 交(跤)

넘어진 동작의 회수를 표시한다.

跌了一交。摔了一交。(한 차례 넘어졌다)

第六章

동사[动词]

동사는 동작행위, 존재, 관계, 심리활동 따위를 표현하는 품사이다. 한국어에서 동사는 어말어미에 의해 그 문법 기능이 세밀하게 실현되므로 외형적으로 그것이 동사인지 아닌지를 쉽게 알 수 있다.

그러나 중국어는 어미의 첨가나 굴절이 전혀 없는 고립어로써 그 의미와 용법에 따라 품사를 구분하게 된다. 이러한 이유로 많은 중국어 동사들이 명사와 중복품사가 되고 있는 것처럼 혼란을 일으키기 쉽다. 따라서 각 낱말들을 습득할 때 이와 같은 점에 유의할 필요가 있다. 한국어 화자는 명사 뒤에 동사형 어미 '하다'를 첨가하면 바로 동사로 활용할 수 있기 때문에 중국어의 어느 낱말이 명사인지 아니면 다른 품사에 속하는 낱말인지 분별하기 어려운 경우가 많다. 예를 들면, '学习'는 동사이나 한국어에서는 명사로도 쓰일 수 있으며, '战争'은 명사이지만, 한국어에서는 '전쟁하다'의 형태로 동사로 쓰일 수 있는 것과 같은 경우이다. 이렇듯 어떤 낱말이 명사로만 활용되는지, 어떤 낱말이 명사와 동사를 겸하는지 알아둘 필요가 있으며, 그러한 중국어 낱말을 한국의 한자어와 연관시켜 오류를 범하지 않도록 주의해야 한다.

1 동사의 종류

중국어 동사의 쓰임은 워낙 복잡하기 때문에 분류하기가 쉽지 않다. 일반적으로 동사는 목적어를 직접 가질 수 있느냐의 여부에 따라 자동사와 타동사로 분류되지만 중국어에서는 자동사일지라도 동사 뒤에 둘 수 있는 성분이 많기 때문에 명확하게 자동사와 타동사로 구분하기도 어렵고, 또 타동사라 할지라도 취할 수 있는 목적어가 아주 다양하기 때문에 목적어에 따라 간단하게 분류하기도 쉽지 않다. 뿐만 아니라 많은 동사는 외형적 변화 없이 명사로 쓰일 수 있기 때문에 명사와 동사의 한계를 분명히 가리기도 쉽지 않다.

1. 의미에 따른 분류

(1)동작동사 — 동작, 행위를 표시하는 동사

走 ¦ 笑 ¦ 讨论 ¦ 打

(2)존현동사 — 존재, 변화를 표시하는 동사

•존재 표시 - 在 ¦ 有 ¦ 存在

•변화 표시 - 发生 ¦ 出现 ¦ 扩大 ¦ 提高

(3)관계동사 — 판단이나 주어와 목적어 간의 관계를 표시하는 동사

是 ¦ 姓 ¦ 像 ¦ 等于 ¦ 属于 ¦ 成为 ¦ 当作

(4)심리동사 — 심리 활동을 표시하는 동사

想 ¦ 爱 ¦ 希望 ¦ 同情

(5)시역동사 — 명령, 금지 등 사역을 표시하는 동사

叫 ¦ 让 ¦ 请 ¦ 禁止

(6)조동사[24] — 동작의 가능, 당위, 의지 등을 표시하는 동사

能 ¦ 要 ¦ 得 ¦ 情愿 ¦ 应该

(7)방향동사 — 동작의 방향을 표시하는 동사

来 ¦ 去 ¦ 上 ¦ 下 ¦ 过去 ¦ 过来

---

24) 조동사는 동사 앞에 위치하여 그 동사가 나타내는 가능성, 당위성, 염원, 의지 등을 표현하는 역할을 하지만 때로 동사 없이 단독으로 쓰이기도 하기 때문에 조동사(助動詞)라는 용어가 적당하지 않다고 할 수도 있다. 따라서 이들을 능원동사[能愿动词]라고 부르기도 한다.

2. 목적어에 따른 분류

1) 동사와 목적어의 관계

(1) 진목적어와 준목적어

일반적으로 목적어를 가지지 않는 동사를 자동사[不及物动词]라 하고, 목적어를 가지는 동사를 타동사[及物动词]라고 하며 이때 그 목적어는 일반적으로 동작을 받는 대상[受事]이 된다. 그러나 중국어의 자동사는 동작의 대상이 아닌, 소극적인 의미의 목적어를 가질 수도 있는데 이러한 목적어를 '준목적어[准宾语]'라고 하고 타동사가 가질 수 있는 목적어를 '진목적어[真宾语]'라고 한다.

休息了一会儿。
('一会儿'은 자동사 '休息' 뒤에 쓰였으므로 진정한 목적어는 아니다)
来北京。
('北京'은 자동사 '来' 뒤에 쓰였으므로 진정한 목적어는 아니다)

(2) 자동사와 타동사의 중복[兼类] 현상

중국어의 많은 동사는 동작 방향이 일정하지 않기 때문에 자동사로도 쓰일 수 있고, 타동사로도 쓰일 수 있다. 이때 자동사냐 타동사냐에 따라 그 의미가 다른 경우가 많다.

去南京(자동사 — 남경으로 가다) | 去皮(타동사 — 껍질을 벗기다)
笑了(자동사 — 웃었다) | 笑他(타동사 — 그를 비웃다)

(3) 목적어의 출현과 생략

① 타동사일지라도 목적어가 항상 출현하는 것은 아니지만, 일부 동사는 반드시 목적어가 있어야 한다.

具有 | 含有 | 加以 | 企图 | 成为 | 散 + 步 | 结 + 婚 | 姓 + 王

加油

한 글자 성(姓)은 의존형태소이지만 복성(複姓)은 자립형태소이다.
您贵姓？ 我姓张。*我张。您贵姓？ 司马。

② 목적어를 가져야 하는 타동사일지라도 환경에 따라서는 목적어가 생략될 수도 있다.

·질문에 대한 대답을 할 때

到底结不结婚?-不结。

·목적어가 다른 성분으로 바뀐 경우

他理的发+很好。(목적어가 주어로 바뀜)

发+也不理, 澡+也不洗。(목적어가 주어로 바뀜)

他是去年结的婚。('婚'이 '结'의 중심어로 바뀜)

2) 자동사

일반적으로 목적어를 가지지 않는 동사를 자동사[不及物动词]라고 한다.

醒 : 生存 : 休息 : 考试

그러나 중국어의 자동사는 소극적인 의미의 목적어인 '준목적어[准宾语]'는 가질 수 있다. 자동사가 가질 수 있는 준목적어는 다음과 같은 것들이 있다.

① 시량(时量), 동량(动量), 정도를 나타내는 준목적어

休息了一会儿。(잠시 쉬었다)

醒了两回。(두 차례 깨어났다)

大一点儿。(조금 큰데요)

② 처소목적어[处所宾语]

来北京。(북경에 온다)

去学校。(학교에 가다)

③ 존현목적어[存现宾语]를 가지는 자동사

门口站着一个人。(문 입구에 어떤 한 사람이 서 있다)

教室里坐着很多学生。(교실에 많은 학생들이 앉아 있다)

加油

'来' '去' '到' '在' 등과 같은 동사는 '学校', '韩国', '教室' 등과 같은 처소사만 목적어로 가질 수 있기 때문에 '我', '你', '哥哥', '黑板', '椅子' 등과 같은 일반명사는 목적어가 될 수 없다. 따라서 명사 뒤에 '这儿', '那儿' 혹은 '里', '外', '上' 등의 방위사를 첨가해 처소사로 바꾸어야 한다.

*我去姐姐 → 我去姐姐那儿。(난 누나한테 간다)
*你来我! → 你来我这儿! (너 나한테 와라!)
*在黑板写字。→ 在黑板上写字。(칠판에 글씨를 쓴다)
*坐在椅子。→ 坐在椅子上。(의자 위에 앉아 있다)

3) 타동사

일반적으로 목적어를 가지는 동사를 타동사[及物动词]라고 한다.

⑴'체언 목적어 동사'와 '용언 목적어 동사'

어떤 동사는 명사, 대명사, 수량사 혹은 이들이 중심어가 된 명사구만을 목적어로 가지는데 이러한 동사를 '체언 목적어 동사[体宾动词]'라 하고, 동사, 형용사, 동사구, 주술구조의 문장을 목적어로 가지는 동사를 '용언 목적어 동사[谓宾动词]'라고 한다.

·체언 목적어 동사
骑＋马 ¦ 买＋票 ¦ 喝＋一杯 ¦ 打＋电话 ¦ 开＋汽车
·용언 목적어 동사
能＋去 ¦ 会＋写 ¦ 觉得＋好
希望 ¦ 赞成 ¦ 打算 ¦ 开始 ¦ 难以 ¦ 感到 ¦ 记得 ¦ 觉得 ¦ 肯定 ¦ 表示
拒绝 ¦ 准备 ¦ 从事 ¦ 以为 ¦ 认为 ¦ 加以 ¦ 忘记 ¦ 证明 ¦ 主张 ¦ 承认
怀疑 ¦ 强调 ¦ 继续 ¦ 给与 ¦ 给予 ¦ 予以

일부 용언 목적어 동사는 명사 혹은 명사구와 같은 체언 목적어를 가질 수도 있으며, 동작의 완성을 나타내는 동태조사 '了'는 쓸 수 없다.

喜欢＋说话(용언목적어) ¦ 喜欢＋孩子(체언 목적어)
赞成立刻出发(용언 목적어) ¦ 赞成他的意见(체언 목적어)
*我发现了同学们都回家了。
*我们已经决定了坐飞机去上海。

⑵'진 용언목적어 동사'와 '준 용언목적어 동사'

①진 용언목적어 동사는 '동사＋(동사/형용사/주술구조/술목구조/술보구조/연동식/수식구조〈부사＋동사〉)'의 형태로 쓰인다. 즉, 진정한 용언만을 목적어로 취하는 동사이다.

觉得 ¦ 希望 ¦ 打算 ¦ 以为 ¦ 认为 ¦ 感到
我并不打算写这篇文章。
(난 이 글을 쓸 계획이 없어요)
当地人长久没听到他们的消息，都以为他们死在国外了。
(현지 사람들은 오랫동안 그들의 소식을 듣지 못해 모두 그들이 외국에서 죽었다고 여긴다)

②준 용언목적어 동사는 '동사＋(이음절동사〈명동사〉/수식구조〈체언/형

용사 + 동사〉〉'의 형태로 쓰인다. 즉, 일반적으로 명사 목적어를 가지지만 명사적 성격이 있는 동사 목적어를 가지기도 하는 동사이다. 이러한 동사로는 '有' '作' '给予' '给以' '受到' '加以' '进行' '予以' 등이 있다. 이 동사들은 실제적 의미를 가지고 있지 않기 때문에 '형식동사' '괴뢰동사[傀儡动词]' '허화동사[虚化动词]'라고도 한다.

他加以研究。他研究。(그는 연구한다)

进行 + 调查 ; 进行 + 农村调查 ; 进行 + 周密的调查

*进行 + 查(명동사가 아님)

*进行 + 调查农村(목적어가 '동사 + 목적어' 형태임)

*进行 + 立刻调查(목적어가 '부사어 + 동사' 형태임)

⑶ 이중 목적어를 취할 수 있는 동사

① 수여 동사 — 주는 행위를 나타내는 동사. 이들 동사 뒤에는 '给 + 대상'의 구문이 올 수 있다.

给 ; 送 ; 交 ; 借(出) ; 卖 ; 寄 ; 发 ; 留

② 취득 동사 — 받는 행위를 나타내는 동사

借(入) ; 收 ; 买 ; 拿 ; 抢 ; 罚 ; 要

③ 언어활동 동사 — 대상을 향해 언어활동을 하는 동사

问 ; 记 ; 劝 ; 告诉 ; 回答 ; 通知 ; 报告 ; 答应

4) 명동사

명사적 성격을 가진 동사를 '명동사[名动词]'라고 한다. 명동사는 준용언목적어 동사의 목적어가 될 수 있고, 명사의 수식을 직접 받을 수 있다.

① 준 용언목적어 동사의 목적어는 일반적으로 명사이지만, 명사적 성격을 가진 일부 이음절 동사도 목적어가 될 수 있다. 이러한 낱말은 명사적 성격을 가진 동사이기 때문에 명동사라고 한다.

- 준 용언목적어 동사의 목적어는 명사이고, 동사는 될 수 없다.

  有钱 ; 有书 ; 有办法 ; *有看 ; *有写 ; *有去

- 준 용언목적어 동사의 목적어는 순수 동사는 될 수 없지만 명동사는 될 수 있다.

  有影响 ; 有准备 ; 有研究 ; 有计划 ; 有分析 ; 有调查

② 명사가 동사를 수식할 때는 '명사 + 的 + 동사' 형식이지만 명동사는 명

사적 성격이 있기 때문에 직접 수식을 받을 수 있다.

·명사적 성격이 없는 동사

人们的同意(명사가 동사를 수식하는 구조)

↔ 人们同意('的'가 없으면 주술구조가 됨)

·명동사

历史＋研究 ¦ 政治＋影响 ¦ 自然＋保护

('研究' '影响'은 명동사이기 때문에 명사가 직접 수식하여도 주술구조가 되지 않음)

③ 명동사는 명사적 성격이 있기 때문에 '有' '作' '进行' '加以' '予以' '给予' '给以' 등과 같은 용언 목적어 동사의 목적어로 쓰일 수 있으며, 이러한 동사는 다음과 같은 낱말들이다.

·준용언 목적어 동사의 목적어로 쓰임

有影响。没有影响。(영향이 없다 — 명사적으로 쓰임)

影响了。没有影响。(영향을 미치지 않았다 — 동사적으로 쓰임)

·자주 쓰이는 명동사

爱好 ¦ 安排 ¦ 保护 ¦ 报道 ¦ 比赛 ¦ 变化 ¦ 变动 ¦ 表示 ¦ 表现 ¦ 补贴
采访 ¦ 调查 ¦ 答复 ¦ 负担 ¦ 计划 ¦ 决心 ¦ 感觉 ¦ 工作 ¦ 汇报 ¦ 建议
建筑 ¦ 教训 ¦ 交流 ¦ 解释 ¦ 借口 ¦ 警告 ¦ 考验 ¦ 考察 ¦ 迷信 ¦ 命令
判断 ¦ 企图 ¦ 邀请 ¦ 请求 ¦ 倾向 ¦ 区别 ¦ 设计 ¦ 设想 ¦ 说明 ¦ 实验
收获 ¦ 收入 ¦ 通知 ¦ 统计 ¦ 限制 ¦ 行动 ¦ 宣传 ¦ 选择 ¦ 障碍 ¦ 证明
研究 ¦ 指示 ¦ 指导 ¦ 主张 ¦ 准备 ¦ 组织

④ 명동사가 준용언목적어동사의 목적어로 쓰이는 이유는 화제의 초점을 분명히 하기 위함이다. 따라서 명동사가 준용언목적어동사의 목적어가 되면 명동사는 목적어를 가질 수 없다.

*我们作了研究民俗音乐。→ 我们研究了民俗音乐。→ 对于民俗音乐我们作了研究。

我们讨论了这个问题。→对于这个问题，我们进行了讨论。('这个问题'가 화제가 되고 '讨论'이 목적어이므로 초점이 됨)

⑤ 명동사는 중복품사[兼类]가 아니다.

·명사와 동사 중복품사 낱말 - 동사로 쓰일 때와 명사로 쓰일 때 통사적, 의미적 차이가 있다.

锁 — 명사:자물쇠, 동사:자물쇠로 잠그다.

门上装了一把锁。(문에 자물쇠를 하나 달았다)

把箱子锁起来。(상자를 자물쇠로 채웠다)

• 명동사 - 동사로 쓰일 때와 명사로 쓰일 때 통사적 차이만 있다.

影响了。(영향을 미치다 – 동사적으로 쓰임)

有影响。(영향이 있다 – 명사적으로 쓰임)

作影响。(영향을 미치다 – 명사적으로 쓰임)

有锁。(자물쇠가 있다 – 명사)

*作锁。(잠그는 행위를 하다(×) – '锁'가 명동사라면 성립되어야 하나 성립되지 않음)

4. 동사의 동작 시간에 따른 분류

1) 정태동사

구체적인 동작이나 행위를 나타내는 것이 아니라, 존재나 등위(等位)만을 나타내는 동사를 정태동사[静态动词]고 한다. 이들은 동작이 진행되는 시간이 없으므로 시량보어와 함께 쓰일 수 없다.

是 | 有 | 姓 | 像 | 仿佛 | 等于 | 当作 | 不如

2) 지속성 동사

동사의 동작에 어느 정도의 시간이 필요한 동사들을 지속성 동사[持续性动词]라고 한다. 이런 동사들의 앞에는 '在' '正在', 뒤에는 '了' '着'와 시량보어가 쓰일 수 있다.

站 | 坐 | 哭 | 笑 | 看 | 走 | 商量 | 广播 | 担心 | 坚持

3) 비지속성 동사

동작이 순간적으로 완성되는 동사들을 비지속성 동사[非持续性动词] 혹은 순간성 동사라고 한다. 이들은 동사가 지시하는 동작이 순간적으로 완성되는 것이므로 동사 뒤에 쓰인 시량보어는 동작이 실현되는 시간을 나타낼 수 없으며 동사가 실현된 후 경과한 시간을 나타내게 된다. 따라서 동사 뒤에 '了'나 시량보어는 올 수 있지만 '着'는 올 수 없다. 일반적으로 동사 뒤에 동태조사 '了'가 오고 시량보어 뒤에도 어조조사 '了'가 와 경과된 시간을 표시한다.

生(태어나다) | 死 | 丢 | 灭 | 明白 | 爆炸 | 成立

加油

동사의 지속성 여부와 시량보어의 관계

Ⓐ'시점사+동사' 형식은 동작의 발생 시점을 표시하고, '시량사+동사' 형식은 주어진 시간 내에 발생한 동작을 표시하며, '동사+시량사' 형식은 동작의 경과 시간을 표시한다.
明天去。(내일 갈 것이다)
一天上两节课。(하루에 두 시간 수업을 한다)
我两天没睡。(이틀 동안 자지 않았다 – 이틀 동안 한 차례도 자지 않았다)
我没睡两天。(이틀 동안 잔 것은 아니다 – 이틀 동안 줄곧 잔 것이 아니다)

Ⓑ'지속성 동사+了+시량보어' 형식은 동작의 지속시간을 나타내지만, '비지속성 동사+了+시량보어' 형식은 동작의 완성 후 경과시간을 나타낸다. 따라서 이 경우 문미에 어조조사 '了'를 첨가하는 것이 일반적이다.

ⓐ동작의 지속시간
等了一年。(1년 동안 기다렸다 – 지금은 어떤지 모른다)
病了一个月。(1달 동안 아팠다 – 지금은 어떤지 모른다)

ⓑ동작 후 경과시간

㉠지속성 동사인 경우
等了一年了。(기다리기 시작한 지 1년째이다 – 지금도 기다린다)
病了一个月了。(아프기 시작한 지 1달째이다 – 지금도 아프다)

㉡비지속성 동사인 경우
死了三年了。(올해로 죽은 지 3년이 된다)
丢了一个小时了。(잃어버린 지 한 시간이 되었다)

㉢지속성과 비지속성의 의미를 모두 가진 동사
走路走了三个小时。(세 시간 동안 걸었다)
走路走了三个小时了。(세 시간 째 걸었다)
走了三个小时了。(떠난 지 세 시간 되었다)

4) 종결 동사

동보식으로 이루어진 합성사로 동보식의 보어가 동작이 종결을 되었음을 나타낸다.

成为 | 化成 | 扩大 | 提高 | 降低 | 改正

2 동사의 문법적 특징

(1) 부사의 수식을 받는다.

동사는 보편적으로 부사어의 수식을 받을 수 있지만, 정도 부사는 모든 동사를 수식하지 못하고 심리동사만 수식할 수 있다.

不来 (오지 않는다) ; 已经来了 (벌써 왔다) ; 刚开始 (막 시작하다)
*很来 ; *十分开始

(2)목적어를 가진다.

자동사는 준목적어를 가질 수 있고, 타동사는 진목적어를 가질 수 있다.

①자동사

来北京 (북경에 오다) ; 去学校 (학교에 가다)
休息了一会儿。(잠시 쉬었다) ; 醒了两回。(두 차례 깼다)
来了客人。(손님이 오셨다)

②타동사

买票 (표를 사다) ; 上车 (차에 타다) ; 看电影 (영화를 보다)

(3)정반 의문문을 만들 수 있다.

知道不知道那件事? ; 知道那件事不知道?(그 일을 아십니까?)
知道不知道? ; 知不知道?

(4)보어를 가질 수 있다.

来得晚 (늦게 왔다) ; 花光了 (다 써버렸다) ; 听懂 (알아듣다)

(5)동태조사 '了' '着' '过'를 첨가하여 동작의 상태를 표시할 수 있다.

穿了 ; 穿着 ; 穿过

(6)'동사+목적어'식의 합성사는 동사와 목적어가 분리된다.

'동사+목적어' 형식으로 합성된 동사는 하나의 낱말이지만, 다른 성분과 결합하여야 할 경우에는 마치 하나의 구[词组]처럼 동사와 목적어가 서로 분리되는 경우가 많다. 이러한 현상을 '이온화[离子化]'라고 하며 이러한 동사를 '이합사[离合词]'라고 한다.

①이합사는 낱말 자체에 목적어 성분이 있기 때문에 뒤에 다른 목적어가 올 수 없다. 만일 다른 목적어가 온다면 이는 하나의 동사가 두 개의 직접 목적어를 가지는 셈이 되기 때문이다.

结婚 → 结了婚 ; 放心 → 放了心
帮忙 → 帮个忙 ; 见面 → 见了面
握手 → 握你的手 ; 生气 → 跟他生气/生我的气[25]

道歉 → 向对方道歉 ¦ 劳驾 → 劳您的驾
*见面老师 → 跟老师见面 ¦ *毕业大学 → 大学毕业
*帮忙朋友 → 帮朋友的忙 ¦ *低头困难 → 向困难低头
*理发一次头 → 理一次发

② 원래는 이합사였으나 관용적으로 분리되지 않는 동사도 있다.

放心这件事 (이 일에 대해 안심하다)
注意那些人 (그 사람들에 대해 주의하다)
留学海外 (해외에서 유학하다)

③ 동태조사 '了' '着' '过'는 동사와 목적어의 사이에 둔다.

出了什么事？(무슨 일이 생겼어요?)
还吃着亏呢。(그래도 손해를 봤어요)
上个月出过一次院。(지난 달에 한 차례 퇴원했었어요)
跳跳舞 ¦ 理理发 ¦ 帮帮忙 ¦ 点了点头

④ 중첩할 때는 동사만 중첩한다. 즉, 'AAB'식이다. 이합사는 뒤에 보어를 둘 때도 아래와 같은 형식으로 분리된다.

ⓐ 수량보어는 크게 두 가지 형태로 쓰인다.

·'동사 + 수량보어 + 목적어' 형식
理一次发 ¦ 散一会儿步 ¦ 睡一大觉
·'동사 + 목적어 + 동사 + 수량보어' 형식
抽烟抽了十年。(십년 동안 담배를 폈다)
请假请两天。(이틀 휴가를 냈다)

ⓑ 결과보어는 '동사 + 결과보어 + 목적어'의 형식으로 추가한다.

帮完忙 ¦ 理完发

ⓒ 정도보어는 동사를 중복한 후 추가한다.

唱歌唱得非常好。(노래를 아주 잘한다)
游泳游得很快。(수영을 아주 빨리 한다)

ⓓ 복합방향보어는 목적어가 来/去 앞에 온다.

帮起忙来(돕기 시작하다)

---

25) '生气'의 경우, 전치사 '跟'을 이용하여 '跟他生气'라고 할 경우 화를 내는 대상 즉, '그에게 화를 낸다'는 의미가 되고 '生他的气'라고 할 경우 화를 내는 원인 즉, '그 사람 때문에 화를 낸다'는 의미가 된다.

吵起架来(싸우기 시작하다)

ⓔ 가능보어는 동사와 목적어 사이에 둔다.

毕不了业 ; 带得了头

ⓕ 자주 쓰이는 동목이합사로 아래의 예가 있다.

安心 ; 报仇 ; 毕业 ; 操心 ; 吃惊 ; 吃苦 ; 吃亏 ; 抽空 ; 出面 ; 出差
创业 ; 吹牛 ; 辞职 ; 打架 ; 贷款 ; 带头 ; 担心 ; 登记 ; 丢脸 ; 发愁
发火 ; 罚款 ; 费力 ; 分手 ; 及格 ; 加班 ; 结婚 ; 尽力 ; 看病 ; 起床
缺席 ; 离婚 ; 聊天 ; 上班 ; 上当 ; 伤心 ; 失业 ; 受罪 ; 算数 ; 讨价
洗澡 ; 游泳

(7) 중첩할 수 있다.

看看 ; 看了看 ; 看一看 ; 看了一看 ; 看着看着

① 동사는 양사, 형용사와 더불어 중첩형식으로 문법적 작용을 일으킬 수 있는 품사이다. 동사 중첩형은 주로 잠시성(暫時性;동작의 지속 시간이 훨씬 짧다는 의미)과 시도성(試圖性;한 번 시도해보겠다는 의미)을 나타내며, 단순히 어조를 가볍게 하는 역할도 한다. 따라서 잠시성이나 시도성에 위배되는 경우에는 중첩할 수 없으며, 또 화자가 어떤 동작에 대해 진술하는 것이므로 문장의 본동사만 중첩할 수 있다.

你在这里等等我，我马上就来。
(잠시성 — 너 여기서 잠시만 기다려줘, 나 금방 올께)

不信的话，你自己去看看。
(시도성 — 못 믿겠으면 네가 직접 가서 한 번 봐)

没事的时候，到外面走走，吸吸新鲜空气。
(어조 완화 — 일이 없을 때는 바깥에 나가 걸어도 보고 신선한 공기도 마시고 그러렴)

② 조동사, 방향동사, 관계동사, 존현동사, 사역동사를 제외한 거의 대부분의 동작동사는 중첩할 수 있다.

笑笑 ; 打打 ; 说说 ; 听听 ; 等等

③ 동작동사라고 할지라도 사람의 의지로 지배할 수 없는 동사, 심리동사, 자연현상을 나타내는 동사는 중첩할 수 없다. 그러나 일부 심리 동사는 제한적으로 중첩이 가능하다.

爱 ; 忘 ; 病 ; 落 ; 流 ; 生长
想想 ; 想一想(시도성 — 생각해 보아라)

(8) 동사중첩의 형식은 다음과 같다.

① 일음절 동사는 'AA' 식으로 중첩되며 가운데 수사 '一'를 넣을 수 있다.

想想 ¦ 想一想 ¦ 跑跑 ¦ 跑一跑 ¦ 问问 ¦ 问一问

② 과거에 발생한 일에 대해 중첩할 경우 동태조사 '了'를 넣을 수 있다. 이 경우 일반적으로 앞뒤의 문장에서 과거의 일임을 나타내는 표현이 있다. 하지만 과거의 일이라도 그 동작이 어느 정도의 시간이 필요한 것이라면 잠시성에 위배되므로 중첩형식을 쓰지 못한다.

他看了看表，发现约好的时间已过去了。
(그는 시계를 보고 약속한 시간이 이미 지났음을 알았다)
*我昨天看了看电影。
(잠시성 위배 — 영화는 잠시 보았다 말았다 하는 것이 아니므로)
*奶奶昨天晚上给我们讲了讲故事。
(잠시성 위배 — 이야기는 잠시 하다 말다 하는 것이 아니므로)

③ 이음절 동사는 'ABAB' 식으로 중첩되며, 가운데 '一'를 넣을 수 없다.

请教请教 ¦ 讨论讨论 ¦ 考虑考虑

④ 일음절 동사와 같은 의미이면서 구조만 확장된 이음절 동사는 중첩할 수 없는 경우가 많다.

骂骂 → *咒骂咒骂 ¦ 问问 → *询问询问 ¦ 找找 → *寻找寻找

⑤ 두개의 동사가 연결된 병렬구조의 동사는 'AABB'식으로 중첩한다.

唠唠叨叨 ¦ 说说笑笑 ¦ 打打闹闹

⑥ 동목구조로 합성된 이합사는 동사성분만 중첩한다.

*谈话谈话 → 谈谈话 ¦ *聊天聊天 → 聊聊天

⑦ 관형어나 부사어로 쓰인 동사는 중첩할 수 없다. 화자가 어떤 동작에 대해 진술하는 것이므로 본동사만 중첩할 수 있다.

*刚才试试的鞋子 → 刚才试过的鞋子

⑧ 결과보어를 가진 동사는 중첩할 수 없다. 결과보어는 동사가 실현된 결과를 나타내므로 시도성에 위배되므로 중첩할 수 없다.

*说说清楚 → 说清楚 ¦ *讲讲明白 → 讲明白

⑨ 동량사나 시량사가 있는 문장에서는 동사 중첩 형태를 쓸 수 없다. 동량사나 시량사는 이미 동사의 회수나 양을 나타내어 잠시성에 위배되므로

중첩할 수 없다.

*等等我一会儿 → 等等我/等我一会儿

*用用一下你的电话 → 用用你的电话/用一下你的电话。

⑩ 진행 의미의 부사어가 수식하는 동사나, 여러 동작이 동시에 진행됨을 나타내는 동사는 중첩할 수 없다. 이는 동사 중첩의 잠시성에 위배되기 때문이다.

*他们正在复习复习语法。

*他一直想一想。

*他一边说说, 一边写写。

⑪ 연동문의 첫 번째 동사는 중첩할 수 없다. 연동문의 첫 번째 동사는 두 번째 동사를 수식하는 구조로 두 번째 동사가 본동사라고 할 수 있다. 중첩동사는 화자가 어떤 동작에 대해 진술하는 것이므로 문장의 본동사만 중첩할 수 있다.

*他来来我家看妈妈。→ 他来我家看看妈妈。
(그는 우리 집에 엄마를 좀 보러 왔다)

*他拿拿铅笔练习汉字。→ 他拿铅笔练习练习汉字。
(그는 연필을 들고 한자를 좀 연습했다)

⑫ 겸어문의 겸어 앞에 쓰인 사역동사는 중첩할 수 없다.

*他请请朋友吃饭。 *他让让我回去。

⑬ 동태조사 '了' '着' '过'가 붙은 동사는 중첩할 수 없다. 동태조사가 나타내는 완성, 진행, 경험 등의 의미는 중첩형식의 잠시성이나 시도성에 위배되기 때문이다.

*这本杂志我已经看看过。

⑭ 목적어가 비한정적 혹은 불특정적인 것일 때는 중첩할 수 없다. 중첩형식은 화자가 어떤 동작에 대해 구체적으로 진술하는 것이므로 목적어가 뚜렷한 동작 대상이어야 한다.

*看看几个朋友。→ 看看那三个朋友。

*我们要讨论讨论一个问题。→ 我们要把这个问题讨论讨论。

⑮ 중첩동사 앞에는 '자주' 라는 의미를 나타내는 '多'나 '常常' 등의 부사어가 올 수 있다.

你太累了, 今天得多睡睡。

(너 너무 피곤하겠다. 오늘 좀 많이 자도록 해라)

鞋小一点儿，可是多穿穿就会大的。

(신발이 좀 작다. 자주 신다보면 커진다)

⑯중첩동사의 부정형식은 아래 두 가지 경우만 있다.

·의문문과 반어문(원망의 어조를 나타낸다.)

他怎么没等等我?

(그가 어떻게 나를 기다리지 않았지?)

·가설이나 조건을 나타내는 축약문

对这种人，不教训教训不行。

(이런 사람에 대해선 혼을 내주지 않으면 안돼)

3 동사의 문법적 기능

(1) 술어

동사의 가장 기본적인 기능이다.

我明年去中国留学。(나는 내년에 중국으로 유학 간다)

(2) 관형어

的의 도움을 받아 관형어가 될 수 있다.

休息的时间(휴식시간)

(3) 보어

다른 동사의 뒤에 결합하여 보어가 될 수 있다.

走开 : 刮倒

(4) 주어

문장의 주어 역할을 할 수도 있다.

学习是一种艰苦的劳动。(공부는 일종의 고난한 노동이다)

去也好，不去也可以。(가도 좋고 안 가도 괜찮아)

(5) 목적어

다른 동사의 목적어가 될 수도 있다.

欢迎参观

4 동사와 형용사의 구분

⑴ 위치에 따른 구분

①'很__'의 위치에 올 수 있으면 형용사이다. 동사는 정도부사의 수식을 받을 수 없기 때문이다.

很好 ⁝ 很快 ⁝ 很干净

②'很__목적어'위치에 올 수 있는 것은 동사이다. 동사 중에서 심리활동 동사는 정도부사의 수식을 받을 수 있으며 동시에 목적어도 지니기 때문이다.

很爱你 ⁝ 很怕他 ⁝ 很讨厌他

③'__목적어' 위치에 올 수 있으면 동사이다. 목적어를 취하는 것은 타동사의 기본적인 형태이다.

打他 ⁝ 喝酒 ⁝ 吃饭

④'很__목적어' 위치에 올 수 없고, 동시에 '__목적어' 위치에 올 수 없으면 자동사이다.

去了 ⁝ 来了 ⁝ 到了

死(죽다:자동사) ⁝ 很死(매우 생기가 없다. 융통성이 없다:형용사)

⑤'很__'의 위치에 올 수도 있고, '__목적어'의 위치에 올 수도 있으나, '很__목적어'의 위치에는 오지 못하면 동사와 형용사의 중복품사[兼类]이다. 이때 동사로 쓰일 경우와 형용사로 쓰일 경우 그 의미가 다르다.

他很委屈。(매우 위축되다 - 형용사)

今天委屈你了。(오늘 섭섭하게 해드렸어요 - 동사)

*今天很委屈你了。

⑵ 중첩형식에 따른 구분

이음절 동사의 기본적인 중첩형식은 'ABAB'이고, 이음절 형용사의 기본적인 중첩형식은 'AABB'이다. 일부 형용사의 'ABAB' 중첩은 동사의 의미로 중첩된 것이다.

高高兴兴(아주 즐겁다 - 형용사)

让他高兴高兴！(그를 즐겁게 해주어라 - 동사)

5 조동사

다른 동사를 목적어로 가져 그 동사를 돕는 역할을 하는 동사를 조동사[助动词]라고 한다. 주로 뒤에 있는 동사의 가능, 염원, 의무 등을 나타내기 때문에 능원동사[能愿动词]라고도 한다.

1. 조동사의 특징

①동사나 동사구, 절을 목적어로 취한다.

读者将来看到我们出版的书，就能够知道。
(독자들이 나중에 우리가 출판한 책을 보게 된다면 충분히 알 수 있을 거야)
我年轻的时候不会做饭。
(내가 젊었을 때는 밥을 할 줄 몰랐어)

②다른 동사처럼 중첩되어 쓰이지는 못하고 다만 다른 두 개의 조동사를 병렬할 수는 있다.

应该要 ⋮ 应当可以

③이들은 구체적인 동작을 나타내는 것이 아니라 다른 동사의 의미를 도와주는 역할을 하기 때문에 '了' '着' '过'의 동태조사를 붙일 수 없다.

*应该过 ⋮ *会着

④'A不A' 형식의 정반 의문문을 만들 수 있다. 이때 조동사 뒤의 동사나 형용사를 중첩해서는 안 된다.

你能不能回答我的问题? (나의 문제에 대해서 대답할 수 있겠니?)
*会来不来 → 会不会来
*可以来不来 → 可不可以来

⑤단독으로 쓰일 수 있다.

这本书你送给我也可以。 (이 책은 네가 나에게 보내줘도 돼)
我可以去玩儿吗? - 可以! (저 나가서 놀아도 되요? - 되지!)

⑥전치사구나 부사어 앞에 위치한다.[26]

*你好好地得想一想。→ 你得好好地想一想。
(넌 생각을 잘 해야 해!)

---

26) 일부 전치사구의 경우 조동사의 위치에 따라 의미가 달라지기도 한다.
你在教室里应该学习。('应该'가 '学习'를 수식—교실에서는 당연히 공부를 해야 한다)
你应该在教室里学习。('应该'가 '在教室里'를 수식—당연히 교실에서 공부해야 한다)

*现在亲眼能看看金刚山。→ 现在能亲眼看看金刚山。
(지금은 직접 금강산을 볼 수 있다)

2. 조동사와 동사

(1) 동사와 조동사가 같은 점

① 정반 의문문을 만들 수 있다.

你能不能唱歌？(너 노래할 수 있니?)

② '不'로 부정할 수 있다.

我不能唱歌。(난 노래 할 수가 없어요)

(2) 동사와 조동사가 다른 점

① 조동사는 동사 앞에서만 쓰일 수 있다.

你能唱歌吗？我能(唱歌)。('唱歌'라는 동사가 암시된 문장이므로 생략 가능)

② 동사는 의미에 따라 동태조사와 결합할 수 있지만 조동사 뒤에는 동태조사가 올 수 없다.

*他能了唱歌。

③ 조동사는 직접 명사 목적어를 가질 수 없다.

*他能那件事。

(3) 조동사와 유사하거나 조동사처럼 쓰이는 동사[27)]

① '要'는 대체로 조동사로 간주하거나 적어도 조동사로 쓰인다고 보지만 다음과 같은 이유에서 조동사가 아니라고 할 수도 있다.

ⓐ '要'는 직접 목적어를 가질 수 있기 때문에 조동사가 아니다.

我要一本汉语书。(중국어 책 한 권 주세요)

ⓑ '要'는 동사 앞에 쓰이기 때문에 조동사처럼 보인다. 하지만 '要'는 '…(하기)를 바란다'는 의미의 동사이기 때문에 다음과 같이 다른 조동사와는 구별된다. 예를 들면, '我要洗澡'는 '나는 목욕하기를 원한다'는 뜻으로

---

27) 보다 자세한 내용은 ≪표준중국어 문법≫(찰스 N.리 · 샌드라 A.톰슨, 박정구 외 옮김. 한울 아카데미. 1999)를 참조할 것. 본문의 예문은 ≪표준중국어 문법≫의 것을 재인용 하였음.

'要'와 '洗澡'의 주어는 모두 '我'이다. 따라서 '洗澡'의 주어는 생략 가능하다. 이를 생략하지 않는다면, '我要我洗澡'가 된다. 하지만 조동사의 경우는 이런 문장이 성립되지 않을 뿐 아니라, 동사의 주어가 서로 다른 경우도 허용되지 않는다.

我要洗澡。→ 我要我洗澡。→ 我要他洗澡。

我能洗澡。→ *我能我洗澡。→ *我能他洗澡。

②'可能'도 조동사처럼 동사 앞에 쓰이지만 조동사는 아니다.

ⓐ조동사는 정도 부사의 수식을 받지 못하는데 '可能'은 정도부사의 수식을 받을 수 있다.

*这个问题很能解决。 ⋮ 这个问题很容易解决。(이 문제는 쉽게 해결된다)

他可能去美国。 ⋮ 他很可能去美国。(그는 아마 미국에 갈 것이다)

ⓑ'可能'은 명사화하여 '是…的'의 형태로 쓰일 수 있으므로 조동사가 아니다.

*那种冲突是能的。 ⋮ 那种冲突是可能的。(이런 충돌은 가능하다)

ⓒ조동사는 문두에 쓰일 수 없지만 '可能'은 가능하다.

*能他明天来。 ⋮ 可能他明天来。(아마 그는 내일 올 것이다)

3. 조동사와 부사

부사와 조동사는 동사의 앞에 온다는 공통점이 있으나 부사는 조동사와 달리 독립적으로 쓰일 수 없으며, '긍정+부정' 형식의 의문문도 만들 수 없다.

你能来吗?-我能。

他们都来吗?-*他们都。

你们能不能来?-*你们都不都来?

다만 일부 부사는 문맥상 무리가 없을 때 동사나 형용사를 생략한 형태로 대답하는 말이 될 수는 있다.

你什么时候到的?-刚刚(到)。

明天他会来吗?-也许(会来)。

4. 조동사와 형용사

일부 형용사가 조동사와 같은 용법으로 쓰인다.

(1) '好'의 조동사적 용법

'好'가 조동사처럼 쓰여 '…하기 좋다' '…해야 좋다'라는 의미로 쓰인다. 이때 '好'와 '不好'의 형태로 쓰일 뿐이며, '好不好'의 형태로 쓰이면 '容易不容易'와 같은 뜻이 된다.

打扫干净好过年。(깨끗이 청소해야 설 쇠기에 좋다)
这件事不好说。(이 일은 말하기기 쉽지 않다)
日语好不好学？(일본어는 공부하기 쉬운가요?)

(2) '难' '容易' '好意思'의 조동사적 용법

'难' '容易'가 형용사로 쓰일 때는 '很难' '很容易'의 형태로 쓰이며, '难'이 조동사처럼 쓰일 때는 '难＋일음절 동사', '很难＋동사구'의 형태로 쓰인다.

① 형용사적으로 쓰임

*这个考题难。→ 这个考题很难。(이 시험문제는 아주 어려워요)
*这个考题容易。→ 这个考题很容易。(이 시험문제는 아주 쉬워요)

② 조동사적으로 쓰임

韩文难学，中文容易学。(한국어는 배우기 어렵지만 중국어는 배우기 쉽다)
*难令人相信。→ 很难令人相信。(사람들이 믿게 하기 어렵다.)
*难学日本语。→ 很难学日本语。(일본어 공부하기가 아주 어렵다)
*难跟他学日本语。→ 很难跟他学日本语。(그와 일본어 공부하는 건 아주 어렵다)

5. 개별 조동사의 용법

1) 能 能够 可以 会

(1) '能' '能够' '可以' '会'는 모두 어떤 일을 할 수 있는 능력이 있음을 나타내지만 각기 조금씩 다른 의미로 쓰인다.

① '能'은 어떤 일을 수행할 능력이 있다는 뜻이고, '会'는 어떤 일을 배워서 할 수 있다는 뜻이며, '可以'는 능력과 가능성이 모두 있음을 나타낸다. '可以'가 능력을 나타낼 경우에는 '能'으로 바꿀 수 있다.

能游泳(수영을 할 능력이 있다 – 체력이나 기술 등이 그렇다는 뜻)
会游泳(수영을 할 줄 안다 – 배워서 할 줄 안다는 뜻)
可以游泳(수영을 할 수 있다 – 능력이 있다는 뜻. 여기의 '可以'는 '能'과 동일한

의미로 쓰이기도 하지만 허가를 나타낼 수도 있음)

② 부정 형태는 '能'은 '不能'으로, '能够'는 '不能(够)'로, '会'는 '不会'이지만, '可以'는 '不能'이다. '可以'의 부정형 '不可以'는 금지를 나타내기 때문이다.

(2) '能'과 '可以'는 능력이나 가능성 외에 허가를 나타내고, 금지를 나타내는 부정형은 '不能'과 '不可以'이다. 금지를 나타내는 '不能'과 '不可以'는 의미상의 약간의 차이가 있다. '不能'은 단순히 해서는 안 된다는 뜻이지만 '不可以'는 규정이나 규칙상 금지되어 있다는 뜻을 포함한다.

① 허가를 나타내는 경우

这儿能抽烟吗? ¦ 这儿可以抽烟吗?
(이곳에서 담배 피울 수 있습니까? — 이곳에서 담배 피워도 됩니까?)

② 금지를 나타내는 경우

在这儿可以游泳。
(이곳에서는 수영을 할 수 있다 — 가능
이곳에서는 수영을 해도 된다 — 허가)

在这儿不能游泳。
(이곳에서는 수영을 하지 마라 — 금지)

在这儿不可以游泳。
(이곳에서는 수영을 해서는 안 된다 — 규정 등의 객관적 이유로 금지되어 있다)

(3) '可以'는 '…할 만하다'의 의미로 그렇게 할 가치가 있음을 나타내기도 한다. 주로 어떤 행위를 다른 사람에게 권할 때 쓰인다.

我收藏了不少古画，都是非常珍贵的，你可以看一看。
(나는 적지 않은 고화(古畵)를 수집하였는데 모두 아주 진귀한 것들이니 네가 한 번 볼만할 것이다)

这里没有可看的东西。
(여기에는 볼 만한 물건들이 없다)

(4) '能'과 '会'는 형용사성 동사로 쓰여, '…를 잘 한다'의 의미를 나타내기도 한다. 이때는 '很'과 같은 정도부사의 수식을 받을 수 있다. 의미상의 차이가 있다면 '能'은 '(숫적 혹은 양적으로) 잘 한다'는 의미를 표현하고 '会'는 '(기교상으로) 잘 한다'는 의미를 표현한다는 것이다.

他很能说话。(그는 (아주 오랜 시간 동안) 말을 잘 한다)

他很会说话。(그는 (아주 기교 있게) 말을 잘 한다)

他很能吃。(그는 참 많이 잘 먹는다 - 양적인 면에서)

他很会吃。(그는 음식을 먹을 줄 안다 - 기교적인 면에서)

(5)'可能'과 '会'는 미래의 추측으로 쓰여 어떤 일이 일어 날 수 있는 가능성을 나타낸다. 이렇게 쓰인 '可能'과 '会'가 '不会不…' '不可能不…' 의 이중부정 형태로 쓰이면 '…하지 않을 리가 없다'는 뜻의 강한 추측을 나타내게 된다.

他会来(그는 틀림없이 올 것이다)

明天会下雨。(내일은 틀림없이 비가 올 것이다)

他不会不来(그가 오지 않을 리가 없다)

他可能来(그는 (어쩌면) 올 것이다)

他不可能不来(그가 오지 않을 리가 없다)

(6)그러나 '可能'은 '会'와는 달리 과거나 미래의 추측에 모두 쓰인다.

昨天可能下了雨。(어제 아마 비가 왔을 거예요) ¦ *昨天会下了雨。(과거)

(7)구어체에서 '能'도 가능이나 추측을 나타내기도 한다.

今天天气这么好，明天能下雨吗?
(오늘 날씨가 이렇게 좋은데, 내일 비가 올 수 있단 말인가?)

2) 应该 应当 该 应

(1)'应该' '应当' '该'

①'마땅히…해야 한다'는 의미의 당위성을 나타낸다.

这种情况应当结束了。
(이런 상황은 끝이 나야 했다)

在不同的场合应该穿不同的服装。
(각기 다른 장소에서는 각기 다른 복장을 갖추어야 한다)

②사물의 이치에 근거하여 반드시 그럴 것이라는 짐작이나 추측을 나타낸다.

吹了风，又应该感冒了。(바람이 부니 또 감기 들겠다)

到那时候，你就该懊悔了。(그때가 되면 너는 반드시 후회하게 될 것이다)

(2)'应该'는 '是…的' 구문에서 단독으로 술어가 될 수 있다.

作为家长，那是应该的。(가장으로서 그건 당연한 거야)

(3)'应'는 문어체에서 주로 쓰이며 사용빈도수는 '应该'보다 낮다.

此事应如何处理?(이 일은 어떻게 처리해야 마땅할까요?)

3) 得

발음에 따라 의미와 품사가 달라진다.

(1)'得dé'

①동사일 때는 '얻다' '완성되다' '됐다'의 의미이다.

饭得了。(밥이 다 되었다)

得了，别说了。(됐다, 그만 말해라)

②조동사일 때는 '…해도 된다'는 의미로 공문 등의 문어체에 자주 쓰이지만, 주로 부정형으로 쓰인다.

不经批准，不得动用。(비준을 얻지 않고 유용해서는 안 된다)

(2)'得děi'

①동사일 때는 '필요하다' '…할 필요가 있다'의 의미로 쓰인다.

这个工程得三个月才能完成。(이 공사를 끝내려면 석 달이 걸린다)

②조동사일 때는 처해진 상황에 관계없이 '…해야 한다'는 의미로 쓰인다.

他就得起床干活了。(그는 일어나 일을 해야만 했다)

你得吃这些药。(너는 이 약들을 먹어야만 한다)

③강한 추측을 나타내기도 하며 이때 그 어조는 '会'보다 강하다.

你又跟朋友打架了，妈妈得说你了。

(너 또 친구랑 싸웠구나, 엄마가 반드시 너를 야단치실 거야)

4) 敢

①'감히 … 하다'의 의미를 나타낸다.

敢负责任。(감히 책임을 지려고 한다)

不敢负责任。(감히 책임을 지려고 하지 않는다)

②'敢＋부정형'은 반어법으로 쓰이고, '不敢＋부정형'은 이중부정으로 그 의미를 더욱 강조한다.

不敢不说。(감히 말하지 않을 수 없다)

你敢不说？(네가 감히 말하지 않겠다고?)

③'敢当'은 '不＋敢当'(감당할 수 없어요 / 과찬의 말씀입니다)의 형식으로만 쓰인다.

第七章

형용사[形容词]

형용사는 사물의 성질이나 상태를 나타내는 낱말로 주로 명사를 수식하는 역할을 한다. 중국어의 형용사는 직접 술어가 되어 사물의 속성이나 성질을 나타내기도 하지만, 문장 속에 운용될 때는 대체로 상태를 나타내는 경우가 많다.

형용사만으로도 어떤 사물의 속성을 충분히 나타낼 수 있지만, 어떤 사물의 상태를 묘사할 때는 형용사 단독으로는 말하는 사람의 주관을 뚜렷하게 표시할 수 없으므로 이때는 형용사를 중첩하거나 부사어를 추가하는 등의 방법을 택하게 된다. 따라서 형용사가 성질이나 속성을 나타내느냐 아니면 상태를 나타내느냐에 따라 문법적인 선택이 달라지므로 이에 대해 특히 유의해야 한다.

다른 언어에서는 형용사와 동사의 구분이 문법적으로 매우 뚜렷하지만, 중국어의 형용사는 동사와 명확하게 구분되지 않는다. 영어의 경우 형용사는 동사와 달리 직접적으로 술어로 쓰이거나 진행형이 될 수 없으며, 동사는 형용사와 달리 비교문에 쓰일 수 없지만, 중국어의 경우 반드시 그러한 것은 아니다.

또한 중국어의 형용사는 술어로 쓰일 수 있는 것도 있고, 술어로 쓰일 수 없는 것도 있으며, 또 술어로만 쓰이는 형용사도 있다. 이 역시 그 종류에 따라 용법이 달라지므로 주의해서 살펴볼 필요가 있다.

1 형용사의 종류

형용사는 대상을 묘사하는 내용에 따라 성질형용사와 상태형용사로, 문장 속에서 하는 역할에 따라 술어형용사, 비술어형용사, 유일술어 형용사, 절대형용사로 나눌 수 있다.

1. 성질형용사와 상태형용사

'성질'이라는 것은 '크다' '작다' '노랗다' '예쁘다' '착하다' 등과 같이 어떤 사람이나 사물이 가지고 있는 객관적 속성이란 뜻이고, '상태'란 어떤 사람이나 사물에 대해 말하는 사람이 주관적으로 묘사하는 모습이라는 뜻이다.

·성질을 단정하는 경우

冬天冷。

(겨울은 춥다 – 겨울은 춥지만 여름은 덥다. '冬天'은 '暖和'하지 않고 '冷'하다는 속성에 대해 말함)

新疆的西瓜好。

(신강성의 수박은 좋다 – 신강성의 수박의 속성에 대해 판단함)

·상태를 묘사하는 경우

北京的冬天很冷。

(북경의 겨울은 참 춥다 – '很冷'은 '北京的冬天'의 상태에 대해 묘사함)

新疆的西瓜很好。

(신강성의 수박은 좋다 – 신강성 수박의 상태에 대해 묘사함)

1) 성질형용사[性质形容词]

단순히 사물의 속성만 나타내는 형용사이다. 속성 형용사라고도 한다.

大 | 小 | 红 | 慢 | 好 | 大方 | 干净 | 规矩 | 伟大 | 聪明

2) 상태형용사[状态形容词]

사람이나 사물의 상태에 대해 말하는 사람의 의견을 나타내는 형용사로서, 원래 상태만을 나타내는 형용사도 있고, 성질형용사가 상태를 나타내는 형용사로 합성된 것도 있다. 이 상태형용사는 상태사라고도 하며 그 구성방식에 따라 다시 아래와 같이 나눌 수 있다.

①본래의 상태형용사는 주로 수식구조로 이루어져 있다.

煞白 | 冰凉 | 通红 | 喷香 | 粉碎 | 稀烂 | 精光 | 过高 | 过低

② 성질형용사의 중첩형태도 상태 형용사에 속한다.

好好儿的 ; 干干净净的

③ 접미사가 붙은 형용사

·ABB 식 -黑乎乎 ; 绿油油 ; 慢腾腾 ; 硬邦邦

·A里BC 식 - 脏里呱唧 ; 糊里糊涂

·A不BC 식 - 灰不溜秋 ; 白不呲咧

·접미사를 가진 이음절 형용사 - 可怜巴巴 ; 老实巴焦

④ '정도부사 + 형용사 + 的' 형식 — 정도부사의 수식을 받고 있는 형용사는 반드시 '的'를 동반하여야만 관형어가 될 수 있다. 이렇게 구성된 구[词组]는 상태를 표시하게 된다.

挺好的 ; 很小的 ; 怪可怜的

3) 성질형용사와 상태형용사의 차이

① 성질형용사는 단순히 사물의 속성만 나타내는데 반해, 상태형용사는 사물에 대해 명백하게 묘사한다. 따라서 성질형용사는 사람이나 사물의 속성만을 대비적으로 단정하는 경우를 제외하고는, 일반적으로 단독으로 술어가 될 수 없다. 그것은 화자가 발화하는 문장 속에서 형용사 술어는 대부분 주어에 대해 명확하게 묘사하는 경우가 많기 때문이다. 성질형용사는 대부분 정도부사의 수식을 받거나 중첩되어 상태를 나타내는 문장으로 쓰인다.

这个好, 那个不好。(이건 좋은 데 그건 안 좋아)

这儿冷, 那儿热。(여기는 추운데 거기는 더워)

② 성질형용사에 비해 상태형용사는 자유롭게 관형어나 부사어로 쓰인다. 형용사의 중요한 역할 중 하나는 명사를 수식하는 것이지만, 성질형용사가 조사 '的'를 동반하지 않고 직접 명사를 수식하는 경우는 형용사와 명사가 관습적으로 붙어 쓰이는 경우뿐이다. 또한 성질형용사가 부사어로 쓰이는 경우는 아주 제한적이지만, 상태형용사는 비교적 자유롭게 쓰인다.

·관형어로 쓰인 경우

小东西(앙증맞은 놈) ↔ 小的东西(크기가 작은 물건)

很小的那个东西(아주 작은 그 물건)

*小衣服 → 小小的衣服

·부사어로 쓰인 경우

*慢游 → 慢慢地游[28]

③ 서면어에서는 이음절 성질형용사에 '地'를 동반하여 부사어로 쓰지만, 구어에서는 일반적으로 상태형용사로 말한다.

他恭敬地站在那儿。(그는 공손하게 거기 서 있다 - 서면어)

他恭恭敬敬地站在那儿。(그는 공손하게 거기 서 있다 - 구어)

④ 상태형용사는 제한없이 술어, 부사어, 보어, 관형어로 쓰일 수 있다.

眼睛大大的。(눈이 아주 크다)

慢慢地好起来。(아주 천천히 좋아지기 시작한다)

绿油油的一片草原。(푸르디 푸른 초원)

⑤ 상태 형용사의 형식에서는 중첩 및 접미사가 이미 정도를 강조하고 있고, 또 상태를 묘사하고 있기 때문에 정도부사의 수식을 받을 수 없고 보어를 가질 수 없다.

*这件衣服很干干净净。 | *干干净净得很。

2. 술어형용사, 비술어형용사, 유일술어형용사, 절대형용사

형용사의 가장 기본적인 기능은 술어가 되거나 관형어가 되는 것이다. 하지만 중국어에는 술어가 될 수 없는 형용사도 있고, 관형어가 될 수 없는 형용사도 있으며, 혹은 상대적 개념은 없고 절대적 기준만 있는 형용사도 있다.

1) 술어형용사[谓语形容词]

대부분의 형용사는 술어로 쓰일 수 있음과 동시에 관형어로 쓰일 수 있다. 이러한 보편적인 형용사를 '술어형용사'라고 한다.

好 | 坏 | 快 | 慢 | 忙 | 清楚 | 明白

这个东西很好。(이 물건은 참 좋다)

很坏的东西 (참 나쁜 물건)

他说的话很明白。(그가 한 말은 아주 분명하다)

很明白的事情 (아주 분명한 사정)

28) '慢走!'에서처럼 예외적인 경우도 있다.

2) 비술어형용사[非谓形容词]

중국어의 형용사는 직접 술어가 될 수 있음에도 불구하고, 특별히 술어가 될 수 없는 형용사를 '비술어형용사'라고 한다. 술어로 쓰일 수는 없으나 관형어의 역할은 할 수 있으므로 명사와 흡사하여 명사로 분류하기도 하지만, 명사와는 달리 홀로 독립적으로 쓰이지 못하고, 대부분 서로 상대되는 개념으로 서로 구별 짓는 의미를 가지고 있기 때문에 '구별사[区别词]'라고도 한다. 이러한 형용사는 대부분 서로 상대되는 의미의 낱말이 있으며, 일음절과 삼음절의 낱말은 많지 않고, 대부분 이음절이다.

金 | 银 | 男 | 女 | 雌 | 雄 | 父 | 母 | 正 | 副 | 单
木质 | 铁质 | 有关 | 有机 | 有声 | 有线 | 无穷 | 无期 | 无声 | 无限
个别 | 共同 | 公共 | 主要 | 次要 | 新式 | 老式 | 西式 | 中式 | 韩式
大型 | 小型 | 中型 | 国有 | 国产 | 国立 | 初级 | 特级 | 初等 | 中等
高等 | 头等 | 优等 | 劣等 | 相对 | 绝对 | 万能 | 任何 | 天然 | 世界性
国际性 | 全球性 | 复合型 | 应用型 | 非理性 | 非本质 | 多民族

① 같은 유형의 형태소로 구성되었거나 의미의 관련성이 있다고 관련되는 낱말 모두가 비술어형용사가 되는 것은 아니다. 예를 들면, '初级'는 비술어형용사인데 '高级'와 '低级'는 술어형용사이며, '慢性' '良性'은 비술어형용사인데 반해 '酸性' '弹性'은 명사이다.

初级(*很初级:비술어형용사) | 高级(很高级:술어형용사)
低级(很低级:술어형용사)
*有慢性 | 有弹性

② '共同' '自动' '长期' '局部' 등은 비술어형용사의 특징 외에 부사어로도 쓰이기 때문에 비술어형용사와 부사의 중복품사[兼类]이다.

共同协商 | 自动进行 | 长期相处 | 局部解决

③ 비술어형용사를 포함하여 이루어진 것 중 일부는 낱말이고, 일부는 구[词组]이다.

男女(낱말:男的女로 확장할 수 없으므로)
男医生(구:男的医生으로 확장할 수 있으므로)

④ 비술어형용사는 의미상으로 대립적이거나 한 묶음임을 나타내는 경우가 많다.

男 ↔ 女 | 金 ↔ 银 | 西式 ↔ 中式

⑤ 비술어형용사는 명사적 성격과 형용사의 성격을 띤 낱말로 '__명사', '__的', '__的명사'의 위치에만 올 수 있으며, 부사 · 수량사 · 형용사 등의 수식을 받을 수 없고, 주어 · 목적어 · 보어 · 부사어로 쓰일 수 없다.

男学生 ¦ 大型歌剧 ¦ 个别问题

*这件衣服很新式。 ¦ *这项工作很主要。

⑥ 일반적으로 '不'를 써서 부정할 수 없고 대부분 '非'를 써서 부정하며, '很'의 수식을 받을 수 없다.

非主要 ¦ 非个别 ¦ 非大型

*很初级 ¦ *很主要

3) 유일술어형용사[唯谓形容词]

관형어로는 쓰이지 못하고 오직 술어로만 쓰이는 형용사를 '유일술어형용사'라고 한다. 이중 일부는 부사어나 보어로 쓰이기도 한다.

对 ¦ 迟 ¦ 广 ¦ 狠 ¦ 准 ¦ 紧 ¦ 松 ¦ 烦 ¦ 顺眼 ¦ 对头 ¦ 齐备 ¦ 合算

*对的回答。→ 答对的回答。

*迟的学生。→ 迟到的学生。

他说得很对。

(그 사람이 말하는 게 참 맞아요)

她看什么事都不顺眼，做什么事都不带劲。

(그녀는 무슨 일을 보아도 눈에 차지 않고 무슨 일을 해도 재미없어 해요)

4) 절대형용사

의미가 절대적인 가치만을 나타내기 때문에 형용의 정도를 표시할 수 없고 오로지 절대적 기준만을 나타내는 형용사를 '절대형용사[绝对形容词]'라고 한다. 따라서 이러한 형용사는 정도부사의 수식을 받을 수 없고 술어가 될 수도 없다.

真 ¦ 假 ¦ 必然

*这很真。→ 这是真的。

*太假 ¦ *非常必然

5) 명형사와 명사 형용사의 중복품사

명사적 성격을 가진 형용사를 '명형사[名形词]'라고 한다. 예를 들면 '危险', '困难', '矛盾' 등은 형용사이지만 명사적 성격을 가지고 있으므로 명형사라고 한다. 반면에 '毒(독:독하다)', '机械(기계:기계적이다)',

‘理想(이상:이상적이다)’, ‘规矩(규칙:규칙적이다)’, ‘模范(모범:모범적이다)’ 등은 명사이지만 형용사적으로 쓰여 이들은 중복품사[兼类]의 낱말이다.

·명형사

很危险 (형용사적으로 쓰임 – 위험하다)

有危险 (명사적으로 쓰임 - 위험이 있다 → 위험하다)

很困难 (형용사적으로 쓰임 - 곤란하다)

有困难 (명사적으로 쓰임 - 곤란함을 가지고 있다 → 곤란하다)

很漂亮 ¦ *有漂亮 ¦ 很好看 ¦ *有好看

·명사와 형용사의 중복품사 낱말

有理想 (추상명사 - 이상을 가지고 있다)

很理想 (형용사 - 이상적이다)

有机械 (추상명사 - 기계를 가지고 있다/기계가 있다)

很机械 (형용사 - 기계적이다)

2 형용사의 문법적 특징

1) 정도부사의 수식을 받는다.

① 형용사는 일반적으로 정도부사의 수식을 받아 상태의 정도를 나타낼 수 있다. 그러나 모든 형용사가 정도부사의 수식을 받을 수 있는 것은 아니다. 성질형용사는 정도부사 ‘很’ ‘非常’ ‘十分’ 등의 수식을 받을 수 있지만, 상태형용사는 이미 강하게 상태를 묘사하고 있으므로 정도부사의 수식을 받음 수 없다.

*很雪白 ¦ *很漆黑 ¦ *很鲜红 ¦ *很冰凉

*很好好儿 ¦ *很热乎乎 ¦ *很干干净净

② 의미상 정도의 차별이 없는 절대형용사와 수량을 나타내는 형용사도 정도부사의 수식을 받을 수 없다.

*很真 ¦ *很假 ¦ *很绝对 ¦ *很唯一

*很许多 ¦ *很全部 ¦ *很好些

③ 비술어형용사도 정도 부사의 수식을 받을 수 없다.

*很初级 ¦ *很主要

2) 형용사는 술어로 쓰여도 목적어를 가질 수 없다.

형용사는 술어가 되지만 그것은 어디까지나 주어에 대한 묘사이고, 목적어는 동사의 동작과 관련된 것이므로 형용사는 근본적으로 목적어를 가질 수 없다.

*请你干净房间。→ 请你打扫房间。

*他友好我。→ 他对我很友好。

① 일부의 성질형용사는 동사적 성격을 가지고 있어 동태조사나 목적어를 가지기도 한다. 이때 동태조사나 목적어를 가졌다는 것은 이미 동사로 쓰였다는 것이므로 형용사의 특징인 정도부사의 수식을 동시에 받을 수는 없다.

他很委屈。
(그는 매우 위축되다 – 형용사)

今天委屈你了。
(오늘 너한테 섭섭하게 했어 – 동사)

*今天很委屈你了。

这个东西用起来很方便。
(이 물건은 쓸 때 아주 편하다 – 형용사)

这次的措施方便了群众生活。
(이번 조치는 대중들의 생활을 편리하게 해주었다 – 동사)

*这次的措施很方便了群众生活。

② 일부 '일음절 형용사 + 坏/死'의 동보형식은 목적어를 가진다.

累坏我了。 | 累死我了。 | 困死我了。 | 急死我了。

③ 형용사는 수량사나 '很多' '好多' '不少' 등의 수량을 나타내는 준목적어를 가질 수 있다.

少一个。(1개가 모자란다)

短了一寸。(1촌이 짧아졌다)

短一寸就合适了。(1촌 줄이면 알맞겠다)

3) 형용사는 중첩할 수 있다.

형용사도 동사와 마찬가지로 중첩할 수 있지만 그 형태와 의미는 다르다.

(1) 형용사 중첩의 의미

① 중첩형용사가 술어로 쓰이면 화자의 주관적 느낌을 강조한다.

ⓐ 화자의 주관적 느낌

她的眼睛大大的。(그녀의 눈이 참 크구나)

ⓑ 객관적인 묘사

她的眼睛很大。(그녀의 눈은 크다)

② 부사어나 보어로 쓰일 경우 정도가 더 심화됨을 나타낸다.

慢慢儿吃吧。(천천히 드세요)

好好儿休息。(푹 쉬어라)

把汉字写得清清楚楚的。(한자를 아주 분명하게 쓴다)

玩得痛痛快快的。(아주 통쾌하게 놀았다)

(2) 형용사의 중첩형태

① 긍정적 의미의 성질 형용사는 'AA' 'AA儿的' 'AABB' 형식으로 중첩된다. 성질형용사가 중첩되면 상태를 나타내게 된다. 따라서 성질형용사의 중첩 형태는 정도 부사의 수식을 받을 수 없게 되는 등 상태형용사의 용법과 같은 문법 특징을 가지게 된다.

好好 ⁝ 慢慢 ⁝ 好好儿的 ⁝ 慢慢儿的 ⁝ 清清楚楚 ⁝ 明明白白 ⁝ 高高兴兴

② 부정적 의미의 성질 형용사는 'A里AB' 형식으로 중첩되어 혐오나 경멸을 나타내게 된다. 이에 해당하는 형용사로는 '马虎' '小气' '慌张' '俗气' '土气' '傻气' '糊涂' '啰唆' 등이 있다.

妖里妖气 ⁝ 糊里糊涂 ⁝ 土里土气

③ '大小' '长短' '高低' '多少' '老少' '远近' '男女' '早晚'처럼 두 음절이 서로 상반되는 개념의 병렬식 형용사는 'AABB' 형식으로 중첩되며 '예외 없는 전체'라는 의미를 나타낸다.

大大小小 ⁝ 老老少少 ⁝ 多多少少 ⁝ 男男女女

④ 수식구조로 이루어진 원래의 상태형용사는 'ABAB' 형식으로 중첩한다. 이는 모든 수식구조가 'AABB'로 중첩할 수 없는 이치와 같다.

很好! → *很很好好! → 很好! 很好!

*雪雪白白 → 雪白雪白

通红通红 ⁝ 冰凉冰凉

⑤ 이들 형용사가 동사처럼 'ABAB'로 중첩되기도 하는데 이때는 그 형용사가 동사적으로 쓰였기 때문이다. 이 경우 형용사는 대개 '…하게 하라'라는 의미를 나타낸다.

让他高兴高兴。(그를 좀 기쁘게 해주어라)
你把这件衣服干净干净吧！(너 이 옷 좀 깨끗하게 하여라!)
我们在树阴下凉快凉快。(우리, 나무 그늘 아래서 땀 좀 식히자)

동사형의 중첩식으로 쓰일 수 있는 형용사는 아래와 같은 것들이다.

高兴 | 客气 | 舒服 | 老实 | 亲热 | 冷淡 | 冷静 | 精神 | 快活
清楚 | 明白 | 干净 | 漂亮 | 大方 | 新鲜 | 轻松 | 暖和 | 规矩

⑥ 형용사는 중첩되지 않고 접미사만 중첩되어 'ABB'식으로 쓰이는 경우가 있다.

胖乎乎 | 绿油油 | 火辣辣 | 黑黝黝

⑦ 모든 형용사가 중첩되는 것은 아니다. 중첩할 수 없는 형용사들의 뚜렷한 특징은 없으나, 주로 문어체 이음절 낱말 중 중첩되지 않는 것들이 있다.

⑧ 중첩식이 관형어가 되려면 반드시 구조조사 '的'를 써야 한다.

这是一件干净衣服。 | 这是一件干净的衣服。
*这是一件干干净净衣服。→ 这是一件干干净净的衣服。

⑨ 중첩식이 보어로 쓰일 때 구조조사 '的'를 쓰면 묘사성이 강조된다.

写得清清楚楚。(깨끗하게 썼다) | 写得清清楚楚的。(아주 깨끗하게 썼다)

⑩ 중첩식이 부사어로 쓰일 때는 구조조사 '地'를 쓰지 않아도 된다.

他们干干净净(地)扫了屋子。

⑪ 'AA儿'형식은 부사어로만 쓰인다. 여기에 구조조사 '的'가 첨가되면 부사어, 관형어, 술어, 보어로 쓰일 수 있다.

好好儿睡觉(부사어 – 잘 자라)
睡得好好儿的(보어 – 잘 잤다)
好好儿的一本书(관형어 – 참 좋은 책 한 권)
那本书好好儿的(술어 – 그 책은 참 좋다)

4) 형용사의 부정

① 성질이나 상태를 부정할 경우 일반적으로 '不'를 쓴다.

不好 | 不清楚 | 不高兴

② 성질이나 상태의 변화를 부정할 경우 '没'를 쓴다. 이때 부사 '还'나 어조조사 '呢'와 같이 쓰이는 경우가 많으며, 이는 '형용사 + 了'의 부정이다.

天亮了。(날이 밝았다) ; 天还没亮呢。(날이 아직 밝지 않았다)

5) 형용사와의 중복 품사

(1) 형용사가 부사를 겸하는 예

好 – 这是一本好书(형용사-이 책은 좋은 책이에요)
好疼啊！(부사-너무 아파요!)

白 – 白布(형용사-흰 천)
白吃不干活(부사-거저 먹고 일은 안 한다)

光 – 地板很光(형용사-바닥이 아주 반들반들한다)
光吃不关心别的(부사-먹기만 하고 다른 데는 관심이 없다)

老 – 爸爸也老了(형용사-아버지도 늙으셨어요)
老给你添麻烦(부사-늘 네게 폐만 끼치네)

非常 – 非常时期(비술어 형용사-비상시기)
非常高兴(부사-아주 즐겁다)

共同 – 共同语言(비술어 형용사-공동어)
共同协商(부사-공동으로 합의하다)

自动 – 自动装置(비술어 형용사-자동장치)
自动进行(부사-자동적으로 진행한다)

(2) 형용사가 동사를 겸하는 예

① 목적어를 가지며, 형용사로도 중첩되며 동사로도 중첩될 수 있는 경우

红 ; 正 ; 平 ; 饿 ; 短 ; 直 ; 温 ; 宽 ; 端正 ; 清楚 ; 平静 ; 明白 ; 富裕
安定 ; 冷淡

他们当然清楚这件事情的性质。(그들은 당연히 이 일의 성질을 분명히 한다)
调查得清清楚楚的。(아주 분명하게 조사한다)
让大家也清楚清楚。(모두들에게도 분명히 해두어라)

② 목적어를 가지며, 동사로 중첩될 수 있으나 형용사로는 중첩될 수 없는 경우

习惯 ; 公开 ; 缓和 ; 开阔 ; 可怜 ; 肯定 ; 讲究 ; 集中 ; 突出 ; 严格
调和 ; 坦白 ; 壮大 ; 固定

真是个可怜的孩子！(정말 불쌍한 아이구나!)
可怜两个不懂事的孩子。(철없는 두 아이를 불쌍히 여겨주세요)
可怜可怜我们的国家吧！우리들의 나라를 가엾게 여겨주세요!)

③ 목적어를 가지며, 형용사로 중첩될 수 있으나 동사로는 중첩될 수 없는

경우

厚 ¦ 乱 ¦ 多 ¦ 少 ¦ 模糊

请别模糊您的未来职业计划!

(당신의 미래 직업에 대한 계획을 애매하게 하지 마세요!)

眼花缭乱, 看什么东西都模模糊糊的。

(눈이 부셔서 무얼 봐도 모두 흐릿하다)

④ 목적어를 가지며, 동사나 형용사의 중첩형태가 모두 없는 경우

错 ¦ 差 ¦ 坚定 ¦ 固执 ¦ 讨厌 ¦ 便宜

英国人讨厌别人询问私事。

(영국인들은 다른 사람에게 사적인 일을 묻는 것을 싫어해요)

⑤ 동사적 용법으로 쓰일 때, 목적어를 가질 수 없지만 동사의 형식으로 중첩할 수 있는 경우

高兴 ¦ 热闹 ¦ 凉快 ¦ 安静 ¦ 亲热 ¦ 轻松 ¦ 痛快 ¦ 舒服 ¦ 干净 ¦ 暖和

天气冷, 喝杯酒暖和暖和也好。

(날씨가 추우니 술 한 잔 해서 좀 따뜻하게 하는 것도 좋아)

我该歇下来舒服舒服。

(난 좀 쉬면서 편안해져야지)

(3) 형용사가 명사를 겸하는 예

错 ¦ 横 ¦ 竖

习惯 ¦ 方便 ¦ 机械 ¦ 理想 ¦ 规矩 ¦ 道德 ¦ 规范 ¦ 困难 ¦ 秘密 ¦ 痛苦

烦恼 ¦ 麻烦 ¦ 热闹 ¦ 便宜

意外 – 意外事件(비술어형용사-의외의 사건)
出现意外(명사-의외의 일이 나타나다)

高度 – 高度责任感(비술어형용사-고도의 책임감)
新的高度(명사-새로운 고도)

3 형용사의 기능

1. 술어

① 일반적으로 성질형용사를 술어로 쓸 경우 정도부사 '很'의 수식을 받아야 하며, 그렇지 않은 경우 속성을 단정하는 대조나 비교의 의미를 지니게 된다.

这个苹果好吃。(那个苹果不好吃。) → 이 사과는 맛있다.(저 사과는 맛없다)
这个苹果很好吃。→ 이 사과가 참 맛있다.

② 상태형용사가 술어나 보어가 되려면 뒤에 조사 '的'가 있어야 한다. 대화체에서 이 '的'가 생략되는 경향이 있지만 이는 정확한 표현이라고 할 수 없다.

屋里乱哄哄的。(방안이 왁자지껄하다)
姑娘的脸红红的。(아가씨 얼굴이 불그레하다)
他大大方方的。(그는 아주 시원시원하다)
他说得大大方方的。(그는 말을 참 시원시원하게 한다)

③ 일반적으로 목적어를 가질 수 없으나 일부 형용사가 목적어를 가지면 사역의 의미가 된다. 이에 대해 동사로 변했다고 볼 수도 있으며, 형용사가 동사적 용법을 지녔다고 볼 수도 있는데 이런 경우 '了' '着' '过'와 결합할 수 있다.

端正态度 | 密切关系 | 丰富文化生活
红着脸 | 坏了事儿 | 多了一句话

2. 관형어

1) 형용사의 관형어적 용법

① 형용사가 관형어로 쓰이는 것은 형용사의 가장 기본적인 기능이지만, 형용사가 직접 명사를 수식하지는 못하고 관형어임을 나타내는 조사 '的'를 동반하는 것이 일반적이다.

伟大的祖国 | 雪白的皮肤 | 暖和的天气

② 형용사가 '的'없이 직접 관형어 역할을 할 경우 몇 가지 제약이 따른다. 일반적으로 '的'를 생략하는 경우는 수식어와 피수식어가 관습적으로 붙어 쓰이거나 안정적으로 긴밀하게 묶여 있는 경우이고 생략하지 않는 경우는 수식어와 피수식어가 각기 독립적, 임시적으로 쓰인 경우이다.

平常事(일상사) | 平常的事(일상의 일)
*很平常事 | 很平常的事(아주 일상적인 일)
小东西(작은 놈, 앙증맞은 놈) | 小的东西(크기가 작은 물건)

2) 형용사와 관형어 조사 '的'의 사용법

(1) 성질 형용사

① 일반적으로 일음절 형용사는 구조조사 '的'를 사용하지 않으며, 이음절 형용사는 사용한다.

好书 ⁝ 新书 ⁝ 大树 ⁝ 大雪 ⁝ 红花 ⁝ 蓝天 ⁝ 好办法
新鲜的空气 ⁝ 结实的身体

② 이음절 형용사가 일음절 명사의 관형어가 될 때는 반드시 '的'를 쓴다. 이는 고의로 짝수 음절을 만들어 듣기 좋게 하기 위함이라고 할 수 있다.

漂亮的书 ⁝ 漂亮(的)小姐 ⁝ *漂亮书

③ 일음절 형용사도 수식의 의미를 강하게 하기 위해 '的'를 쓸 수 있고, 이음절 형용사도 구어체에 자주 쓰이는 예는 관습적으로 '的'를 생략하기도 한다.

好的书 ⁝ 新的书 ⁝ 大的树 ⁝ 好的办法
漂亮衣服 ⁝ 漂亮小姐 ⁝
*美丽花儿 → 美丽的花儿

④ '的' 없이 관용화되어 하나의 낱말처럼 굳어진 경우도 있다.

长发 → 短发 → *短布
白布 → *白家具
客气话 → *客气态度 → 客气的态度
老实人 → *老实工人 → 老实的工人
重要问题 → *重要方针 → 重要的方针

⑤ 다른 성분의 수식을 받고 있는 형용사구는 반드시 '的'를 써야 한다.

这是新书。 ⁝ *这是不新书。→ 这是不太新的书。
他是好人。 ⁝ *他是很好人。→ 他是很好的人。
诚实人 ⁝ *不诚实人 → 不诚实的人

加油

'多'와 '少'가 관형어로 쓰일 경우 주의할 점.

Ⓐ '多'와 '少'는 형용사이지만 직접 단독으로 관형어가 될 수 없다.
好人 ⁝ 小人 ⁝ *多人 ⁝ *少人

Ⓑ 형용사가 일반적으로 '很'이나 '不'의 수식을 받으면 '的'없이 관형어나 목

적어가 될 수 없지만, '很多'와 '不少'는 수량사처럼 직접 명사를 수식하기 때문에 '的'를 쓰지 않고 바로 결합될 수 있다.

*很好人 → 很好的人 ; *不好人 → 不好的人

很多的人 / 很多人 ; 不少的人 / 不少人

Ⓒ'很多'와 '不少'는 수량을 나타내기 때문에 수량사처럼 체언으로 쓰일 수 있다. 다만 수량사와 다른 점은 이들 뒤에 양사를 둘 수 있다는 점이다.

ⓐ수량사처럼 쓰인 경우

两本+书 → 很多 + 书 ; 不少 + 书

买了+两本 → 买了 + 很多 ; 买了 + 不少

*买了很好 → 买了很好的

*看了不好 → 看了不好的

ⓑ양사를 동반한 경우

很多架飞机 ; 不少个学生

Ⓓ'不多'는 '的'없이 관형어나 목적어가 될 수 없다.

*不多人 → 不多的人

*买了不多 → 买了不多的

Ⓔ'很少'는 '的'없이 관형어는 될 수 있으나 준목적어는 되지 못한다.

*看了很少 ; 很少人知道

Ⓕ'好些' '好多' '许多'도 '很多'나 '不少'처럼 쓰이지만, 술어가 될 수는 없다.

好些人 ; 买了好多 ; *人许多 ; *书好些

⑵ 상태형용사

상태형용사는 습관적인 것 외에는 모두 '的'를 붙이지만 명사가 수량사의 수식을 받고 있을 때는 '的'를 생략할 수도 있다.

① 일반적인 경우

*红红脸 → 红红的脸

*短短头发 → 短短的头发

*大大眼睛 → 大大的眼睛

② 명사가 수량사의 수식을 받는 경우

小小一个房间 ; 小小的一个房间

③ 관용적인 경우

滚滚长江

⑶ 비술어 형용사

비술어형용사는 술어로 쓰일 수는 없지만, 주요 기능이 관형어가 되는 것이기 때문에 '的'를 동반하지 않고 직접 명사를 수식할 수 있다.

男人 ; 主要问题 ; 基本工作

3. 부사어

형용사가 부사어로 쓰일 경우 구조조사 '地'를 동반할 수도 있고 하지 않을 수도 있다.

匆匆忙忙地走着。(총망하게 걷는다) ⁝ 细心观察。(세심하게 관찰하다)

① 일음절 형용사는 일반적으로 '地'를 동반하지 않는다.

多 ⁝ 少 ⁝ 早 ⁝ 晚 ⁝ 快 ⁝ 慢 ⁝ 新 ⁝ 大 ⁝ 穷 ⁝ 真 ⁝ 假

少说 ⁝ 快走 ⁝ 早来 ⁝ 好商量

② 이음절 형용사가 동작자의 심리 상태 등을 묘사할 때는 '地'를 써야 하고, 동작의 방식 등을 묘사할 때는 강조하기 위해 '地'를 쓰고 그렇지 않으면 쓰지 않는다.

他满意地笑了。
(그는 만족스럽게 웃었다 — 부사어로 쓰인 형용사가 동작자를 묘사)

他把地板彻底(地)擦了好几次。
(그는 마룻바닥을 몇 번이나 철저하게 닦았다 — 동작의 방식을 묘사. 동작 방식을 강조하기 위해서는 '地'를 쓸 수도 있다)

这个人仔细(地)检查所有的文件。
(이 사람은 모든 문서를 아주 자세하게 검사하다 — 동작의 방식을 묘사)

我正式(地)通知了他。
(나는 그에게 정식으로 통지했다 — 동작의 방식을 묘사)

③ 서면어에서는 이음절 성질형용사에 '地'를 동반하여 부사어로 쓰이지만, 구어에서는 상태형용사 형식의 부사어로 바꾸어 말하기도 한다.

• 서면어에서는 성질형용사 - 他恭敬地站在那儿。
(그는 공경하게 거기 서 있다)

• 구어에서는 상태형용사 - 他恭恭敬敬站在那儿。
(그는 아주 공경하게 거기 서 있다)

4. 보어

성질형용사는 주로 결과보어로 쓰이고, 상태를 나타내게 되면 상태보어로만 쓰인다.

说错了。 ⁝ 累坏了。

他说得大大方方的。(그는 아주 시원시원하게 말한다)

他说得很大方。(그는 아주 시원시원하게 말한다)

5. 주어

虚心使人进步。(겸손함은 사람을 진보하게 만든다)

低太热，高比较好。(낮은 천장은 너무 더우니 높은 천장이 그래도 좋다)

6. 목적어

일부 형용사는 목적어로 쓰일 수도 있다.

他很爱漂亮。(그는 예쁜 걸 너무 좋아한다)

我觉得很满意。(나는 아주 만족스럽다고 느낀다)

7. 비술어 형용사의 기능 제한

비술어형용사는 '___명사' '___的' '___的명사'의 위치에만 올 수 있으며, 부사, 수량사, 형용사 등의 수식을 받을 수 없고, 주어, 목적어, 보어, 부사어로 쓰일 수 없다.

男学生 ⋮ 大型歌剧 ⋮ 个别问题

这种情况是极其个别的。(이러한 상황은 아주 특별한 것이다)

*这件衣服很新式。→ 这件衣服是新式的。(이 옷은 신식이다)

*这项工作很主要。→ 这项工作很重要。(이 일은 아주 중요하다)

第八章

부사[副词]

부사는 대부분 부사어가 되어 동사나 형용사를 수식하며, 일부의 부사만 보어 및 관련사[29]로 쓰이기도 한다. 이렇게 단순한 기능을 가지면서도 형용사, 비술어형용사, 시간사, 접속사, 조동사 등의 낱말들과 관련이 있거나 서로 교차되어 때로 그 구별을 어렵게 하기도 한다. 따라서 부사가 조동사, 형용사, 시간사 등과 어떻게 다른 지를 정확하게 이해해야 하고, 부사에 속하는 낱말들이 서로 어떻게 다르게 쓰이는 지에 대해서도 명확하게 이해해야 한다.

따라서 부사의 전체적인 성질 및 기능과 아울러 부사에 속하는 낱말들의 개별적 특징과 차이점, 활용 방법에 대해서도 정확하게 학습하여야 한다.

---

29) 낱말, 구, 절을 서로 연결하는 역할을 하는 낱말을 관련사라고 한다. 부사도 접속사와 같이 앞뒤의 낱말, 구, 절을 연결하는 역할을 하는 경우가 많은데 이러한 부사를 관련부사라고 하며, 관련부사나 접속사와 같이 연결 작용을 하는 낱말을 총칭해서 '관련사'라고 한다.

1 부사의 종류

부사에 속하는 낱말들의 의미와 문법적인 특징에 따라 아래와 같이 나눌 수 있다.

(1) 정도부사

挺 | 很 | 更 | 最 | 太 | 怪 | 极 | 顶
特别 | 格外 | 更加 | 稍微 | 非常 | 几乎 | 十分 | 极为 | 更加 | 过于

(2) 범위부사

都 | 全 | 只 | 光 | 单
一起 | 一共 | 仅仅 | 唯独 | 一道 | 一同 | 一齐 | 一概 | 一块儿

(3) 시간부사

才 | 就 | 将
刚刚 | 已经 | 曾经 | 将要 | 马上 | 赶快 | 赶紧 | 立刻 | 永远 | 回头
向来 | 从来 | 随时 | 一时

(4) 부정부사

不 | 没 | 没有 | 非 | 未 | 别 | 无须 | 不必

(5) 장소부사

到处 | 满地 | 处处

(6) 빈도부사

又 | 再 | 也 | 还 | 再三 | 经常 | 常常 | 时常 | 往往 | 反复 | 来回

(7) 어조부사

可 | 却 | 倒 | 偏
简直 | 大概 | 偏偏 | 幸亏 | 好在 | 竟然 | 难道 | 反而 | 反正 | 居然
几乎 | 也许 | 到底

(8) 상태부사

亲自 | 特意 | 特地 | 忽然 | 渐渐 | 照例 | 逐步 | 互相

(9) 관련부사

就 | 也 | 却 | 才

2 부사의 문법적 특징

1) 부사는 명사나 수량사를 수식할 수 없다.

(1)부사는 부사어로 활용되어 술어를 수식하는 낱말이다. 따라서 문장 내에 술어로 쓰이지 못하는 성분들은 부사의 수식을 받을 수 없다.

*他不学生。 ⁝ *孔子不山东人。

*很友谊 → 很友好('友谊'는 명사)

*经常战争 → 经常战斗('战争'은 명사)

(2)명사나 수량사 등의 체언이 술어로 쓰였다면 부사의 수식을 받을 수도 있으며, 범위를 나타내는 부사는 수량사구 앞에서 범위를 제한하기도 한다.

①시간부사나 빈도부사는 명사로 이루어진 술어를 수식한다.

又星期六了。(또 토요일이 되었다)

明天才二十五号。(내일은 겨우 25일이야)

②'仅仅' '大约' '将近'과 같은 범위부사는 수량사가 지칭하는 수량의 범위를 표시한다.

每个月花仅仅五十块钱。(매달 겨우 50위엔만 쓴다)

来了将近五十位科学家。(50명에 가까운 과학자들이 왔다)

写了大约三十多万字。 (대략 30여 만자를 썼다)

③'光' '净'과 같은 범위부사는 명사로 이루어진 술어를 제한할 수 있다.

餐厅里有几个人?- 餐厅里光那个人。(식당에 오직 그 사람뿐이다)

树林里净竹子。(숲에는 온통 대나무이다)

④부정부사 '不'와 정도부사 '很' 등은 추상명사 앞에 쓰여 그 추상명사를 형용사로 쓰이게 한다.

那位小姐不道德。(그 아가씨는 도덕적이지 못하다)

你的想法很不科学。(너의 생각은 아주 비과학적이야)

⑤'最'는 방위사를 수식할 수 있다.

最前 ⁝ 最上面

2) 부사는 단독으로 사용할 수 없다.

부사는 의존형태소이다. 따라서 단독으로 사용할 수 없지만, 일부 부사의 경우, 문맥상 무리가 없을 때 동사나 형용사를 생략한 형태의 대답하는 말로 쓰일 수는 있다.

你什么时候到的？-刚刚(到)。(넌 언제 왔니? - 방금)

明天他会来吗？-也许(会来)。(내일 그가 올까요? - 아마도)

3) 부사는 문장 내 위치가 비교적 제한적이다.

(1)부사는 기본적으로 술어 앞에 위치한다.

他还没有来。(그 사람은 아직 안 왔어요)

你的衣服很漂亮啊！(네 옷은 정말 예쁘다!)

(2)문두나 주어 앞에 놓일 수 있는 부사도 있다.

①다음의 어조부사는 주어를 강조하고자 할 때 주어 앞에 놓일 수도 있다.

本来 ¦ 不料 ¦ 大概 ¦ 大约 ¦ 当然 ¦ 到底 ¦ 的确 ¦ 反正 ¦ 根本 ¦ 果然
或许 ¦ 终于 ¦ 好在 ¦ 几乎 ¦ 究竟 ¦ 居然 ¦ 恐怕 ¦ 难道 ¦ 其实 ¦ 甚至
幸亏 ¦ 也许 ¦ 原来 ¦ 差不多

其实这又有什么用处？
(사실 이게 또 무슨 쓸모가 있겠어요?)

这里面其实就有个创作态度和创造力的问题。
(여기에는 사실 창작태도와 창조력의 문제가 있다)

②다음의 범위부사는 주어의 범위를 제한하고자 할 때는 주어 앞에 위치한다.

就 ¦ 只 ¦ 单 ¦ 仅 ¦ 光 ¦ 单单

世界上只你一个人真关心我，真同情我。
(세상에 오직 너 한 사람만이 정말 나에게 관심을 가지고 정말 나를 동정해줘 - '오직 너 한 사람만'으로 범위 제한)

③부사는 일반적으로 조동사 앞에 놓인다.

他也许能来。(그는 아마 올 거예요)

我们已经会说汉语了。(우리는 이미 중국어를 할 줄 알게 되었어요)

4) 부사는 중첩할 수 없다.

다만 일부 부사는 중첩 형태의 낱말이 있을 뿐이며, 이때 의미상의 차이도 없고, 발음의 변화도 없다.

常-常常 ¦ 偏-偏偏

3 부사의 문법적 기능

1) 부사어

부사의 기본적인 기능은 부사어가 되어 술어를 수식하는 것이다.

这个东西很好。(이 물건은 아주 좋은데요)
我们正在念书。(우린 지금 책을 읽고 있어요)
这个梨子真好吃。(이 배는 정말 맛있네요)

2) 보어

부사는 기본적으로는 보어로 활용되지 못한다. 예외적으로 '很'은 '得' 뒤에 보어로 쓰이고, '极'는 직접 형용사 뒤에 보어로 쓰이며 항상 '了'를 동반한다.

时间太晚。(시간이 너무 늦었어요) ¦ *时间晚得太
这个东西很好。 ¦ 这个东西好得很。(이 물건은 아주 좋네요)
好极了。(좋아요)

3) 관련사

일부 부사는 낱말, 구, 절을 연결하는 접속 기능을 가지고 있다. 이러한 부사를 관련부사라고 한다.

就(하자마자 곧) → 有钱就花。(돈만 생기면 바로 쓴다)
才(해야만 비로소) → 请他才来。(그는 초대를 해야만 온다)
又(하고 또) → 看了又看。(보고 또 본다)
一…就…(하자마자 곧) → 一听就明白了。(한 번 듣고 바로 이해했다)
又…又…(…하고 …하다) → 又漂亮又聪明。(예쁘기도 하고 똑똑하기도 하다)
越…越…(…할수록 …하다) → 越来越热。(점점 더 덥다)
再…也…(아무리 …해도) → 困难再多也不怕。(아무리 어려움이 커도 두려워하지 않는다)

4 부사와 형용사의 구별

1) 부사와 형용사의 차이

①부사는 의존형태소이기 때문에 허사로 분류하고 형용사는 자립형태소이기 때문에 실사로 분류하지만, 부사도 일정 수준 의미를 가지고 있기 때문에 실질형태소/어휘형태소라고도 할 수 있다.

②부사는 단독으로 쓰일 수 없으나 형용사는 단독으로 문장을 이룰 수 있다. 예외적으로 '不'나 '也许' 같은 부사는 동사를 생략한 채 대답하는 말로 쓰일 수는 있다.

他不来吗?-也许(不来)。

③부사는 '很' '极'와 같이 형용사의 결과보어나 정도보어가 되는 경우를 제외하고는 부사어로만 쓰이지만, 형용사는 부사어, 관형어, 술어, 보어 등으로 문장 내의 역할이 부사에 비해 월등히 다양하다. 아래의 예는 형용사 '偶然'이 문장 내에서 다양하게 활용되는 예를 보인 것이다.

偶然发现了一个重要的原理。
(부사어-어느 중요한 원리를 우연히 발견하였다)

这件事太**偶然**了。
(술어-이 일은 너무 우연이예요)

借这个**偶然**的机会, 我跟你说。
(관형어-이 우연한 기회를 빌려 너와 얘기하려고 해)

这件事发生得很**偶然**。
(보어-이 일은 너무 우연히도 발생하였다)

2) 부사와 형용사의 중복품사

일부의 형용사인 낱말은 부사와 중복품사[兼类]이다. 이런 형용사가 부사로 쓰일 때는 형용사 본래의 의미가 아닌 다른 의미로 쓰이는 경우가 많다. 이런 형용사는 대부분 일음절이다.

好朋友(형용사 – 좋은 친구) ¦ 好漂亮(부사 – 아주 예쁘다)
老朋友(형용사 – 오랜 친구) ¦ 老说话(부사 – 늘 얘기한다)
光脚(형용사 – 맨 발) ¦ 光说不做(부사 – 말만하고 실행하지 않다)
白手套(형용사 – 흰 장갑) ¦ 白跑一趟(부사 – 한바탕 헛걸음하다)
直路(형용사 – 곧은 길) ¦ 直哭(부사 – 계속 울다)
怪脾气(형용사 – 이상한 성격) ¦ 怪难受的(부사 – 정말 견디기 어렵다)

5 부사의 종류와 용법

1. 정도부사

① 정도부사는 형용사나 심리동사를 수식하여 묘사의 정도를 나타내는 부사이다. 이 중 비술어형용사와 상태를 나타내는 형용사는 정도부사의 수식을 받지 않는다.

非常好 | 十分感动

*非常新式 | *最雪白 | *顶笔直笔直 | *很痛痛快快

② 정도부사는 일반적으로 표현하는 정도의 내용에 따라 상대적 정도부사와 절대적 정도부사로 나눌 수 있다. 각 부사가 표현하는 정도에 따라 다시 아래와 같이 나눌 수 있다.

·상대적 정도부사

最(最为) → 更(更加/更为) → 比较(较/较为) → 稍(稍为/略/略为)

·절대적 정도부사

顶 → 太(分外/过分) → 极(极为/极度) → 非常(十分) → 很(颇/多) → 相当 → 有点/有些

1) 很

① 형용사가 지시하는 내용의 정도가 높음을 나타낸다.

很快。(매우 빠르다) | 很好吃。(매우 맛있다)

② 진술문에서 성질형용사가 부사의 수식을 받지 않고 단독으로 술어가 된 경우에는 주어의 속성을 나타내지만, 정도부사 '很'이 형용사를 수식하게 되면 주어의 상태를 화자의 주관에 따라 구체적으로 묘사하거나 진술하는 문장이 된다. 이때 '很'에는 정도의 의미가 거의 없다.

这本书很好。

(이 책은 참 좋다 – '很好'는 이 책에 대한 화자의 주관을 묘사한다)

这本书好。

(이 책은 좋다 – 이 책은 좋은 것에 속한다. 따라서 '저 책은 좋지 않다'는 것과 대비된 표현이다)

③ '很'은 형용사의 보어가 될 수 있다.

这个东西好得很。

2) 极

①최고의 정도에 이르렀음을 나타낸다.

极好 ¦ 极重要 ¦ 极有兴趣

②정도를 나타내는 보어로 쓰일 수 있다. '很'과는 달리 '得'뒤에 쓰일 수 없으며 일반적으로 '了'를 동반한다.

他当时高兴极了。(당시 그는 아주 즐거워했다)
这里的天气棒极了。(여기 날씨는 너무 좋아요)

3) 太

①'太'를 강하게 발음하면 형용사가 지칭하는 내용에 대해 만족스럽다는 표현이 된다.

太好了。(아주 잘됐다) ¦ 太舒服了。(아주 편안하다)

②'太' 뒤의 형용사를 강하게 발음하면 정도가 지나쳐 불만스럽다는 표현이 된다.

太快了。(너무 빠르다)

③주관적인 평가를 나타낸다.

文章写得太简单了。(글을 너무 간단하게 썼다)

④일반적으로 문미에 '了'를 붙여 서로 호응하도록 하지만, '了'를 쓰지 않을 경우 그 상황에 대한 불만이나 안타까움의 감정을 가지게 된다.

太高了！(너무 높아요!)
太热！(너무 덥다. → 그래서 꼼짝하기도 싫다)
太咸！(너무 짜다. → 그래서 곳 먹겠다)

4) 非常

①객관적으로 정도가 높음을 나타낸다.

非洲的平均气温是摄氏40度，非常热。
(아프리카의 평균 기온은 섭씨 40도로 아주 덥다)

②'ABAB'형식으로 중첩할 수 있다.

非常非常喜欢这本书。(이 책을 너무 너무 좋아해요)

③'不非常' 형식은 없다.

*不非常好。 ┆ 非常不好。

④'地' '之'와 결합할 수 있다.

非常地感谢。(아주 감사드립니다)

5) 十分

①'ABAB' 형식으로 중첩할 수 없다.

*十分十分喜欢这本书。

②'不'와 결합할 수 있다.

不十分好。(그렇게 좋은 건 아냐)

我并不十分相信那些理论。(내가 그 이론들은 완전히 믿는 것은 아니야)

③'地' '之'와 결합할 수 없다.

*十分地感谢。

6) 更

①일음절이나 이음절 동사와 형용사를 수식한다.

更多。 ┆ 更喜欢运动。

②비교나 점층 관계를 나타내는 문장에 쓰인다.

*他比我很高。→ 他比我更高。(그는 나보다 더 크다)

比以前更成熟了。(예전보다 더 성숙해졌다)

喜欢篮球，更喜欢排球。(농구도 좋아하고 배구는 더 좋아한다)

7) 更加

①이음절 동사와 형용사만 수식한다.

*更加多 ┆ 更加喜欢运动。(운동을 더 좋아한다)

②비교문에만 쓰이고, 점층 관계를 나타내지는 못한다.

比以前更加成熟了。(이전에 비해 더 성숙해졌다)

*喜欢篮球，更加喜欢排球。

8) 越来越…

①문미에 변화를 나타내는 어조조사 '了'를 붙일 수 있다.

越来越难了。(점점 더 어려워진다)

②두 술어의 주어가 같은 문장에서만 쓴다.

天气越来越冷了。(날씨가 점점 더 추워진다)

人民的痛苦越来越深了。(국민들의 고통은 점점 더 심해진다)

9) 越…越…

①문미에 '了'를 붙이지 않는다.

越学越难。(공부하면 할수록 어렵다)

②두 술어의 주어가 다른 문장에서도 쓴다.

汉语越学越难。(중국어는 공부하면 할수록 어렵다)

我越说他越生气。(내가 말을 하면 할수록 그는 더 화를 낸다)

10) 好 真

①'好/真 + 형용사' 식의 구는 술어나 보어가 될 수 있다.

穿婚纱的你真漂亮!(웨딩드레스를 입은 네 모습 정말 아름다워!)

觉得自己做得好漂亮!(자기가 만든 게 너무 아름답다고 느낀다)

②'真 + 형용사' 식의 구는 관형어가 될 수 없다.

*真幸福的女人 → 真是个很幸福的女人 *真好的人 → 真是个好人

*真有意思的电影 → 真是个很有意思的电影

11) 最

①최상급의 의미를 나타내며 일반적으로 형용사를 수식한다.

最漂亮的女朋友(가장 예쁜 여자친구)

最大的学校 (가장 큰 학교)

②형용사뿐만 아니라 예외적으로 방위사도 수식할 수 있다.

最后 ⁝ 最前头 ⁝ 最外边 ⁝ 最南边

2. 범위부사

관련된 문장성분의 범위를 제한하는 역할을 하는 부사이다.

1) 都

①일반적으로 '都'의 앞에 나오는 성분의 범위를 나타낸다. 이에 반해 '共'

은 뒤에 나오는 성분을 총괄한다.

全班同学都会游泳。

(반 학생들 모두가 수영을 할 줄 안다 – '都'는 '全班同学'를 지칭함)

这几点我都同意。

(이 몇 가지에 대해 나는 모두 동의한다 – '都'는 '这几点'을 지칭함)

*我家都有五口人。→ 我家共有五口人。

(우리 집에는 모두 다섯 식구가 있다 – '都'가 지칭하는 성분인 '我家'는 복수가 아니기 때문에 '都'를 쓸 수 없고, 뒤에 나오는 성분을 총괄하는 '共'을 써야 함)

每家都有五口人。

(집집마다 모두 식구가 다섯 명이다 – 여기서는 '都'가 앞에 있는 '每家'의 범위를 설명하므로 성립 가능함)

②'都'가 예외적으로 그 뒤에 있는 의문사의 범위를 지칭할 때도 있다. 이때 의문문에 쓰인 '都'는 의문사를 지칭하므로 그에 대해 대답하는 말에서는 '都'가 쓰일 수 없다.

• '都'가 의문사를 지칭

这次旅行，你都去哪儿了？

(이번 여행에서 너는 어디 어디를 가보았니? – '都'는 '哪儿'을 지칭)

你家都有什么人？

(너희 집에는 어떤 사람들이 있니? – '都'는 '什么人'을 지칭)

• '都'가 의문사를 지칭할 때의 대답

你家里都有什么人？-我家里有我父亲、母亲和我。

(너희 집엔 모두 누가 있니? - 저희 집엔 아버지, 어머니 그리고 제가 있어요)

这件事情你都告诉谁了？-我告诉了张老师和李老师。

(이 일은 네가 모두 누구에게 알렸니? - 저는 장선생님과 이선생님께 알렸어요)

这次旅行你都去哪儿了？-我去了天津、上海和广州。

(이번 여행에서 너는 모두 어딜 갔니? - 저는 천진, 상해와 광주에 갔어요)

③'都'의 앞에 두 개의 관련된 성분이 있다면 이때 '都'는 두 성분 중 어느 하나를 지칭하게 되고 따라서 무엇을 지칭하느냐에 따라 두 가지 의미를 가질 수 있다.

这些地方我们都去过。

(우리는 그 지역을 모두 가보았다 – '都'가 '这些地方'을 지시할 경우)

(우리들 모두는 그 지역에 가 보았다 – '都'가 '我们'을 지시할 경우)

他们对这几个问题都讨论过。

(그들은 모든 문제에 대해 토론한 적이 있다 – '都'가 '这几个问题'를 지시할 경우)

(그들 모두는 이 문제들에 대해 토론한 적이 있다 – '都'가 '他们'을 지시할 경우)

④'…조차' '…마저' '…역시'의 의미로 바로 앞에 있는 말을 강조할 수도 있다. 이때 '都'는 강조하고자 하는 말의 뒤에 온다는 점에 유의하여야 한다.

见了人招呼都不打。
(사람을 만나도 인사조차 하지 않는다)

他一句话都不说。
(그는 한 마디도 하지 않는다)

他本人都不着急，你急什么?
(그 사람 본인도 초조해하지 않는데 네가 뭐가 급하니?)

⑤'都'가 시간사, '就', '也' 등과 같이 쓰일 때는 '시간사 + 都', '就 + 都', '也 + 都'의 순으로 쓰인다.

他们当时都是二十岁的青年。
(그들은 당시 모두 20살의 청년들이었다)

以前都在北京学习。
(이전에는 모두 북경에서 공부했다)

在美国，只要钱，做什么就都容易。
(미국에서는 돈만 있으면 무엇을 하든 전부 아주 쉽다)

⑥'都'는 전체적인 범위를 나타내지만, '也'는 개체 하나하나를 가리킨다.

小王和小李都是学生。
(샤오왕과 샤오리는 모두 학생이다)

小王是湖北人，小李也是湖北人。
(왕군도 호북 사람이고 이군도 호북 사람이다)

⑦'都'는 '已经(이미)'의 의미로 시간부사로 쓰이기도 한다. 이때 주로 '都…了'의 형식으로 쓰이며, 뒤에 화자의 의사를 첨가하는 다른 말이 이어진다.

都两点了，你怎么还不上课呢?
(이미 두 시가 되었는데, 어째서 아직 수업을 하지 않는가?)

都十岁了，怎么这个字都不懂。
(이미 10살이나 되었는데 어떻게 이 글자도 모르느냐)

2) 光 就 单 只

이들이 범위부사로 쓰이게 되면 뒤에 나오는 낱말의 범위를 한정하게

된다.[30]

光北京人就有一万个人来。
(북경사람만 일 만 명이 왔다 – '北京人'을 한정)
就他一个人没吃饭。
(그 사람 혼자만 – '他'를 한정)
单拣好吃的吃。
(맛있는 것만 – '好吃的'를 한정)
他只懂汉语。
(중국어만 – '汉语'를 한정)

3. 시간부사

'자주' '종종' '항상' '이미' '벌써' '즉시' '일찍이' '빨리' '천천히' 등과 같이 시간과 관련된 의미로 술어를 수식하는 말이다.

1) 正 在 正在

①'正' '在' '正在'는 모두 어떤 동작이 진행되고 있음을 나타낸다. 이때 동사 뒤에 동태조사 '–着'와 어조조사 '呢'를 함께 쓸 수 있다.

他正开着门呢。 ¦ 他在看书。 ¦ 他正在看书。

②'正'은 시간적 진행을, '在'는 상태의 지속을, '正在'는 시간과 상태의 지속을 동시에 나타내는 경향이 짙다.

我正穿着衣服的时候，他进来了。
(내가 막 옷을 입을 때 그가 들어왔다 – 옷 입는 동작을 진행하고 있을 때)
我在穿着衣服的时候，他进来了。
(내가 옷을 입고 있는 때에 그가 들어왔다 – 옷 입은 상태가 지속 중일 때)
我正在穿着衣服的时候，他进来了。
(내가 막 옷을 입고 있을 때 그가 들어왔다 – 동작 진행과 상태 지속이 있을 때)

③'正'은 일음절 동사 앞에 쓰일 수 없으나, '在'와 '正在'는 가능하다.

*正学汉语。→ 正学习汉语。
*正等 ¦ 在等 ¦ 正在等

30) 이러한 경우 부사가 명사를 수식한 것처럼 보이지만, 사실은 이들 부사 뒤에 동사 '是'가 생략된 것으로도 볼 수 있다.
光(是)北京人就有一万个人来。 ¦ 就(是)他一个人没吃饭。

④'正'의 뒤에는 동사 홀로 쓰여 문장을 완성할 수 없지만, '在' '正在'의 뒤에는 동사가 홀로 쓰일 수 있다. '正'이 쓰인 동사에는 '-着'를 붙이거나 '呢'와 함께 쓰면 완성된 문장이 된다.

*正学习。→ 正学习着。→ 正学习呢。

*我们正讨论。→ 我们正讨论着呢。→ 我们在讨论。

⑤'在' 다음에는 전치사 '从'을 쓸 수 없으나 '正' '正在'는 가능하다.

*红日在从地平线升起。→ 红日正在从地平线升起。

⑥'在'는 반복되거나 장시간 지속되는 것을 나타낼 수 있으나, '正' '正在'는 나타낼 수 없다. 따라서 '在'는 부사 '一直' '经常' '还' '又'와 함께 쓰일 수 있다.

*一直正在考虑。→ 一直在考虑。 *经常正注意。→ 经常在注意。

⑦'在'는 현재의 상태뿐만 아니라 과거의 상황에 대한 지속성을 나타낼 수 있지만, '正' '正在'는 그러하지 않다.

昨天我一直在找你。

⑧'正' '在' '正在' '-着' 등은 동작의 진행이나 지속을 나타낼 뿐이므로, 구체적인 동작의 진행이나 지속의 양을 나타내는 시량사를 둘 수 없다.

*他正在努力地学着整一天。

*他一直想着她好几天。

*他正看我一下。

⑨ '正' '在' '正在'의 부정은 '不是'로 해야 한다.

*我不在发言，我已经发过言。→ 我不是在发言，我已经发过言。
(나는 발언하고 있는 것이 아니라, 이미 발언하였다)

⑩ '正'은 '恰好' '恰巧'의 의미로 쓰여 긍정의 어조를 강조한다.

衣服长短正合适。(옷의 길이가 꼭 맞다)

这正是我要找的那本书。(이것이 바로 내가 찾고자 하던 그 책이나)

2) 已经

①과거에 동작이 발생했거나 변화가 있었음을 나타내며, 동시에 그 동작과 변화가 계속 존재함을 나타낸다.

已经说好了。 天已经黑了。

②부정 형식은 '已经 + 不'이다.

已经不学习了。 ⁝ 已经不喝酒了。

③심리동사나 형용사를 수식할 경우 반드시 문미에 '了'를 붙이며, '已经 + 시량사 + 不/'没 + 동사'형식에도 문미에 '了'를 붙일 수 있다. '이미 …하게 되었다'라는 뜻이다.

已经红了。 ⁝ 已经喜欢了。

已经几天没回家了。(이미 며칠 동안 집에 돌아오지 않았다.)

3) 曾经

①과거에 동작이 발생했거나 변화가 있었는데 더 이상 그 동작이나 변화가 존재하지 않음을 나타낸다.

曾经去过了。(일찌기 가본 적이 있다)

②부정 형식은 '不 + 曾' '未 + 曾'이다.

不曾学过。 ⁝ 未曾学过。

③심리동사나 형용사를 수식할 경우 반드시 문미에 '过'를 붙이고, '曾经 + 시량사 + 不 / '没 + 동사' 형식에는 '了'를 붙일 수 없다.

曾经漂亮过。 ⁝ 曾经几天没回家。

4) 从来 一直

(1)'从来'는 비교적 긴 시간 내 모종의 변화가 없음을 표현하고 '一直'는 일정한 시간 내 동작이나 상태의 지속됨을 나타낸다.

他从来很少组织大家去旅行。

(그는 이제껏 사람들을 모아 여행가는 일이 별로 없었다)

我一直找你。

(난 계속 널 찾았어)

(2)아래의 경우 이 둘은 서로 바꾸어 쓸 수 있다.

①형용사 술어의 긍정형식과 함께 쓰여 그 상태가 긴 시간 동안 지속되었음을 표시할 때

他的房间一直(/从来)很干净。(그의 방은 언제나 아주 깨끗하다)

②형용사나 동사 술어의 긍정형식과 함께 쓰여 일관적인 태도를 나타낼 때

他对人一直(/从来)很客气。(그는 언제나 아주 예의바르다)

③부정문에서 습관, 태도 혹은 발생하지 않은 동작을 표시할 때

他一直(/从来)不跟我打招呼。(그는 늘 나와 인사하지 않는다)

(3)아래의 경우 이 둘은 서로 바꾸어 쓸 수 없다.

①긍정문에서의 반복되는 동작이나, 상황이 원칙적, 규칙적일 때는 '从来'만 쓴다.

这些案件从来就被列讨论会的第一项。
(이 안건들은 계속해서 토론회의 첫 번째 항목으로 정해졌다)

②의지나 희망을 나타내는 술어동사 앞에서는 '一直'만 쓴다.

我一直喜欢他。(나는 늘 그를 좋아했어요)

③구체적인 시점이 나타난 부정형식의 문장에서는 '一直'만 쓴다.

他今天一直不跟我说话。(그는 오늘 계속 나와 얘기하지 않아)

最近, 我一直没见过他。(최근에 난 계속 그를 보지 못했어)

*我上个星期从来没空过。

④화자의 주관적인 의도나 애증(愛憎)과 같은 감정이 부정형식과 쓰일 때는 '从来'만 쓴다.

我不喜欢赌博, 从来不打牌。
(나는 도박하는 걸 좋아하지 않아, 여태껏 도박한 적 없어)

我从来没见过这么没礼貌的人!
(난 지금까지 이렇게 예의 없는 사람은 본 적이 없다구!)

5) 赶紧 赶快 赶忙 连忙

①'赶紧'은 명령문, 청유문, 진술문 등에 모두 쓰일 수 있다.

外边风很大, 赶紧进来。
(바깥은 바람이 너무 부니까 빨리 들어와라)

因为外边风很大, 所以赶紧进来了。
(바깥에 바람이 너무 불어서 빨리 들어왔다)

②'赶快'은 명령문, 청유문에만 쓰이고 진술문에서 쓸 수 없다.

外边风很大, 赶快进来。

*因为外边风很大, 所以赶快进来了。

③'赶忙'과 '连忙'은 진술문에서만 쓰이고 명령문, 청유문에서 쓰일 수 없다.

*外边风很大，赶忙(/连忙)进来。

因为外边风很大，所以赶忙(/连忙)进来了。

6) 快(要)

머지않은 장래에 곧 일어날 일에 대해 쓰인다. 이때 문미에는 '了'를 써야 하며, '已经' '都'[31])에 의해 수식될 수는 있지만 시간을 나타내는 명사 혹은 다른 시간 부사와 함께 쓸 수는 없다.

你再说下去他都快要哭了。(네가 계속 말하면 그는 금방 울어버릴 거야)

*电影七点半快要开始了。

7) 刚才 刚 刚刚

①'刚才'는 '조금 전'이라는 의미의 시간을 나타내는 명사이고 '刚' '刚刚'은 '막/지금 막'이라는 의미를 나타내는 시간 부사이다.

②'刚才'가 쓰인 문장에는 시량사가 쓰일 수 없지만, '刚' '刚刚'은 가능하다.

*他刚才来了一会儿，就走了。→ 他刚来了一会儿，就走了。

*他刚才走一会儿。→ 他刚走一会儿。

*他刚才到这儿一个多星期。→ 他刚到这儿一个多星期。

③'刚才'뒤에는 부정부사를 쓸 수 있지만, '刚' '刚刚' 뒤에는 부정부사를 쓸 수 없다.

你为什么刚才不说呢？(너 왜 방금 말 안했니?)

*你为什么刚不说呢？

④'刚才'는 주어 앞뒤에 올 수 있지만 '刚' '刚刚'은 주어 뒤에만 올 수 있다.

刚才你说什么？¦ 你刚才说什么？

*刚你说什么？→ 你刚说什么？

⑤'刚才'는 관형어가 될 수 있지만, '刚' '刚刚'은 관형어가 되지 못한다.

*刚的事故 → 刚才的事故

*刚刚的消息 → 刚才的消息

⑥'刚'은 시간 부사 외 '마침' '딱'의 의미로 시간이나 공간 따위가 아주 적절함을 나타내기도 한다.

---

31) 이때의 '都'는 '都十点了'에서와 같이 '已经'의 의미를 가지는 경우에 한정된다.

这个座子刚好。 (이 자리가 딱 좋네요)

⑦ '刚' '刚刚'은 모두 '막' '방금' '바로'라는 의미로 동작이나 사건이 조금 전에 일어났음을 나타내고, '刚刚'이 '刚'보다는 좀 더 강한 어감을 나타낸다.

你是什么时候来的？(너 언제 왔니?)
- 我是今天早上刚(/刚刚)来的。(오늘 아침에 막 왔어요)

⑧ 화자의 주관적 인식으로 짧은 시간이었음을 나타낼 때는 '刚'을 쓸 수 있으나, '刚刚'은 쓰지 않는다.

你是什么时候来的? (넌 언제 왔니?)
-我是上星期刚来的。
(지난 주에 막 왔어요 - 화자의 주관으로 '上星期'는 짧은 시간)
-我是上个月刚来的。
(지난 달에 막 왔어요 - 화자의 주관으로 '上个月'는 짧은 시간)

4. 부정부사

1) 不

① 현재나 미래의 행위 혹은 상태를 부정한다.

我不看电视。
(현재의 행위를 부정 – TV를 보고 있지 않아요)
我不去书店，去图书馆。
(미래의 행위를 부정 – 서점에 가지 않고 도서관에 갈 겁니다)
那件衬衫不好看。
(형용사의 상태를 부정 – 그 셔츠는 예쁘지 않다)

② 어떤 습관이 없다는 것을 나타내기도 한다.

我不喝酒。

③ '不'는 자신의 바로 뒤에 나오는 요소부터 부정하므로 이 '不'가 다른 부사와 결합할 경우 그 위치에 따라 의미가 변하게 된다.

全不来(모두 오지 않는다) ⁝ 不全来(모두 오는 것은 아니다)
很不好(매우 좋지 않다) ⁝ 不很好(매우 좋은 것은 아니다)
都不好(모두 좋지 않다) ⁝ 不都好(모두 좋은 것은 아니다)
一定不知道(반드시 모른다) ⁝ 不一定知道(반드시 모르는 것은 아니다)
我不在学校学习。

(저는 학교에서 공부하지 않습니다 – '不'가 '在学校'를 부정하므로 공부를 하기는 하되, 학교에서 하지 않고 다른 곳에서 한다는 의미를 포함하게 됨)

我在学校不学习。

(저는 학교에서 공부를 하지 않습니다 – '不'가 '学习'를 부정하므로 학교에서 공부는 하지 않는다는 의미를 나타냄)

④그 외 아래의 부사들은 '不'와 결합될 때 항상 '不' 뒤에만 위치할 수 있다.

不 + 马上 ⁝ 不 + 一起 ⁝ 不 + 一块儿 ⁝ 不 + 光, 不 + 曾

我们还要等一会儿, 不马上走。未曾见过他。

(우리는 조금 더 기다릴 거예요. 금방 가지 않아요. 아직 그를 본 적이 없어요)

2) 没

①'有'의 부정부사로, 소유나 존재를 부정한다.

他没有姐姐, 也就没有姐夫。(그는 누나가 없어요, 매부도 없구요)

并没有什么价值。(결코 아무 가치도 없어요)

②'没'는 동사 '有'만을 부정하기 때문에 문장 속에서 '没'만 사용한 경우 그 뒤의 '有'가 생략된 형태라고 보아야 한다. 이렇게 만들어진 '没(有)'는 다른 동사를 수식하여 과거의 동작이나 상태 혹은 변화를 부정한다.

怎么还没(有)吃完饭呢?(어떻게 아직 밥도 다 못 먹었니?)

我没(有)亲眼见过!(난 내 눈으로 직접 본 적이 없어)

③동태조사 '过'와 함께 쓰일 수 있다.

我父亲没做过官儿。(우리 아버지는 관료가 되신 적이 없어요)

3) 无须 不必 未必

(1)'无须'

①'…할 필요가 없음'의 의미를 나타낸다.

无须担心。(걱정할 필요 없어)

②동사 앞에도 위치할 수 있고 주어 앞에도 위치할 수 있다.

你无须担心。 ⁝ 无须你担心。

③긍정문에서만 쓰인다.

无须担心。 ⁝ *无须不担心。

④단독으로 쓸 수 없다.

*无须了。

(2)'不必'

①'…할 필요가 없음'의 의미를 나타낸다.

不必担心。(걱정할 필요 없어)

②동사 앞에만 위치할 수 있다.

你不必担心。 ⋮ *不必你担心。

③긍정문에서만 쓰인다.

不必担心。 ⋮ *不必不担心。

④단독으로 쓸 수 있다.

不必了。

(3)'未必'

①'반드시 그렇지는 않음'의 의미를 나타낸다.

未必赞成。(꼭 찬성할 필요는 없어)

②동사 앞에만 위치할 수 있다.

他未必赞成。 ⋮ *未必他赞成。

③긍정문에서도 쓰이고, 부정문에서 부정 부사와 결합하여 '긍정'을 의미할 수도 있다.

未必赞成。 ⋮ 未必不赞成。(꼭 찬성하지 않는 것은 아니다)

④단독으로 쓸 수 있다.

未必吧。

4) 别 甭'别'와 '甭'

모두 금지를 나타내는 부정사이지만, 의미상의 차이 때문에 서로 바꾸어 쓸 수 없는 경우가 있다.

①'别'는 '不要', '甭'은 '不用'의 합음자이다.

②'甭'은 '不用'과 '不要'의 의미로 쓰인다.

他已经知道，你甭告诉他。

(不用 → 그는 이미 알고 있으니 그에게 알릴 필요는 없어)

好好听着，甭说话。

(不要 → 잘 들어, 말하지 말고)

③ '别'는 '…하지 마라(상대방이 하지 않기를 바람)'라는 의미를 나타내고, '甭'은 '…할 필요 없다(상대방의 행위가 필요하지 않음)'라는 의미를 나타낸다.

*你甭摔着。→ 你别摔着。(넘어질라, 조심해라)

*你甭把钱弄丢了。→ 你别把钱弄丢了。(돈을 잃어버리지 마라)

甭客气，应该的。(사양하실 필요 없으세요. 마땅히 해야 할 일인걸요)

别客气，应该的。(사양하지 마세요. 마땅히 해야 할 일인걸요)

你别说话！(너 말하지 마라)

你甭说话！(너 말할 필요 없다)

5. 장소부사

1) 到处

부사 '都'와 같이 쓰일 수도 있고 '都' 없이 쓰일 수도 있다.

街上到处都是垃圾。(거리 여기저기에 모두 쓰레기이다)

到处找你。(여기저기서 너를 찾아)

2) 处处

① 장소를 나타내는 말로 쓰일 경우 반드시 '都'와 함께 쓰인다.

地上处处都是垃圾。 | *处处找你。

② 장소 외에도 '每个方面'의 의미를 나타내기도 한다.

他处处都为人着想。(그는 매사에 다른 사람을 염두에 둔다)

6. 빈도부사

동작의 빈도를 나타내는 부사로 이 부사들은 한국어로 표현할 경우 '다시' '또' 등의 극히 제한적인 낱말로 번역할 수밖에 없는 경우가 대부분이지만, 중국어에서 이들은 세부적인 의미와 용법 면에서 차이가 있다.

1) 再 又

再	又
미래 사실의 중복을 나타낸다. 따라서 동사 뒤에 了가 올 수 없다.(未然) 再写一遍。(한 번 더 써라 – 미완성) 再坐一会儿。	과거 사실이 첨가됨을 나타낸다.[32] 따라서 동사 뒤에 了가 올 수 있다.(已然) 又写了一遍。(또 한 번 썼다 – 완성) 又坐了一会儿。
과거라 해도 발생하지 않은 일에 쓴다. 他昨天上午来了，下午没有再来。 (그는 어제 오전에는 왔었는데 오후에는 다시 오지 않았다)	과거에 같은 일이 발생했음을 나타낸다. 他昨天没有来，今天又没有来。 (그는 어제 안 왔었고, 오늘도 또 오지 않았다)
미래 사실의 중복을 나타내므로 일어나지 않은 일에 대한 가정문, 동작을 앞으로 할 것을 명령하는 명령문에 사용할 수 있다. 过两天再说吧。 (이틀 후에 다시 얘기하자)	과거의 사실이 첨가됨을 나타내기 때문에 가정문과 명령문에 사용할 수 없다. *过两天又说吧。
조동사 뒤에 위치한다. 你能再帮帮他吗？ (너 그 사람을 좀 도울 수 있니?)	조동사 앞에 위치한다. 他又能说话了。 (그 사람은 다시 말할 수 있게 되었다)
빈도 이외 다른 의미로 쓰인다. •정도의 심화 혹은 감소를 나타낸다. 请你演奏得再慢点儿，好吗? (조금만 더 천천히 연주해주시겠어요?) •양보구문의 앞 절에 쓰여 양보구의 의미를 나타낸다. 困难再大，我们一定要克服。 (설령 어려움이 더 커진다 해도 우리는 반드시 극복할 것이다)	빈도 이외 다른 의미로 쓰이기도 하는데, 주로 어조부사로 쓰인다. •전환문에서 두 문장이 서로 모순된다는 의미를 나타낸다. 我不想跟他说话，但又不好意思离开。 (난 그와 얘기하고 싶지 않은데 일어나려니 또 미안하다) •'又 + 不/没 + 술어, 감탄문/의문문/반어문'의 구조 속에서 불만이나 놀라움을 나타낸다. 我又没叫你，你来干什么? (내가 또 널 부르지도 않았는데 넌 왜 왔니?) •반어문의 형태로 화자의 의견에 근거하여 의심하거나 반박할 필요가 없음을 나타낸다. 着急又有什么用？ (조급해 해봐야 또 무슨 소용이 있어?)

32) '又'는 미래 동작의 중복을 나타내진 않지만, '又要/又该…了' '也许/大概 + 又…了'의 형태로 쓰일 수 있다.
回国的时候儿，又可以看见从前的朋友了。(반복될 상황이 분명할 경우)
明天又是星期四了，他又要来了。(규칙성 있는 필연적인 반복인 경우)

2) 再 还

再	还
말하는 시점 이후의 지속을 강조한다. 你再不说，我就不理你了。 (네가 계속 말을 하지 않는다면 너를 상대하지 않을 거야)	과거로부터 말하는 시점까지의 지속을 강조한다. 你怎么还看哪，都十二点了。 (넌 어떻게 아직까지 보고 있니, 벌써 12시야)
미래 사실의 중복을 나타내지만 어떤 행위를 계속한다는 의미는 없다. *我叫他不要唱，他再唱。	미래 사실에 이어 행위를 계속한다는 의미를 나타낸다. 我叫他不要唱，他还唱。 (내가 그에게 부르지 말라고 했는데 그는 그래도 계속 불렀다)
말할 때 일어난 생각을 나타낸다. 他不在，下午再来找他。 (그가 없다는 사실을 알게 되는 순간 다시 오겠다고 생각함)	말하기 전부터 가지고 있었던 생각을 나타낸다. 那部电影很不错，下次还来看。 (그 영화가 좋다는 사실과 다음에 또 와서 보겠다는 생각을 이미 가지고 있었음)
가정문, 명령문에 사용할 수 있다. 咱们再玩一会儿吧！(우리 조금 더 놀자)	가정문, 명령문에 사용할 수 없다. *咱们还玩一会儿吧！
조동사의 뒤에 위치한다. 你能再喝吗？(너 더 마실 수 있니)	조동사 앞에 위치한다.[33] 还要关心小孩子。 (아이에게도 관심을 가진다)
위의 (1)'再' '又'에서 살펴보았듯 빈도 부사 외 다른 의미를 나타낸다.	빈도 부사 외 다른 의미를 나타낸다. •의지를 나타내기도 한다. 有机会再来北京，我还住你们饭店。 (기회가 있어 다시 북경에 온다면 역시 당신들 호텔에 묵겠습니다) •'그런대로'의 의미가 있다. 还可以，还不错。 (그런대로 괜찮아) •예상 밖임을, 뜻밖임을 표시한다. 这么难的问题，他还真做出来了。 (이렇게 어려운 문제를 그가 정말 해내었구나) •비교문에서 정도부사로 쓰이기도 한다. 他比我跑得还快。 (그는 나보다 빨리 달린다) 妹妹比我还胖。 (여동생은 나보다 뚱뚱하다) 他比我还小两岁。 (그가 나보다 두 살 어리다)

33) '还'와 '再'는 동작 행위의 중복 혹은 지속을 강조하기 위해 함께 쓰일 수도 있다.
我还想再去一次。

3) 还 又

还	又
첨가의 의미를 가지며, 대상에 중점을 둔다. 我给他送了几件衣服, 还送了几百块钱。 (나는 그에게 옷 몇 벌을 보내고 돈도 몇 백원 보냈다 - 단순한 대상의 첨가)	첨가의 의미를 가지며, 행위에 중점을 둔다. 我给他送了几件衣服, 又送了几百块钱。 (나는 그에게 옷 몇 벌을 보내고 또 돈도 몇 백원 보냈다 - 보내는 행위가 두 번임을 강조하여 그에 대한 불만스러운 어조를 가짐)

4) 也 又

也	又
주어나 목적어의 범위가 동일함을 나타낸다. 他姓李, 我也姓李。(목적어 동일) 他会说汉语, 也会说英语。(주어 동일) 공통적 상황이나 특성이 있을 때. 风停了, 雨也住了, 天气转好了。 (바람도 멈추고 비도 멈추고 날씨가 좋아졌어요)	동작의 첨가를 나타낸다. 他昨天来了, 今天又来了。 (그는 어제도 오고 오늘도 또 왔어요)
'也 + 동사 + 也 + 동사' 형식을 취할 수 있으나, '也 + 형용사 + 也 + 형용사' 형식은 취할 수 없다. 你也来了, 他也来了, 可以开始了。 (너도 오고 그도 왔으니 시작할 수 있겠다) *他什么工作都做得也快也好。	'又 + 동사 + 又 + 동사' 형식을 취할 수 있으며, '又 + 형용사 + 又 + 형용사' 형식도 취할 수 있다. 他又会写诗又会写小说。 (그는 시도 쓸 수 있고 소설도 쓸 수 있다) 他什么工作都做得又快又好。 (그는 무슨 일을 하든 빨리도 하고 잘도 한다)

5) 重 重新 再

'重'과 '重新'도 미래 사실의 중복을 나타내지만, 앞서 있었던 행위를 인정하지 않는다는 의미가 내포되어 있으나, '再'는 그런 의미 없이 동작의 반복만을 나타낸다.

这次写得不好, 你重写一次。(이번에 잘 못썼으니 다시 한 번 써보아라)
这次写得不好, 你再写一次。(이번에 잘 못썼으니 나시 한 번 써보아라)
这次写得好, 你再写一次。(이번에 잘 써졌으니 다시 한 번 써보아라)
*这次写得好, 你重写一次。

6) 往往 常常

往往	常常
규칙적인 일, 관련된 조건 및 상황 아래 쓴다. 每次有朋友来看我, 我们往往去那家饭店吃饭。 (친구가 찾아 올 때 마다라는 규칙적 조건)	'往往'의 사용과 같은 제한이 없다. 他常常来我家喝茶, 聊天。 我们常常去那家饭店吃饭。 我们常常在学校的咖啡馆谈话。
对困难估计不足, 往往是失败的开始。 (어려움에 대한 예측이 부족하다는 조건) *我们往往在学校的咖啡馆谈话。 (아무런 조건이나 상황이 나타나지 않음)	*对困难估计不足, 常常是失败的开始。 (어려움에 대한 예측이 부족할 경우라는 조건이 나타나 있으므로 '常常'을 쓸 수 없다)
미래의 일에는 쓰지 않으며 과거의 일, 혹은 일반적인 사실에 쓴다. 事物的长处和短处往往是一起来的。 (사물의 장점과 단점은 늘 같이 한다) *以后往往来我家玩儿吧。	과거의 일이나 일반적인 사실을 포함하여 미래의 일에도 쓴다. 幼年时, 常常听到父亲吹箫。 (어릴 때 늘 아버지가 피리 부시는 걸 들었다) 朋友之间常常双手互握。 (친구 사이엔 늘 두 손을 서로 맞잡는다) 以后常常来我家玩儿吧。 (이후 저희 집에 자주 놀러 오세요)
부정형으로 쓰지 않는다. *那条路不往往发生交通事故	부정 형태는 '不常'이다. 那条路不常发生交通事故。 (그 길에 늘 교통사고가 일어나는 건 아니다)

7) 一再 再三 屡次

①'一再'는 언어 행위를 나타내는 동사 '强调' '邀请' '嘱咐' '请求' '劝告' 등과 쓰인다.

在我的一再追问下, 他终于说出了真相。
(내가 여러 차례 추궁하여 그는 결국 진상을 말하였다)

②'再三'은 '一再'와 마찬가지로 언어 행위를 나타내는 동사 '强调' '邀请' '嘱咐' '请求' '劝告' 등과 쓰이며, 동사 뒤에 위치하여 동량보어처럼 쓰이기도 한다.

老师再三强调, 考试时千万不要着急。
(선생님이 시험 칠 때 절대로 조급해하지 말라고 여러 번 강조하셨다)
我考虑再三, 决定考医学院。
(나는 여러 번 고려하여 의학대학에 시험 치기로 결정하였다)

③'屡次'는 행위 동사 '打破' '失败' 등과 쓰인다.

为什么我们的实验屡次失败了?
(왜 우리의 실험은 여러 차례나 실패했을까?)

7. '就'와 '才'

부사 '就'와 '才'는 시간, 수량, 범위, 어조 등의 여러 가지 의미로 다양하게 쓰이는 부사로서 그 용법이 매우 복잡하므로 여기서 따로 설명한다.

①시간이나 양을 나타내는 말이 '就'와 '才' 앞에 위치하는 문장의 경우

就	才
동작 발생의 시간이 이르다. 天不亮他就出去了。 (날이 밝지도 않았는데 그는 바로 나갔다)	동작 발생의 시간이 늦다. 大家出去以后，他才起床。 (모두 나간 이후에야 그는 일어났다)
소요되는 시간이 짧다. 我等了一会儿他就来了。 (잠깐 기다렸는데 그가 바로 왔다)	소요되는 시간이 길다. 我等了半天他才来。 (한참이나 기다려서야 그가 겨우 왔다)
나이가 적다. 他十二岁就离开了家乡。 (그는 12살 때 바로 고향을 떠났다)	나이가 많다. 她三十多岁才结婚。 (그녀는 30살 남짓해서야 겨우 결혼했다)
수량이 많다.[34] 他一个星期就上了十五节课。 (그는 일주일에 15시간이나 수업을 한다)	수량이 적다. 王老师一周才上两节课。 (왕선생님은 일주일에 겨우 2시간 수업한다)
이미 발생한 동작이나 상황에는 문미에 '了'를 쓴다. 大家等了一会儿，他就来了。 (모두 잠시 기다렸는데 그가 바로 왔다)	이미 발생한 동작이나 상황에도 문미에 '了'를 쓰지 않는다. 大家等了半天，他才来。 (모두가 반나절이나 기다려서야 그가 왔다) *这个姑娘今年才二十岁了 *他抽烟才三年了，没想到牙全黄了
두 동작 사이의 시간적 간극이 짧다. 我一说，他就明白了。 (내가 말하자마자 그가 이해했다)	두 동작 사이의 시간적 간극이 길다. 我说了半天，他才明白。 (내가 한참동안이나 말하니 그가 그제서야 알아들었다)
그러나 시간을 나타내는 말이 就 뒤에 오면 동작 발생의 시간이 늦음을 강조. 他下班回家，就九点多了。 (퇴근하고 집에 돌아오면 9시도 더 된다 – 이때 문미에 '了'가 온다)	그러나 시간을 나타내는 말이 才 뒤에 오면 동작 발생의 시간이 이르다는 것을 강조. 他下班回家，才下午三点。 (퇴근하고 집에 돌아오면 겨우 오후 3시이다 – 이때 문미에 '了'가 오지 않는다)
예외적으로 시간이나 양을 나타내는 말이 '就'와 '才' 뒤에 와서 동작 진행 시간이나 소요 시간의 양이 짧다는 것을 강조할 경우 '就'와 '才' 모두 쓸 수 있다. 做这条裤子，他就花了两天。(이 바지를 만드는데 그는 겨우 이틀이 걸렸다) 做这条裤子，他才花了两天。(이 바지를 만드는데 그는 겨우 이틀이 걸렸다)	

34) 그러나 반의적으로 '就'를 강하게 읽으면 수량이 적음을 표시하기도 한다.
上海我就去过一次。

②강한 어조를 표시하기도 한다.

我就不吃。(안 먹어)

我才不相信你的话。(나는 네 말을 믿지 않아)

③'就'는 뒤에 나오는 체언의 범위를 제한하는 범위부사로도 쓰인다.

我们班就他学过一点儿汉语。

(他를 제한 – 우리 반에서 그 사람만 중국어를 조금 공부했다)

这件事就你和我知道，不要告诉别人。

(你和我를 제한 – 이 일은 너와 나만 알고 다른 사람에겐 말하지 마)

我就要你买的那本书。

(你买的那本书를 제한 – 네가 산 바로 그 책을 원해)

8. 어조부사

1) 可

①사실임을 강조하며 '정말'이라는 의미로 쓰인다.

这个人我可不认识。(이 사람은 내가 정말 모른다)

②정도가 높음을 강조하며 '참으로'라는 의미로 쓰인다.

这个孩子可能干了！(이 아이는 정말 잘하는구나!)

③바라던 일이 발생했음을 강조하며 '드디어'라는 의미로 쓰인다.

他可回来了！(그가 드디어 돌아왔다!)

④반드시 그러해야 함을 강조하며 '꼭' '반드시'라는 의미로 쓰인다.

你可要注意身体呀！(너 꼭 건강 조심해야 해!)

⑤반문의 어조를 강조한다.

你这样看着我，我可怎么开口呢！

(네가 그렇게 나를 보면 내가 오히려 어떻게 입을 열겠는가!)

2) 倒

①결과가 예측이나 사실과 반대됨을 나타내며 '오히려'라는 의미로 쓰인다.

弟弟倒比哥哥懂事。(남동생은 오히려 형에 비해 철들었다)

②전환관계를 나타낸다.

房子不大，摆设倒很讲究。

(방이 크지는 않지만 실내 장식은 오히려 아주 잘 되었다)

③ 양보를 표시하여 '비록 …할지라도'라는 의미로 쓰인다.

东西倒挺好，就是贵。(물건이 비록 좋긴 하지만 좀 비싸다)

④ 어조의 완화를 표시한다.

他倒不是故意的。(그는 고의가 아니었어)

⑤ 재촉, 추궁을 표시한다.

你倒去不去呀？(너 대체 가니 안 가니?)

第九章

전치사[介词]

중국어의 전치사는 명사, 대명사, 동사 등의 낱말 앞에 부가되어 시간, 장소, 방향, 원인, 방식, 대상 등을 표시한다. 이들은 일반적으로 단독으로 쓰이지 못하며, 명사, 대명사 등과 함께 전치사구를 형성하여 문장 속에서 쓰인다. 중국어의 이러한 전치사는 영어의 전치사와 반드시 일치하지는 않는다.

전치사(**前置詞**)[preposition]란 '앞에 두는 낱말'이란 뜻이다. 영어에서는 'at' 'in' 'on' 'to' 'from' 'by' 등의 전치사는 'I go to school'에서와 같이 동사 뒤에서 동사가 행해지는 '장소' '시간' '목적지' '기점' '방법' 따위를 나타내는 낱말들을 연결시켜주는 작용을 한다. 전치사를 사용한 이러한 영어 문장을 중국어로 옮겨 두 언어의 전치사를 비교해보자. 'I go to school'을 중국어로 말하면 '**我到学校去**'가 될 것이다. 영어는 '동사 + 전치사구(전치사 + 명사)'의 순서로 쓰이지만 중국어는 '전치사구(전치사 + 명사) + 동사'의 순서로 쓰인다. 다시 말해 영어는 동사 뒤에 쓰이는 전치사구가 중국어에서는 동사 앞에서 동사를 수식하고 있다.

사실 중국어에는 영어의 전치사와 꼭 부합되는 낱말이 없다. 왜냐하면 영어의 전치사는 철저하게 전치사로만 쓰이지만 중국어의 전치사는 원래 동사이면서 그것이 목적어를 동반하여 다른 동사를 수식하기 때문이다. 따라서 이런 전치사구가 있는 문장을 연동문이라고 할 수 있다. 예를 들면 '**我在学校念书**'라는 문장에서 제1동사구(동사 + 목적어) '**在学校**'는 제2동사구 '**念书**'를 수식한다. 일반적으로 연동문의 제1 동사구는 제2 동사구의 '장소' '시간' '방법' '수단' '원인' '이유' 등을 나타낸다. 이처럼 제1동사구는 제2동사구의 '시간' '장소' '방향' '원인' '방식' '수단' '대상' 등을 소개하므로 주로 제1동사구로 자주 쓰이는 낱말을 중국인들은 '**介词**'라고 하였으며, 이 또한 동사이기 때문에 이전의 학자들은 부동사(**副動詞**)라고도 하였다. 이후 '**从**' '**由**' '**向**' '**自**' '**往**' '**把**' '**被**' 등과 같은 낱말은 점차 제1동사구에서만 쓰이게 되면서 동사의 일반적인 문법적 특징과는 다른 현상을 보이게 되므로 따로 하나의 품사를 설정하게 된 것이다.

1 전치사의 종류

(1) 장소, 시간을 표시하는 전치사

从 ┆ 自 ┆ 自从 ┆ 由 ┆ 到 ┆ 在 ┆ 于 ┆ 离

(2) 근거를 표시하는 전치사

按 ┆ 凭 ┆ 按照 ┆ 根据 ┆ 随着 ┆ 用 ┆ 经过

(3) 원인, 목적을 표시하는 전치사

因 ┆ 因为 ┆ 为 ┆ 为了

(4) 대상을 표시하는 전치사

对 ┆ 关于 ┆ 同 ┆ 跟 ┆ 把 ┆ 将 ┆ 叫 ┆ 给 ┆ 被

(5) 비교, 배제를 표시하는 전치사

比 ┆ 除 ┆ 除了

(6) 동작자를 표시하는 전치사

把 ┆ 被 ┆ 叫 ┆ 让 ┆ 给 ┆ 由

(7) 방향을 표시하는 전치사

往 ┆ 向 ┆ 朝 ┆ 沿(着) ┆ 顺(着)

2 전치사의 문법적 특징

(1) 전치사는 단독으로 쓰이지 못하고 목적어를 동반해야 한다. 이는 전치사가 의존형태소로 홀로 쓰이지 못하는 속성을 지니고 있기 때문이다. 따라서 전치사는 항상 뒤에 ⊥ 목적어를 동반하여 전치사구의 형태로 쓰인다.

他昨天从北京回来。(그는 어제 북경에서 돌아왔다)

姑娘朝我点了头。(아가씨가 나를 향해 고개를 끄덕였다)

(2) 전치사는 중첩할 수 없으며 동태조사와 결합할 수 없다. 고대중국어에서 전치사는 원래 동사였지만, 오늘날 허사로 바뀌면서 동사로서의 기능을 많이 상실하였다. 따라서 이들이 전치사로 쓰이면 중첩할 수 없으며 동태조사와 결합할 수 없다.[35]

⑶ 전치사의 긍정부정 형태로 정반 의문문을 만들 수 있다.

你跟不跟我去？(너 나와 함께 갈래?)

你今天给没给他打电话？(너 오늘 그에게 전화했니?)

⑷ 전치사구가 있는 문장에서는 부정부사와 조동사의 위치에 주의해야 한다.

① 부정부사나 조동사는 기본적으로 전치사 앞에 위치한다.

我要跟他说话。(나는 그와 얘기하겠다)

→ 我不想跟他说话。(나는 그와 얘기하기 싫다)

他在家里看书。(그는 집에서 책 읽는다)

→ 他不在家里看书。(그는 집에서 책 보지 않는다)

② 부정부사나 조동사가 동사 바로 앞에 있으면 이 부정부사나 조동사의 의미 영역에 앞의 전치사구는 포함되지 않아 완전한 문장이 되지 못한다. 따라서 이 경우 뒤에 다른 절이 와서 부연 설명을 하는 것이 일반적이다.

他在家里不看书。→ 他在家里不看书，看电视。

(부정부사 '不'는 '看'이라는 동사만을 부정하여 '在家里'는 긍정, '看书'는 부정하게 되는 셈이다. 따라서 '집에서 책을 보지는 않지만 다른 것을 한다'는 의미가 되어 청자는 아직 문장이 끝나지 않았다고 여겨 추가 설명을 기대하게 된다. 따라서 '看电视'와 같은 부연 설명을 해야 완전한 문장이 되는 것이다)

③ '离'의 전치사구가 쓰인 문장에서는 뒤의 술어를 부정한다.

车站离这儿不远。(정류장은 여기서 멀지 않다)

④ 전치사구의 부정은 '不'로 하는 것이 원칙이지만, 과거의 행위에 대해서는 '没'로 부정한다.[36]

他没对我说实话。(그는 나에게 사실을 말하지 않았어)

这件事没跟你有关系。(이 일은 너와 관계없다)

⑸ 일부 전치사는 동사와 접속사를 겸하고 있다.

① 전치사로 자주 쓰이는 낱말일지라도 원래는 동사였기 때문에 여전히 동사의 용법으로 쓰이기도 한다.

---

35) '为了', '顺着', '按着' 등과 같은 경우의 '了' '着' 등은 동태조사가 아니고 형태소이다.

36) '这件事没跟你有关系。(跟他有关系。)'는 전치사를 부정한 것으로 '이 일은 너와 관계있는 것이 아니다.(그와 관련되어 있다)'란 뜻이고, '这件事跟你没有关系。'는 '이 일과 너는 서로 관련되어 있지 않다.'라는 뜻이다.

ⓐ'把'가 동사로 쓰인 예

把门(문을 지키다 – 동사)

把舵(배의 키를 잡다 – 동사)

把稳方向盘(핸들을 꽉 잡다 – 동사)

ⓑ'把'가 전치사로 쓰인 예

把行李收拾收拾。(짐을 정리 좀 하렴)

把情况搞清楚。(상황을 똑바로 하자)

ⓒ'跟'이 동사로 쓰인 예

我跟着他学习。

('跟'이 동태조사 '着'와 결합하고 있으므로 '跟'은 동사이다. 따라서 '나는 그를 따라서 공부한다'로 해석할 수 있을 것이다)

ⓓ'跟'이 전치사로도 해석될 수 있고, 접속사로도 해석될 수 있는 예

我跟他学习。

('跟'이 전치사로 쓰였다면 'with'의 의미로 '나는 그에게서 배운다'로 해석할 수 있을 것이며, 접속사로 쓰였다면 'and'의 의미로 '나와 그는 공부한다'로 해석할 수 있을 것이다)

ⓔ전치사와 동사로 쓰인 예

在:他在家。(그는 집에 있다)

他在家休息。(그는 집에서 쉰다)

到:他到北京。(그가 북경에 도착한다)

他到北京去。(그는 북경에 간다)

给:给我书。(내게 책을 줘)

妈妈给我洗衣服。(엄마가 나에게 옷을 빨아준다)

替:我替你。(내가 너 대신할게)

我替你做作业。(내가 너 대신 숙제한다)

当:他当班长。(그가 반장이 되었다)

当黄昏时去。(황혼 때 돌아간다)

② 일부 전치사는 동사뿐만 아니라 접속사로도 쓰이기 때문에 어느 품사로 쓰였는지 잘 파악하여야 한다.

ⓐ'和' '跟' '与' '同' 등은 병렬을 나타내는 접속사로도 쓰인다. '跟'은 주로 전치사 및 동사로 쓰이고, '和'는 주로 접속사로 쓰인다.

我和小明一起去看你。

(나와 샤오밍이 함께 너를 보러 간다 – '和'는 'and'의 의미로 병렬 접속사이므로 '我'와 '小明'은 함께 주어로 쓰였고, 그 순서를 바꾸어도 의미의 변화가 없음)

我和小明商量一下。

(내가 샤오밍과 의논 좀 해야겠다 – '和'는 'with'의 의미로 대상을 나타내는 전치사이다. '我'는 주어이고 전치사 '和'가 '小明'은 '商量'의 대상임을 나타냄. 따라서 이 문장은 '我明天和小明商量一下'와 같이 바꾸어 쓸 수 있음)

我跟小明都会英语。

(나와 샤오밍은 모두 영어를 할 줄 안다 – '跟'은 병렬 접속사이므로 '我'와 '小明'은 자리를 바꾸어도 의미가 변함없음. 또한 접속사 앞에는 다른 수식성분이 올 수 없기 때문에 '我从前跟小明都会英语'과 같이 바꾸어 쓸 수가 없음)

他昨天只跟小明说了这件事。

(그는 어제 샤오밍에게만 이 일을 이야기하였다 – '跟'은 전치사이므로 '他'와 '小明'이 자리를 바꾸면 동작의 주체와 대상이 달라져 문장의 의미가 달라지고, 또한 전치사구 앞에는 다른 수식 성분이 올 수 있기 때문에 '昨天'이라는 시간사와 '只'라는 부사가 삽입될 수 있음. 전치사는 전치사 목적어와 결합하여 문장 속에서 부사어가 될 수 있고 그 자신 또한 다른 말을 수식을 받을 수 있음)

小王跟小明都已经大学毕业了。

(샤오왕과 샤오밍은 모두 이미 대학을 졸업하였다 – 접속사 앞에는 수식어가 올 수 없음)

小王已经跟小明打了电话。

(샤오왕은 이미 샤오밍에게 전화를 걸었다 – 전치사 앞에는 수식어가 올 수 있음)

ⓑ'因为'와 '由于'

因为身体的原因他不能继续工作了。

(뒤에 오는 성분이 명사나 명사구이므로 전치사 – 몸 때문에 그가 계속 일을 할 수 없다)

由于经济问题，他没能毕业。

(뒤에 오는 성분이 명사나 명사구이므로 전치사 – 경제문제로 그는 졸업을 못했다)

因为他长期工作认真，所以才出现了这个结果。

(뒤에 오는 성분이 명사구가 아니며, 동시에 '所以' '因此' 등의 접속사와 호응하므로 접속사 - 그가 오랫동안 열심히 일했기 때문에 이런 결과가 나온 것이다)

3 전치사구의 문법적 기능

(1) 부사어

① 일반적인 경우 동사나 형용사 앞에서 부사어가 된다.

老师跟我谈话。

②'关于' '至于' '从' '自从' '在' '当' '对' '对于' '由于' '为了' 등으로 이루어진 전치사구는 주어 앞에 놓일 수 있다.

关于那些问题，我们已经说好了。
(그 문제들에 관해서 우리는 이미 얘길 끝냈다)

在二十几年的生活里，我们经历了不少困难。
(이십 여 년 간의 생활동안 우리는 적지 않은 어려움을 겪었다)

③수사상의 필요에 의해 일부는 문미에 놓이기도 한다.

我们坚持民主主义道路，为了我们自己，也为了我们的后代。
(우리는 민주주의 길을 계속 걸을 것입니다, 우리 자신을 위해, 또한 우리의 후대를 위해)

⑵ 보어

'到' '在' '往' '向' '自' 등으로 이루어진 전치사구는 보어가 될 수 있다.

书放在桌子上。(책이 책상 위에 놓여져 있다)

他们俩好到什么程度？(그들 둘은 얼마나 좋아하는 거야?)

⑶ 관형어

'对于' '关于' '对' 등의 전치사구는 관형어가 될 수 있다. 이때 관형어와 중심어 사이에는 항상 '的'가 있어야 한다.

对自己的要求 (자기에 대한 요구)

关于这位诗人的研究 (이 시인에 대한 연구)

4 자주 쓰이는 전치사

1. 장소와 시간을 표시하는 전치사

1) 从

①공간상의 기점을 표시한다. 이때는 장소나 방위를 나타내는 낱말이 목적어가 된다. 따라서 장소를 나타내는 말이 아닌 경우는 방위사와 결합시키든지 아니면 '这儿'이나 '那儿'을 붙여 장소를 나타내는 말로 바꾸어야 한다.

他姐姐从美国回来了。(그의 누나가 미국에서 돌아왔다)

从我这儿拿走了。(내가 있는 이곳에서 가져갔다)

② 시간상의 기점을 표시한다. 이때는 시간을 나타내는 말이 목적어가 된다.

她从昨天下午就有点儿不舒服。(그녀는 어제 오후부터 몸이 좀 불편했다)

从明天起，新的日子要开始了。(내일부터 새로운 날이 시작될 것이다)

③ 변화나 발전의 기점을 표시한다.

韩国的工业从无到有，从小到大。
(한국의 공업은 무에서 유로, 소규모에서 대규모로 변했다)

我们应该注意从生活上的小问题到青年失业的问题。
(우리는 생활상의 작은 문제에서부터 청년 실업의 문제까지 주의를 기울여야 한다)

④ 통과하는 장소나 경유하는 노선을 표시한다.

一辆出租汽车从医院门口开过去了。
(택시 한 대가 병원 입구를 통해 지나갔다)

从这条小路走，可以到山顶。
(이 작은 길로 가면 산 정상에 다다를 수 있다)

⑤ 근거를 나타내기도 한다.

从字迹能够看出写字人的性格。
(필적으로 글씨를 쓴 사람의 성격을 알아낼 수 있다)

⑥ '从…到…'의 형식으로 시간, 장소, 인물, 수량 등의 범위를 나타낸다.

从头到脚 (머리에서 발끝까지)

从小孩到大人 (어린 아이에서부터 어른까지)

加油

'从'을 잘못 사용하기 쉬운 경우

㉠ 동작의 주체자 앞에는 '从'을 쓰지 않는다.

*难怪今天她那么高兴，原来从男朋友来信了。
('男朋友'는 '来信'의 행위자이므로 '从'을 붙일 수 없음)

*他的电话十有八九个是从一些姑娘打来的。
('姑娘'은 '打来'의 행위자이므로 '从'을 붙일 수 없음)

㉡ '从'과 '离'는 모두 공간적인 기점을 표시하지만, '从'은 단순히 어떤 동작의 기점을 표시하고, '离'는 두 공간의 거리를 나타낼 때 그 거리의 출발점을 나타낸다.

*我家住在从东京不远的地方。('从'을 '离'로 고쳐야 함)

*从这儿不远的地方是工业区。('从'을 '离'로 고쳐야 함)

2) 由

'从'과 가장 유사한 전치사로 시간, 장소, 사물의 변화의 기점을 표시할 수 있으며 또한 '从'과 다른 용법도 있다.

①시간의 기점을 표시한다.

我由昨天起一直发烧。(난 어제부터 계속 열이 난다)

②장소의 기점 혹은 사물의 기원이나 유래를 표시한다.

脚步声由远而近。(발걸음 소리가 먼데서 점점 가까워진다)

豆腐是由黄豆做的。(두부는 노란 콩으로 만든 것이다)

③변화 발전의 기점을 표시한다.

他的脸由白变红，又由红变白。
(그의 얼굴이 창백했다가 붉어지고, 또 붉다가 창백해진다)

④경로 혹은 경과하는 노선을 표시한다.

由这条小路去比较近。
(이 길로 가면 비교적 가깝다)

请马上由八号登机口上飞机！
(지금 바로 8번 탑승구에서 탑승하시기 바랍니다.)

⑤원인이나 방식을 표시한다.

这件事由小小的琐事引起的。
(이 일은 아주 작고 사소한 일에서 발생한 것이다)

⑥구성성분을 표시한다.

水是由什么成分构成的？(물은 어떤 성분으로 구성된 것인가?)

⑦동작자를 강조한다.

班长由你担任。(반장은 네가 맡도록 해라)

3) 自

①장소나 시간의 기점을 표시한다.

明天自学校出发。
(내일은 학교에서 출발한다)

自去年开始来我们学校的外国学生猛增。
(작년부터 시작해서 우리 학교에 오는 외국 학생들이 갑자기 증가한다)

②동사 뒤에서 장소나 유래 혹은 기원을 표시한다.

他来自上海。(그는 상해에서 왔어요)

4) 自从

시간의 기점을 표시하며, 장소 기점에는 쓸 수 없다. 과거의 시간적 기점만을 나타내고 현재나 미래에는 쓸 수 없다. 뒤에 명사나 명사구뿐 아니라 동사구나 문장도 목적어로 가질 수 있다.

他自从来中国以后，汉语水平提高得很快。
(중국에 온 이후로 – 시간의 기점)

自从五月份以后，爸爸一直住在医院里。
(5월 이후로 – 시간의 기점)

*自从学校到我家不太远。
(장소의 기점)

5) 打

①장소나 시간의 기점을 표시한다.

明天打学校出发。(내일은 학교에서 출발한다)

打明天开始锻炼身体。(내일부터 시작해서 몸을 단련하다)

②통과하는 장소 혹은 노선을 표시한다.

他打我这儿跑过去。(그가 내가 있는 이곳을 지나 뛰어갔다)

6) 在

⑴동작의 장소, 범위, 시간을 나타낼 수 있는데 '上' '下' '中' '里' '内' '前' '后' '外' 등의 방위사와 함께 쓰이기도 한다.

留学生住在四号楼里。
(유학생들은 4호동 건물에 산다 – 장소)

请把自己的名字写在这张纸上。
(자기의 이름을 이 종이 위에 쓰세요 – 장소)

你在假期里忙什么呀！
(넌 방학 때 뭐가 그리 바쁘니? – 시간)

青年人在生活上追求什么？
(청년들은 생활면에서 무엇을 추구합니까? – 방면, 범위)

在老师的教导下，我的汉语水平提高了。
(선생님의 지도 아래 나의 중국어 실력은 향상되었다 – 조건)

⑵'在'를 생략할 수 있는 경우

①장소를 나타내는 말이 문두에 있을 때, 그 장소를 특별히 강조하지 않는다면 생략할 수 있다.

(在)机场上, 那个演员受到了很多人的欢迎。
(공항에서 그 배우는 많은 사람들의 환영을 받았다)

②시간사가 문중에서 부사어 역할을 할 때는 '在'를 써도 되고 안 써도 된다.

她(在)昨天获得了个人全能冠军。
(그녀는 어제 개인종합 우승을 했다)

⑶'在'를 쓰지 않는 경우

①존현문의 문두에 쓰이는 처소사가 방위사이거나 방위사로 이루어진 명사구인 경우 '在'를 쓰지 않는다.

上有天堂, 下有杭州。(위로는 천당이 있고, 아래로는 항주가 있다)

图书馆的南边是操场。(도서관의 남쪽은 운동장이다)

②시간사가 문두에 올 경우 쓰지 않는다.

*在下午三点, 我开始锻炼身体。

⑷'在'가 고정형태로 사용되는 경우

①'在…上' — '…방면'에

一年来, 他在学习上的进步很快。
(일 년 간, 그는 공부면에서의 진보가 아주 빨랐다)

②'在…中' — '…의 범위' 혹은 '…의 상황 속에'

在我所有的朋友中, 他是最了解我的。
(나의 모든 친구들 가운데 그가 나를 가장 잘 이해해준다)

妈妈的病情刚刚稳定, 还在治疗中。
(엄마의 병세는 막 안정되어 아직 치료중이다)

③'在…下' — '…조건 아래서'

在大家的帮助下, 我顺利地办好了一切手续。
(모두의 도움아래, 나는 순조롭게 모든 수속을 밟았다)

④'在…看来' — '…각도에서 볼 때'

在我看来, 咱们所做的一切都是毫无意义的。

(내가 볼 때, 우리가 한 모든 것들은 아무런 의미가 없는 것이다)

⑤'在…以上/以前/以后/以外' — 제한, 한계 등을 표시

我一定在十天以内写完这份调查报告。

(나는 10일 이내에 틀림없이 이 조사 보고서를 끝낼 것이다)

加油

'在'로 이루어진 전치사구의 사용상 주의할 점

㉠중국어의 동사 술어는 하나의 결과보어만 가질 수 있다. 따라서 '在'로 이루어진 전치사구를 결과보어 구문 뒤에 쓸 수 없다.

*我把母亲的话记住在心里。→ 记在心里。

㉡'在'가 전치사구로 쓰인 문장은 부정부사 '不'의 위치에 따라 의미가 달라진다.

他们不在学校学习，他们在家学习。

(학교에서 공부하지 않고 집에서 공부한다 → '不'가 '在学校'를 부정함)

他们在学校不学习，他们在学校踢足球。

(학교에서 공부하지 않고 축구를 한다 → '不'가 '学习'를 부정함)

7) 于

①'于'는 '在'와 그 용법이 가장 비슷한 전치사이긴 하지만 시간 및 장소뿐 아니라 더 많은 의미로 다양하게 쓰이며 주로 서면어에서 볼 수 있다. '于'가 시간이나 대상을 나타낼 때는 술어 앞이나 뒤에 모두 쓰이지만 그 외의 다른 의미로 쓰일 때는 술어 뒤에만 쓰인다.

	<술어 앞에 위치할 때>	<술어 뒤에 위치할 때>
시간:	他于昨日返京。	他生于一九八二年。
대상:	吸烟于身体有害。	经常锻炼身体有益于健康。
장소:	X	这种熊猫产于中国的四川省。
방향, 목표:	X	目前的世界局势趋向于缓和。
기점, 유래:	X	黄河发源于青海省。
비교:	X	今年的粮食产量高于去年。
피동:	X	这场比赛，北京队败于广州队。
원인:	X	王教授死于心脏病。

②'在'로 이루어진 전치사구는 결과보어로 쓰여 동작의 결과가 그 장소에 계속 머물러 있음을 표시하지만, '于'로 이루어진 전치사구는 결과보어로 쓰여 다만 동작의 발생장소만을 표시한다.

*你住于几号楼? → 你住在几号楼?

*请把花儿放于窗台上。→ 请把花儿放在窗台上。
(동작의 결과 그 장소에 계속 머물러 있으므로 '在' 전치사구로 표현해야 한다)

*他毕业在北京大学。→ 他毕业于北京大学。
(동작의 결과 그 장소에 더 이상 머물러 있지 않으므로 '于' 전치사구로 표현해야 한다)

2. 근거를 표시하는 전치사

1) 按 按照

按	按照
일음절 이음절 낱말 모두 목적어로 가짐 按质评论价。(품질에 따라 평가하다) 按成绩分班。(성적에 따라 분반한다)	이음절 낱말을 목적어로 가짐 按照成绩分班。
이음절 낱말과 결합할 때 '按着'의 형태로 쓸 수 있다. 按着成绩分班。(성적에 따라 분반한다)	이음절 낱말과 결합할 때 '按照着'의 형태로 쓸 수 없다. *按照着成绩分班

2) 据 根据

据	根据
일음절 낱말을 목적어로 가진다. 据说这样做国外是允许的。 (이렇게 하면 외국에서 허가한다고들 한다)	일음절 낱말을 목적어로 가질 수 없다. *根据说这样做国外是允许的
동작성 명사와 결합할 수 있으나 일반명사와는 결합하지 못한다. 据初步统计 (초보적 통계에 따르면) *据我国有关法律规定	동작성 명사와 결합할 수 있으며 일반명사와도 결합한다. 根据初步统计 根据我国有关法律规定 (우리나라의 관련 법률의 규정에 따르면)

3) 按照 根据

①조건, 기준이 목적어가 될 때는 '按照'를 쓴다.

按照我的做法，肯定不会错。(내 방법대로 하면 절대로 틀리지 않을 것이다)

②행위의 의미를 가진 낱말이나 모종의 행위 후에 얻은 결론을 가진 낱말이 목적어일 때 '根据'를 쓴다.

根据这次调查，受灾地区的居民大部分对政府的救灾政策不满意。

(조사의 결과를 근거로 삼으므로 - 이번 조사에 따르면 재해지역 주민들 대부분은 정부의 구재 정책에 대해 불만을 가진다)

根据研究结果，他已经准备了很多种药材。

(연구의 결과를 근거로 삼으므로 - 연구결과에 따라 그는 이미 여러 종류의 약재를 준비하였다)

③ 일반적으로 규정, 법률, 경험 등의 의미를 가진 낱말이 목적어일 때는 '按照' '根据'를 모두 쓸 수 있다.

按照(/根据)规定，不能带手机进入考场。

(규정에 따르면 휴대폰을 소지하고 고사장에 들어갈 수 없다)

3. 원인, 목적을 표시하는 전치사

1) 因 因为 由于37)

①'因'은 원인이나 근거를 나타낸다.

·근거

因材施教(사람에 따라 서로 다르게 교육하다)

因人而异(사람에 따라 다르다)

·원인

因雨改期(비 때문에 날짜를 바꾸다)

因故缺席(사고로 결석하다)

②'因为'는 원인이 되는 사람이나 사물을 표시하고, '由于'는 모종의 동작이 유발되는 이유를 나타낸다.

因为这个问题，我们立了功。

('立功'의 원인이 这个问题 - 이 문제로 우리는 공을 세웠다)

由于技术问题，没有按时开工。

('没有按时开工'이 유발되는 이유가 技术问题 - 기술문제로 제때에 조업을 시작하지 못했다)

2) 为 为了

①동작의 목적을 나타내는 전치사로 '为了'가 더 자주 쓰인다. '为' 뒤에는 '而'이나 '起见'이 호응하는 경우가 많다.

为了保障人们的生命，他已下令停止轰炸。

---

37) 이 낱말들은 접속사로도 쓰이므로 접속사에서 다시 설명한다.

为安全起见，他们在大风雪的时候还是尽量不出门或少出门。

②'为'는 서비스의 대상을 나타낼 수 있지만 '为了'는 서비스 대상을 나타내지 못한다.

这一切都是为你做的。(이 모든 것이 다 너를 위해서 한 것이다)

③'为' '为了' 모두 원인을 나타낼 수 있지만 '为'가 더 자주 쓰인다.

大家都为这件事非常生气。
(모두들 이 일 때문에 화가 많이 나 있다)

不要为我担心，我一个人过得很好。
(나 때문에 걱정하지 마세요, 저 혼자서도 잘 지내요)

4. 대상을 표시하는 전치사

1) 对 对于 关于

(1)'对'와 '对于'

对	对于
사람이나 사물을 나타내는 낱말을 목적어로 가질 수 있다. 吸烟对人的健康很有害。 (흡연은 사람들에 건강에 아주 유해하다) 他对人很热情。 (그는 사람들에게 아주 친절하다) 他对我很好。 (그는 나한테 아주 잘 한다)	사물을 나타내는 낱말만 목적어로 가질 수 있으며, 사람을 나타내는 낱말은 목적어로 가질 수 없다. 吸烟对于人的健康很有害。 *他对于人很热情。 *他对于我很好。 사람을 나타내는 말일지라도 목적어가 복잡하고 문장의 앞에 올 때는 쓸 수 있다. 对于不遵守公共道德的人，我们绝对不客气。(공중도덕을 지키는 않는 사람에게 우리는 절대로 예의 갖추지 않는다)
동작의 방향을 지시할 수 있으며 '向' '朝'로 바꾸어 쓸 수 있다. 对病人说(환자에게 말하다) 对我笑(나를 향해 웃다)	동작의 방향을 지시할 수 없다. *对于病人说
조동사나 부사의 앞과 뒤 모두 위치할 수 있다. 家里对这件事会有什么看法。 (집에서 이 일에 대해 무슨 생각이 있을 거야) 你应该对这件事负责。 (넌 이 일에 대해 마땅히 책임을 져야 해) 他们都对中国文化很感兴趣。 (그들은 모두 중국 문화에 아주 흥미있어 한다)	조동사나 부사 앞에만 위치할 수 있다. 家里对这件事会有什么看法。

<table>
<tr><th>对于</th><th>关于</th></tr>
<tr><td>주로 대상을 말한다.
对于文化遗产，我们应该保护。
(문화 유산에 대해 우리는 응당 보호해야 한다)</td><td>관련 범위나 내용을 말한다.
现在我们学习关于现代中国的情况。
(지금 우린 현대중국의 상황에 관해 공부한다)</td></tr>
<tr><td>부사어로 쓰일 경우 주어의 앞과 뒤에 모두 올 수 있다.
对于他的情况，我了解一些。
我对于他的情况了解一些。
(그의 상황에 대해 나는 조금 이해한다)</td><td>부사어로 쓰일 경우 문두에만 위치할 수 있다.
*我们关于工作安排下次讨论。
→关于工作安排，我们下次讨论。
(작업 스케줄에 관해 다음에 토론합시다)</td></tr>
<tr><td>사람을 지칭하는 낱말일 때는 일반적으로 '对'를 쓰지만, 그 목적어가 복잡하고 문장의 앞에 올 때는 '对于'도 쓸 수 있다.
对于中国人，春节是很重要的。
(중국인들에게 설날은 아주 중요하다)</td><td>사람을 지칭하는 낱말을 목적어로 가질 수 없다.
*关于中国人，春节是很重要的。</td></tr>
<tr><td colspan="2">모두 명사 앞에서 관형어로 쓰일 수 있다.
感觉到对于生活和大自然的热情。(생활과 대자연에 대한 열정을 느끼다)
我买了关于中国古代历史方面的书。(중국고대 역사 방면의 책을 샀다)</td></tr>
<tr><td colspan="2">아래의 경우 이 둘은 서로 바꾸어 쓸 수 있다.
문두에 위치하며, 동사가 '(加以/进行)+(研究/讨论/商量/考虑/答复/决定/安排/计划/制定/采取)'인 경우
对于(/关于)大家提出的问题，我们正在进行研究。
(모두가 제안한 문제에 대해 지금 연구 중이다)
문두에 위치하여 주관적인 의견이나 평가의 대상을 지시할 경우
对于(/关于)这个问题，我们有以下几点意见。
(이 문제에 대해 아래 몇 가지 의견을 가진다)
对于(/关于)这个规划，大家都赞成。
(이 계획에 대해 모두 찬성합니다)</td></tr>
</table>

⑵'对于'와 '关于'

2) 给

⑴'给'의 의미 및 용법

①'付' '交' '借' '租' '换' '还' '分' '卖' '寄' '传发' '带' 등과 같은 지불, 전달 등의 의미를 가진 동사의 동작 대상을 나타낸다. 이 경우 '给 + 목적어'는 동사 뒤의 보어로 쓰일 수 있다.

他给房东交了房费。(그는 집주인에게 방세를 냈다)
我给你带来了几份礼物。(너를 위해 선물 몇 개를 가져왔어)
房费他交给房东了。(방세는 그가 집주인에게 냈다)

② 행위나 동작의 봉사 대상을 나타낸다. 문장의 주어가 동작 주체가 되고 '给'의 목적어는 동작의 대상이 되며, 그 의미는 '为' '替'와 같다. 이 경우 '给＋목적어'는 동사 뒤의 보어로 쓰일 수 없다.

他给我们当翻译。
(그가 우리들에게 통역관이 되어 주었다)
父亲给他女儿做了很漂亮的衣服。
(아버지가 딸을 위해 예쁜 옷을 만들어 주었다)

加油

'给＋목적어'의 위치

㉠ '给 ＋ 목적어'의 위치에 따라 의미가 달라질 수가 있다. 동사 앞에 부사어로 쓰인 경우에는 행위나 동작의 봉사 대상을 나타내지만, 동사 뒤에 보어로 쓰인 경우는 '给'의 목적어는 지불이나 전달의 대상을 나타내게 된다.
我给他借了两本书。
(그를 대신해서 책을 두 권 빌려주었다 － '给'는 봉사의 대상을 나타냄)
我的两本书借给他了。
(나의 책 두 권을 그에게 빌려주었다 － '给'는 전달의 대상을 나타냄)
我给朋友寄一封信。
(나는 친구를 위해 편지 한 통을 부쳐주었다 － '给'는 봉사의 대상을 나타냄. 이 경우 '给'는 '为'로 바꾸어 쓸 수 있으며, 보어로 쓰일 수 없음)
(나는 친구에게 편지 한 통을 보냈다 － '给'는 사물의 접수자를 나타냄. 이 경우 '给' 전치사구는 보어로 쓰일 수 있으므로 '我寄了一封信给朋友'로 바꾸어 쓸 수 있음)

㉡ '给 ＋ 목적어'가 보어로 쓰이면 동사의 행위로 얻어진 어떤 물건이 직접 '给'의 목적어 수중으로 전달된다는 뜻이다. 따라서 동작의 결과로 얻어진 물건이 '给'의 목적어로 직접 전달 될 수 없을 경우에는 '给 ＋ 목적어'를 보어로 쓸 수 없다.
*妈妈买给我生日礼物。→ 妈妈给我买生日礼物。
('买'의 결과로 얻어진 물건은 직접적으로 동작 주체자인 '妈妈'의 것이 되므로 '给我'를 보어로 쓸 수 없다. 이때 '…에게 사 주다'라는 의미를 표현하기 위해서는 행위나 동작의 봉사 대상을 나타내는 '给'를 써서 '妈妈给我买生日礼物'라고 표현해야 한다)

③ 행위의 대상을 나타낸다. 이때 '给'를 '朝' '向' '对'로 바꾸어 쓸 수 있다.

孩子们给老师敬礼。(아이들이 선생님께 경례한다)
校长给全体学生讲话。(교장선생님이 전체 학생들에게 강연을 하신다)

④ 행위나 동작의 주체를 나타낸다. 이때 '给'를 '被'로 바꾸어 쓸 수 있다.

那本书给人借走了。(그 책은 다른 사람이 빌려갔다)

小树给大风刮倒了。(작은 나무가 큰 바람에 넘어졌다)

⑤ 손해나 손실을 입는 대상을 나타낼 수 있다.

电影票他给你弄丢了。
(영화표는 그가 잃어버렸다(-그래서 네가 손해를 보았다))

⑥ 명령문에서 '给+我'의 형식으로 강요나 명령을 나타내기도 한다.

先给我到这边来。(먼저 이쪽으로 와라)

(2) 대상을 나타내는 다른 전치사와의 비교

① '为'와 '替'는 심리동사의 대상을 나타낼 수 있지만, '给'는 그러하지 않다.

*大家都给他着急。→ 大家都为他着急。(모두들 그 사람 때문에 조급하다)
同学们都在替他难过。(동학들이 모두 그 사람 때문에 마음 아파한다)

② '为'와 '替'로 대상을 나타낼 수 있는 심리동사는 비교적 제한적이며 주로 아래 동사들이 해당된다. 그러나 '给'는 심리동사의 대상을 나타내지 못한다.

难过 | 担心 | 惋惜 | 着急 | 操心 | 着想 | 难为情

③ '为'는 원인이나 목적을 나타내기도 한다. 그러나 '给'는 그러하지 않다.

我们为学汉语来到中国。(우리는 중국어를 공부하기 위해 중국에 왔다)

④ '为'는 손해를 입히는 대상을 나타내지 못하지만 '给'는 그럴 수 있다.

*我不想为别人添麻烦。→ 我不想给别人添麻烦。
(나는 다른 사람에게 폐 끼치고 싶지 않아)

⑤ '跟'과 '对'는 언어전달 동사의 대상이 될 수 있으나 '给'는 그렇지 못하다.

*他给爸爸敢说假话。→ 他敢跟(/对)爸爸说假话。
(그가 감히 아버지께 거짓말을 한다)

3) 跟

① 상호 작용에 의해 일어나는 동작의 대상을 가리킨다.

他老跟我商量。(그는 늘 나와 의논 한다 – 그와 내가 같이 하는 동작)
*他跟我很热情。(그는 늘 나에게 친절하다 – 그가 나를 향해 하는 동작)

② 따라서 '跟'으로 그 대상을 표현할 수 있는 동사들은 쌍방 간의 행위를 표현하는 동사가 대부분이다.

握手 | 见面 | 结婚 | 合作 | 商量 | 共事 | 讨论 | 打交道 | 闹矛盾

4) 把 将

전치사 '把'로 구성되는 전치사구가 부사어가 되어 동사를 수식하는 구조를 가진 문장을 '把'구문[把字句]이라고 하며, 서면어에서는 '将'을 쓰기도 한다. '把'구문은 중국어 특유의 매우 독특한 구문 형식으로 문법적 특징이 매우 다양하다. 이에 대해서는 第五编 특수구문의 종류와 문법, 第一章 '把'구문['把'字句]참고.

5) 被 叫 让 给

중국어의 피동문[被动句]는 주로 전치사 '被'로 이루어진 전치사구가 부사어가 된 문장 형태로 표현하는데 이런 문장을 '被'구문['被'字句]이라고 한다.

이런 문장의 주어는 술어동사의 대상, 동작의 장소 혹은 동작의 범위 등이며 '被'의 목적어가 동작의 주체자이다. 중국어의 피동은 '被'뿐만 아니라 '叫' '让 '给' 등으로도 나타낼 수 있는데 이러한 피동문은 복잡한 문법적 현상을 보이는 특수한 구문이다. 이에 대해서는 第五编 특수구문의 종류와 문법, 第二章 '被'구문['被'字句]참고.

5. 방향을 표시하는 전치사

'朝' '往' '向'은 모두 동작의 방향이나 대상을 지시하지만, 그 용법에는 약간의 차이가 있다.

1) 방향을 지시할 때

⑴동사 앞에서 방향을 지시할 경우

请朝前看。
(앞쪽을 보세요)
一下课, 孩子们都向操场跑去。
(수업을 마치자마자 아이들이 모두 운동장으로 달려간나)
汽车往我们这儿开过来了。
(자동차가 우리 쪽으로 달려왔다)

① 동사가 이동을 나타낼 때 사람을 가리키는 명사 혹은 대명사를 '往'의 목적어로 쓸 수 없다.

他朝(/向)我走来。(그가 나를 향해 걸어온다) : *他往我走来。

② 동사가 상태의 지속을 나타내는 '着'와 결합되어 있다면 '往'은 사용할 수 없다.

*汽车头往东停着。→ 汽车头朝东停着。
(자동차 앞머리가 동쪽을 향해 멈춰있다)
孩子们都面向黑板坐着不动。
(아이들이 모두 칠판을 향해 앉아 움직이지 않는다)

③ '朝'와 '向'은 '향하다'는 의미의 동사로도 쓰일 수 있기 때문에 조사 '着'와 결합할 수 있으나 '往'은 전치사로만 쓰이기 때문에 조사 '着'와 결합할 수 없다.

飞机朝(/向)着东南方向飞去。(비행기가 동남쪽을 향해 날아간다)

⑵ 동사 뒤에서 방향을 지시할 경우

① '向'과 '往'은 동사 뒤에서 방향을 지시할 수 있지만 '朝'는 그러하지 못하다. 이때 '向'이나 '往'과 어울려 쓰이는 동사는 거의 관용적으로 고정되어 있는 일음절 동사이다.

他把头转向了我。
(그가 머리를 나를 향해 돌린다)
寄往国外的信不能用这种信封。
(국외로 보내는 편지는 이런 종류의 봉투를 사용할 수 없다)

ⓐ 向과 결합하는 동사

开 ⋮ 流 ⋮ 投 ⋮ 转 ⋮ 冲 ⋮ 走 ⋮ 跑 ⋮ 挪 ⋮ 奔 ⋮ 驶 ⋮ 指 ⋮ 射 ⋮ 飞 ⋮ 扑
推 ⋮ 滚 ⋮ 划 ⋮ 引 ⋮ 面 ⋮ 杀 ⋮ 迈 ⋮ 跨

ⓑ 往과 결합하는 동사

开 ⋮ 送 ⋮ 寄 ⋮ 运 ⋮ 飞 ⋮ 派 ⋮ 通 ⋮ 迁 ⋮ 赶

② 동사 뒤에서 방향을 지시할 때 '向'은 구체적인 방향뿐만 아니라 추상적인 의미를 가진 낱말도 목적어로 가질 수가 있으나 '往'은 구체적인 방향만 나타낼 수 있다.

奔向美好的明天。(아름다운 내일을 향해 달린다)

2) 대상을 지시할 때

'朝'와 '向'은 동작의 대상을 지시할 수 있지만, '往'은 그러하지 못하다.

①'摇头' '摆手' '挥手' '鞠躬' '使眼色' 등과 같이 신체의 동작과 관련 있으면서 구체적인 동작동사인 경우 '朝'와 '向' 모두 사용할 수 있다.

小王朝(/向我)点点头，表示同意。
(샤오왕은 나를 향해 고개를 끄덕이며 동의를 표했다)

②동사가 신체의 동작과 관련이 없거나 추상적인 내용을 말하는 경우에는 '朝'는 쓸 수 없고 '向'만 사용할 수 있다.

我要向你道歉。(당신에게 사과를 하겠습니다)
我又向银行借了一些钱。(나는 또 은행에서 돈을 좀 빌렸다)

③대상을 지시할 경우 '朝'만 뒤에 '着'와 결합할 수 있으며, 이 경우에도 동사는 모두 신체의 동작과 관련된 구체적인 동작 동사여야 한다.

大家朝着我笑。(모두가 나를 향해 웃는다)

第十章

접속사[连词]

접속사(接續詞) [conjunction]란 낱말, 구, 절, 문장 등의 문법 단위가 서로 모종의 논리 관계에 놓이도록 연결시켜 주는 작용을 하는 낱말이다. 따라서 접속사의 속성을 알아야 연결된 성분의 상호 관계에 따라 올바른 의미와 구조로 연결시킬 수 있다.

중국어의 접속사는 문법성분을 서로 연결시키는 작용을 한다는 의미에서 이를 '连词'라고 부른다. 영어의 경우 접속사와 전치사는 낱말 자체가 서로 다르기 때문에 상호 혼란을 일으키는 경우는 드물다. 예를 들어 '~와'의 의미를 지닌 낱말로, 영어에서 'and'는 접속사이고 'with'는 전치사이다. 그러나 중국어의 경우 이에 해당하는 '跟'이 접속사와 전치사로 쓰일 수 있을 뿐 아니라 동사로도 쓰이는 것처럼 전치사와 접속사의 한계가 분명하지 않은 경우가 허다하다. 이런 점에 유의하여 접속사에 대해 공부하여야 할 것이며, 접속사가 어떤 논리로 두 성분을 연결하는 지에 대해서도 주의해야 할 필요가 있다. 자칫 연결 논리를 소홀히 하여 문장의 올바른 의미를 파악하지 못하는 경우가 있기 때문이다.

접속사 사용에 있어 한 가지 더 주의해야 할 점은 구어체의 경우 접속사가 생략되는 예도 많다는 것이다. 청자나 화자가 공통적으로 상황을 인식하고 있거나, 일반적으로 오해의 여지가 없는 상황이라면 접속사가 생략된 채 실현되기도 한다. 예를 들어 '你去, 我也去'와 같은 문장은 접속사가 드러나지 않아도 가정이나 원인의 논리 관계를 나타낸다고 추정할 수 있으며 구체적 발화 상황이 나타난다면 가정이나 원인 중 어떤 논리 관계로 연결되는 지 쉽게 알 수 있기 때문이다. 이렇게 접속사가 생략된 중국어는 정확한 접속 관계를 파악하여 번역하여야 한다.

1 접속사의 종류

접속사는 해당 접속사가 연결하는 성분과 성분 간의 논리적 관계에 따라 다음과 같이 분류할 수 있다.

1) 연결 성분에 따른 분류

(1) 낱말이나 구를 연결하는 접속사

和 | 同 | 跟 | 与 | 及 | 或 | 而 | 而且 | 并 | 并且

讨论并研究 (토론하고 연구하다)

应该而且能够学会 (마땅히 그리고 충분히 배울 수 있다)

(2) 절이나 문장을 연결하는 접속사

不但 | 虽然 | 因为 | 所以 | 既然 | 如果

不但我知道, 而且他也知道。(나만 아는 것이 아니라 그도 안다)

如果没有水, 人就不能活。(만일 물이 없다면 인간은 살 수 없다)

(3) 낱말, 구, 절, 문장을 모두 연결할 수 있는 접속사

并 | 并且 | 而 | 而且 | 或者 | 还是

太平洋上层的海水温度便迅速上升, 并且向东回流。
(태평양 상층의 해수온도가 급속히 상승하고 또한 동쪽으로 되돌아 흐른다)

2) 논리 관계에 따른 분류

(1) 병렬 관계

和 | 同 | 跟 | 与 | 及 | 并 | 而

(2) 연섭 관계

于是 | 接着 | 然后 | 那么

(3) 점층 관계

不但 | 不仅 | 不只 | 并且 | 而且 | 进而 | 况且

(4) 선택 관계

或 | 或者 | 不是…而是…[38] | 是…还是… | 要么…要么… | 与其…不如…

38) '不是…而是…'는 통사적으로 볼 때 병렬 관계를 나타내지만, 의미적으로 보면 점층이

(5) 전환 관계

虽然 ; 但是 ; 可是 ; 不过 ; 尽管 ; 即使[39]

(6) 인과 관계

因为 ; 由于 ; 所以 ; 因此

(7) 가설 관계

如果 ; 要是 ; 假如 ; 万一 ; 即使

(8) 조건 관계

只要 ; 只有

(9) 목적 관계

以

2 접속사의 문법적 특징

(1) 단독으로 문장성분이 될 수 없으며 다른 성분의 수식을 받을 수 없고 또한 다른 성분을 수식할 수도 없다.

*如果 ; *太但是 ; *何况的事情

(2) 낱말 구, 문장을 연결하여 그들 간의 논리관계를 표시한다.

我跟我朋友
(나와 내 친구 – 병렬 관계)

你们不但要耕种, 还要给我做饭呢!
(너희들은 밭을 경작할 뿐 아니라 내게 밥도 해주어야 한다 – 점층 관계)

尽管这样的幸运机会不是太多, 但是值得一试。
(이런 행운의 기회가 비록 아주 많은 것은 아니지만 한 번 시도해볼 가치는 있다 – 전환 관계)

(3) 어떤 접속사는 하나만 단독으로 사용되고 어떤 접속사는 앞뒤의 두 개가 어울려 사용되기도 하며 어떤 접속사는 부사와 어울려 사용되기도 한다.

나 전환의 의미가 부가된 선택 관계를 나타낸다고 할 수 있다. 중국의 학교 문법에서는 이를 병렬 관계로 규정하고 있지만, 전환관계 혹은 선택 관계로 볼 수도 있다.

39) '尽管' '即使' 등은 양보를 나타내는 전환 관계의 접속사이므로 이들을 양보 관계라고 따로 분류하기도 한다.

①하나의 접속사가 단독으로 사용되는 것

和 ¦ 然后 ¦ 否则

②두 개의 접속사가 문장의 앞뒤 절에서 서로 호응하며 사용되는 것

不但~并且 ¦ 与其~不如 ¦ 因为~所以

③하나의 접속사와 하나의 부사가 어울려 쓰이는 것

只要~就 ¦ 只有~才 ¦ 如果~就

(4)접속사 및 관련 부사의 위치

①주어 앞에서만 쓰이는 관련사

不然 ¦ 要不 ¦ 否则 ¦ 所以 ¦ 以至 ¦ 但是 ¦ 可是 ¦ 不过 ¦ 然而 ¦ 并且
而且 ¦ 何况

及时地研究新情况和解决新问题，否则我们就不可能顺利前进。
(제때 새로운 상황을 연구하고 새로운 문제를 해결해야지 그렇지 않으면 우리 모두 순조롭게 전진할 수 없다)

②주어 뒤에서만 쓰이는 관련사 — 이들은 모두가 부사이므로 주어 앞에 올 수 없다.

既 ¦ 虽 ¦ 宁可 ¦ 尚且 ¦ 就 ¦ 才 ¦ 也 ¦ 还 ¦ 却

有的学校虽有自编教材，但与实际有距离。
(어떤 학교는 스스로 만든 교재를 쓰긴 하지만 실제 상황과 거리가 좀 있다)

③주어 앞과 뒤에 모두 쓰이는 관련사

即使 ¦ 就是 ¦ 如果 ¦ 要是 ¦ 假如 ¦ 假使 ¦ 虽然 ¦ 尽管 ¦ 因为 ¦ 由于
既然 ¦ 只要

如果大事成功，您就能名扬后世啦！
(만일 대사가 성공한다면 당신은 후세에 이름을 날릴 수 있어요!)

少年儿童如果过多饮用，对健康不利。
(만일 아동이 과다하게 음용할 경우 건강에 해롭다)

④첫 번째 절의 접속사는 두 문장의 주어가 같을 경우 대부분 주어 뒤에 위치하며, 주어가 다른 경우 주어 앞에 위치하게 된다.

不但 ¦ 不仅 ¦ 不管 ¦ 无论 ¦ 不论 ¦ 只要 ¦ 只有 ¦ 除非

他不但参加了会，还作了发言。
(주어가 같으므로 - 그는 회의에 참가했을 뿐 아니라 발언도 했다)

只要你说得对，我们就改正。
(주어가 다르므로 - 네가 말한 게 옳기만 하다면 우리가 바로 고치겠다)

⑤두 번째 절의 접속사는 반드시 주어 앞에 위치하며, 두 번째 절에 관련 부사가 오면 이들은 부사 자체의 용법에 따라 주어의 뒤에 위치하게 된다.

因为说不好，所以我没敢说。(말하기 좀 어려워 감히 말하질 못했다)
如果你再不说，我就要生气了。(네가 계속 말하지 않으면 내가 화낼 거야)

3 각종 접속사의 용법

1. 병렬관계를 나타내는 접속사

1) 和 同 跟 与[40]

이들은 모두 명사, 동사, 형용사 등을 연결한다. 그러나 '和'로 연결된 형용사, 동사, 절 등은 술어로 쓰일 수 없지만, 공통으로 가지는 목적어 등의 기타 성분이 있을 때는 술어로 쓰일 수 있다. 주어나 목적어로 쓰일 때는 이러한 제한이 없다.

我跟我朋友 ⁝ 悲痛和凄凉的心情
*她聪明和漂亮 ⁝ *她干净和整洁
('聪明和漂亮'과 '干净和整洁'가 공통적으로 어떤 목적어를 가지지도 않고 기타 공통 요소도 없는 술어이기 때문에 성립되지 않음)
国有企业改革，全面发展和繁荣农村经济。
('发展和繁荣'이 '农村经济'라는 공통적인 목적을 가지기 때문에 성립함)
聪明和漂亮是她的最大的优点。
(주어 – 총명함과 아름다운은 그녀의 가장 큰 장점이다)
她爱干净和整洁。
('爱'의 목적어 – 그녀는 깨끗하고 정갈한 것을 좋아한다)

---

40) '和' '同' '跟' '与' 및 '及'는 같은 의미의 접속사로 쓰일 뿐 아니라 전치사로도 쓰인다. 이들 중 어느 낱말을 쓰느냐의 문제는 문법적이라기보다는 관습적이라 할 수 있는데, 대체적으로 다음과 같이 정리할 수 있다.
㉠전치사로 쓰일 경우 구어체에서는 '跟'을 많이 쓰고, 서면어에서는 '同'을 많이 쓰며 '和'를 쓰기도 한다.
㉡접속사로 쓰일 경우 구어체에서는 '跟'을 많이 쓰고, 서면어에서는 '和'를 많이 쓰며 '同'은 거의 쓰이지 않는다.
㉢접속사 '与'와 '及'는 서면어에 많이 쓰이며, 특히 서명, 편명, 문장의 표제 등에 많이 쓰인다.
≪战争与和平≫ <评论及理论>

2) 及 以及

이들 접속사도 모두 병렬 관계를 나타내지만 그 용법은 조금 다르다.

①'及'는 명사나 명사구를 연결한다.

同事，朋友及亲戚都来看望他。
(동료, 친구 및 친척들이 모두 그를 보러온다)

②'以及'는 명사, 명사구는 물론이고 동사나 동사구 및 절까지 연결한다.

开会，做报告，以及写文章都是我该做的。
(회의, 보고, 그리고 글 쓰는 것 모두 내가 해야 할 일이야)

3) 而 而且

①모두 주로 형용사나 형용사구를 연결한다.

这里的生活是多么愉快而美好啊！
这里的生活是多么愉快而且美好啊！
(이곳의 생활이 얼마나 유쾌하고 아름다운지!)

②'而'은 뒤에 있는 형용사가 앞의 형용사에 대해 보충하는 의미를 가진 경우에 쓴다. 이때 '而'은 '而且'로 바꾸어 쓸 수 없다.

这种东西大而重。(이런 종류의 물건은 큰데다 무겁기도 하다)
大而美丽的眼睛。(크고 아름다운 눈)

③형용사가 '很' '十分'등의 정도부사의 수식을 받는다면 '而且'만 쓸 수 있다.

她很聪明而且很漂亮。
(그녀는 아주 총명할 뿐 아니라 예쁘기도 하다)
那个孩子很漂亮，而且也很聪明。
(그 아이는 아주 예쁘고 또한 총명하기도 한다)

④이들 형용사가 긍정형식의 형용사와 부정형식의 형용사가 병렬된 것이라면 '而'만 쓸 수 있다.

正确而不是歪曲的。(정확하며 왜곡되지 않은 것)
认真而不是敷衍。(진지하며 대충하지 않는 것)

⑤'而'은 '而且'와 달리 다른 논리관계를 나타낼 수 있는데, 연결된 성분 사이에 병렬, 전환, 인계(혹은 점층), 원인(목적, 방식) 등도 나타낸다.

•병렬
这小说的主人公是真实而感人，亲切而可信的。

(이 소설의 주인공은 진실하면서도 감동적이고, 친절하면서도 신임이 간다)

·전환

张老师的课向来是少而精，简而明。

(장 선생님의 수업은 늘 적은 양이지만 정밀하고, 간단하지만 분명하다)

他说得很快而写得很慢。

(그는 빨리 말하지만 느리게 쓴다)

·점층

他的脸慢慢由红而白，……

(그의 얼굴이 붉다가 점점 하얗게 되었다. ……)

·방식

他接过雨衣，热泪滚滚而下。

(그는 비옷을 건네받고 뜨거운 눈물을 방울방울 흘렸다)

·목적

谁愿做奴隶而来到人间呢！

(누가 노예가 되고 싶어서 인간 세상으로 왔겠는가!)

·원인

'而'이 원인, 목적을 나타내는 경우 '为' '为了' '因为' '由于'와 호응하기도 한다.

为世界和平而尽力。

(세계평화를 위해 힘쓰다)

4) 并 并且

①'并'은 동사, 동사구, 절을 모두 연결할 수 있다.

讨论并决定。 ⁝ 同情并支持你们。

②'并且'는 형용사, 동사, 동사구, 절을 연결하여 뒤에 나온 성분이 진일보된 것임을 나타낸다.

*讨论并且决定。→ 讨论然后决定

同情并且支持你们。

(너희들을 동정하고 지지한다)

她是个聪明的，并且性格温和的人。

(그녀는 총명한 사람이고 또한 성격이 온화한 사람이다)

5) 既…又… 又…又… 既…也… 也…也…

①'既…又…' '又…又…'는 두 개의 동작이나 두 가지 상황을 연결한다. 일반적으로 주어가 같은 문장에서 사용하며 그 위치는 주어 뒤, 동사 혹은 형용사 앞이다.

我的孩子既聪明又能干。
(우리 아이는 똑똑하고 능력도 있다)

孩子们又唱又跳。
(아이들이 노래도 부르고 깡충깡충 뛰기도 한다)

②'既…也…'는 두 개의 동작이나 두 가지 상황을 연결한다. 일반적으로 주어가 같은 문장에서 사용하며 그 위치는 주어 뒤, 동사 앞이다.

对此事我既不赞成, 也不反对。
(이 일에 대해 나는 찬성하지도 않고 반대하지도 않는다)

他既是我的老师, 也是我的朋友。
(그는 나의 선생님이자 또한 나의 친구이다)

③'也…也…'는 두 개의 동작이나 두 가지 상황을 연결한다. 일반적으로 주어가 다른 문장에서 사용되며 형용사 술어의 경우에는 동일 형용사만 연결한다.

我也会说汉语, 他也会说汉语。
(나도 중국어를 할 줄 알고 그도 중국어를 할 줄 안다)

雨也停了,太阳也出来了。
(비도 멈추고 태양도 나왔다)

他的汉语水平也高, 你的汉语水平也高。
(그의 중국어 수준도 높고 너의 중국어 수준도 높다)

2. 연접 관계를 나타내는 접속사

1) 于是

'于是'는 '于(전치사) + 是(대명사)'로 이루어진 형태이다. 여기에서 '是(대명사)'는 앞 절을 대신 지칭하는 것이다. 따라서 아래와 같은 문법적 특징이 있다.

①앞 절과 뒤 절의 사건이 연이어 일어나며, 앞 절의 사건이 뒤 절의 사건을 직접 유발하는 경우에 뒤 절의 문두에 쓰인다.

气象预报说明天有大雪, 于是他今天就提前出发了。
(일기 예보에서 내일은 큰 눈이 올 거라고 해서 그는 오늘 앞당겨 출발했다)

孩子说很热, 于是我把空调打开了。
(아이가 덥다고 말해서 내가 에어컨을 틀었다)

*老人已经脱险了, 于是你不必担心了。→ 老人已经脱险了, 所以你不必担心了。

(노인은 이미 위험에서 벗어났으니 넌 걱정할 필요가 없어 - 연이어 일어나는 사건이 아님)

*孩子已经长大了，于是家里不需要保姆了。→ 孩子已经长大了，所以家里不需要保姆了。
(아이는 이미 다 컸으니 집에서는 보모가 필요 없게 되었어 - 연이어 일어나는 사건이 아님)

②'于是'로 연결되는 문장은 일반적으로 동작이 완성된 경우에 해당하므로 아직 일어나지 않은 사실에 대해 '于是'로 연결할 수 없다.

*以前我很困难的时候，他帮助了我，于是我能再见他的话一定要答谢。
→ 以前我很困难的时候，他帮助了我，所以我能再见他的话一定要答谢。
(이전에 내가 어려울 때 그가 나를 도와주었어. 그러니 내가 다시 만날 수 있으면 꼭 보답하고 싶어)

2) 从而

①뒤 절이 앞 절의 결과, 목적, 혹은 진일보된 행위를 나타낼 때 쓰는 접속사이다.

经过调查研究，从而找到了解决问题的方法。
(연구 조사를 통해 문제를 해결할 수 있는 방법을 찾았다)

②주로 동사구를 연결하되 주술 구조를 가진 문장은 연결하지 못한다. 따라서 '从而' 뒤에는 주어가 일반적으로 출현하지 않는다.

*他常常和中国人聊天，从而他的汉语水平有了很大的提高。
→ 他常常和中国人聊天，从而提高了他的汉语水平。
(그는 늘 중국인과 이야기를 해서 중국어 수준을 향상시켰다)

③'从而'이 이끄는 절에 나타나는 결과는 이미 만들어진, 자연스럽게 유발된 결과물이다. 따라서 주동적이거나 의지가 드러나는 동작이나 행위는 나타낼 수 없다.

*他不及格考试以后很生气，从而决心更加努力。
→ 他考试不及格以后很生气，于是决心更加努力。
(그는 시험에 불합격한 이후 너무 화가 나서 더 열심히 하겠다고 결심했다)

3. 점층 관계를 나타내는 접속사

1) 不但(不仅/不光/不只)…而且(并/并且/还/也)…

① 낱말, 구, 절을 연결한다.

桌子不但长而且宽。
(책상이 길 뿐 아니라 아주 넓기도 하다)

他不仅喜欢唱而且喜欢跳。
(그는 노래 부르는 걸 좋아할 뿐 아니라 춤추는 것도 좋아한다)

不仅我家有电视机, 他家也有电视机。
(우리 집에 텔레비전이 있을 뿐 아니라 그의 집에도 텔레비전이 있다)

② 절의 주어가 다를 경우 '不但' '而且'는 모두 주어 앞에 위치하며, '还' '也'는 부사이므로 주어 뒤, 술어 앞에 위치하게 된다.

不但风停了, 而且雨住了。 | *不但风停了, 雨而且住了。

不仅风停了, 雨也住了。 | *不仅风停了, 也雨住了。

2) 何况 况且

① '何况'은 반어문에서 쓰여 어떤 상태가 더 심화됨을 나타낸다. '하물며…'로 해석되며 더 이상 말할 필요가 없다는 뜻이 된다.

这个字连很多中国人都不认识, 何况留学生?
(이 글자는 중국인들조차 모르는데 하물며 유학생이?)

② '何况' '况且' 모두 다른 이유를 첨가하는 경우에 쓰여 '더구나' '게다가'로 해석될 수도 있으며 더 유력한 이유를 보충 설명할 때 쓴다. 이때 뒤 절에는 '又' '也' '还'와 호응하여 쓰이기도 한다.

天这么晚了, 何况你又是一个人, 明天再走吧。
(날이 이렇게 늦었고 게다가 넌 또 혼자니 내일 다시 가렴)

那个地方很冷, 况且你的身体又不好, ……
(그 지방은 아주 춥고 게다가 네 몸도 또한 좋지 않으니…)

③ '何况'는 '何 + 况(어찌 …한 상황이냐)'의 형태로 뒤에 명사를 연결할 수 있지만, '况且'에는 이러한 용법이 없다.

*自己母语都没学好, 况且外国语文。

→ 自己母语都没学好, 何况外国语文。
(자기 모국어도 제대로 공부하지 않으면서 하물며 외국어야 — 더 이상 말할 필요가 없다)

这个公园平时人都很多，更何况星期天。

(이 공원은 평소에도 사람이 아주 많은데 하물며 일요일인은 – 더 이상 말할 필요가 없다)

④불필요함이나 그럴 필요가 없음을 나타내는 반어문에서는 쓰이지 못하므로 이때는 '何必'를 쓰는 것이 낫다.

*你既然知道他不愿意说，又何况要问呢。

→ 你既然知道他不愿意说，又何必要问呢。

(그가 말하길 원치 않는다는 걸 네가 이미 알고 있으면서 뭐 하러 또 물어보니?)

4. 인과 관계를 나타내는 접속사

1) 因为 由于

①'因为'와 '由于'는 모두 전치사로도 쓰일 수 있으며 전치사로서의 의미 역시 원인을 나타낸다.

小平因为这件事受到批评。(샤오핑은 이 일로 야단을 맞았다)

由于工作关系，我经常到上海去。(일 관계로 나는 늘 상해에 간다)

②기본적으로 원인을 나타낸다는 공통점을 가지지만 같이 호응하여 쓰이는 접속사가 다르다. '因为'는 '所以' '就' '才'와 호응을 하여 쓰이지만 '因此' '因而'과 호응하지는 못한다. 반면에 '由于'는 '所以'뿐 아니라 '因此' '因而'과도 어울려 쓰인다. 때로 이 두 접속사는 공통적으로 '而'과 호응하기도 한다. '因为'는 구어체에 주로 쓰이고 '由于'는 서면어에 주로 쓰인다.

·'因为… 所以…'

因为他勤勉，所以进步很快。

(그는 근면하기 때문에 그래서 아주 빠르게 진보한다)

·'由于…所以/因此/因而…'

由于是我亲身经历的一段历史，所以印象很深。

(내가 직접 겪은 역사의 한 부분이기 때문에 인상이 아주 깊다)

由于他经常无故旷课，因此/因而被学校除名了。

(그는 늘 이유 없이 수업에 빠지기 때문에 학교에서 제적을 당했다)

·'因为/由于…而…'

我不会因为(/由于)强调自己的风格而去改变别人的风格。

(나는 자신의 풍격을 강조하기 위해 다른 이의 풍격을 바꾸거나 하지 않는다)

③ '因为'는 뒤 절에 쓰여 원인을 보충 설명하지만 '由于'는 '由 + 于'의 결합 형태이기 때문에 뒤 절에서 원인을 나타낼 수는 없다.

我对他比较熟悉，因为我和他一起住过。
(나는 그에 대해 비교적 잘 안다, 왜냐면 나와 그가 함께 살았던 적이 있기 때문에)

他之所以爱上了这项运动，完全是因为其父的影响和传授。
(그가 이 운동을 좋아하게 된 것은 순전히 그 아버지의 영향과 전수 때문이다)

*我对他的个性很了解，由于我教过他。

④ 두 접속사 모두 객관적인 결과물이 만들어진 원인을 설명할 수 있으나 주관적인 생각, 결정, 결론 등에 대한 원인을 설명할 경우, 즉 화자가 앞 절이 뒤 절의 원인이라고 주관적 생각을 하는 경우에는 '因为'만 쓸 수 있다.

*由于你是学生，所以必须遵守学校的规定。

因为你是学生，所以必须遵守学校的规定。
(너는 학생이기 때문에 학교의 규정을 반드시 지켜야 한다 – 학교의 규정을 지켜야하는 이유가 '你'가 학생이기 때문이라는 것은 화자의 주관적인 견해이기 때문에 '由于'를 쓸 수 없음)

2) 因此　因而

① '因此'는 '因 + 此(因为 + 这个(이것 때문에))'라는 뜻이고, '因而'은 '因 + 而(因为 + 这样而(이러하기 때문에 …하다))'이라는 뜻으로 주어의 앞이나 뒤에 쓰일 수 있다. 이 둘은 모두 뒤 절에 쓰여 앞 절로 야기된 결과나 결론을 표시한다.

工作太忙，因此抽不出时间来看你。
(일이 너무 바빠, 그래서 시간을 내서 너를 보러 가질 못해)

上学期我比较努力，因而成绩有显著提高。
(지난 학기 때 내가 비교적 열심히 노력해서 성적이 눈에 띄게 향상되었다)

② '因此'는 두 문장의 사이에 독립적으로 쓰여 두 문장을 연결할 수 있지만, '因而'에는 이런 용법이 없다.

工作中常常会发生一些问题。因此，我们必须做好调查。
(작업 중에는 늘 몇몇 문제들이 발생한다. 그래서 우리는 조사를 잘 해야 한다)

③ '因此'는 '没有' '都' '也' 등의 부사 뒤에 '因 + 此'로 구성된 전치사구처럼 쓰여 '因为这个原因(이 원인 때문에)'란 뜻이 된다. 그러나 '因而'에는

이런 용법이 없다.

这次雪下得很大，很多学校都因此放了几天假。
(이번에 눈이 너무 많이 내려 많은 학교들이 이 이유로 며칠 휴교를 하였다)

3) 既然

①이미 일어난 사실, 혹은 이미 확실한 전제를 나타내는 앞 절에 쓰이고 뒤 절은 이 전제에 근거한 결과나 주장, 혹은 의견을 나타낸다. '就' '也' '那么' 등의 관련사와 호응을 이루게 된다.

既然这么爱说外语，那么就去留学吧！
(이왕 이렇게 외국어를 좋아하니 유학을 가렴!)

②'因为'는 그 이하에 언급된 원인을 청자가 모르는 경우에 쓰기 때문에 문장의 중점이 '因为'가 쓰인 절에 있고, '既然'은 청자나 화자가 모두 알고 있는 원인을 설명할 경우에 쓰기 때문에 문장 전체의 중점이 그 원인에 따른 결론 혹은 결과에 있다.

因为你们都不去，所以我也不去。
(너희들이 모두 가지 않기 때문에 나도 가지 않는 거야 – 내가 가지 않는 이유를 청자가 모르고 있는 상태로 문장의 중점이 '你们都不去'에 있음)

既然你们都不去，我也不去。
(이왕 너희들이 모두 안 간다고 하니 나도 안 갈 거야 – '你们都不去'라는 사실을 청자나 화자가 알고 있고 그래서 가지 않겠다는 결론을 내었다고 화자가 말하는 것임. 따라서 문장의 중점이 '我也不去'에 있음)

5. 전환관계를 나타내는 접속사

1) 尽管/固然 不管

①'尽管'과 '固然'은 양보를 표시하며 확실한 사실을 제시하는 문장 속에서 사용한다. 이때 확실한 사실이라는 것은 이미 일어난 일을 가리킬 수도 있고, 일어날 것이 너무나 분명한 사실일 수도 있다.

尽管问题很多，我们也有办法。
(문제가 아주 많다고 해도 우리도 방법이 있다 – 문제가 실재함)

尽管失败了多次，我们还要坚持试验下去。
(비록 몇 차례 실패를 했다 해도 우리는 계속 실험해나갈 것이다)

课堂学习固然重要，社会实践也不能忽视。
(교실에서의 수업이 비록 중요하긴 하지만 사회실천 또한 무시할 수 없다)

②'不管'은 조건을 표시하며 확실하지 않은 사실을 제시하는 문장 속에서 사용한다. 이때 확실하지 않은 사실이란 아직 일어나지 않은 일이거나, 확신할 수 없는 사실일 수도 있다.

不管问题怎么多，我们也有办法。

(문제가 아무리 많다고 해도 우리 역시 방법이 있다 – 문제가 실재하지 않을 수도 있음)

2) 虽 虽然

①'虽然'은 앞 절에서는 주어의 앞과 뒤 모두 쓰일 수 있으나, 뒤 절에서는 주어의 앞에 놓이며 주로 구어체에 쓰인다.

虽然天气很冷，游泳队员毫不在意。

天气虽然很冷，游泳队员毫不在意。

(날씨가 비록 춥다고 해도 동계 수영 팀은 전혀 개의치 않는다)

他在我心里是伟大的，虽然没有人知道他的名字。

(그는 내 마음속에서는 위대한 사람이다, 비록 그의 이름을 아는 사람이 없다고 할지라도)

②'虽然'이 앞 절에 쓰였을 때, 뒤 절에는 '可是' '但是' '还是' '仍然' '却' '不过' 등과 호응하여 쓰이지만 뒤 절에 쓰였을 때는 앞 절에 '可是' '但是' 등을 쓸 수 없다.

虽然你有很多钱，但是买不了我的心。

(네가 비록 많은 돈을 갖고 있긴 하지만 나의 마음을 살 수는 없다)

他走后一直没来信，虽然我已经给他写过好几封信。

(그가 떠난 이후 계속 편지가 없었다, 내가 몇 통이나 그에게 편지를 썼음에도 불구하고)

③'虽'는 주로 서면어에서 앞 절의 주어 뒤에 쓰이지만 뒤 절에서는 쓸 수 없다.

*虽办法好，却很难实施。→ 办法虽好，却很难实施。

④'虽然' '虽'는 모두 일음절 술어 앞에 쓰일 수 있으나 동사가 일음절인 경우 일반적으로 '虽'를 많이 쓴다.

他虽做了许多意义重大的研究工作，但是发表的成果却很少。

(그가 비록 많은 의미 있는 연구 작업을 했지만 그러나 발표된 성과는 외려 아주 작다)

3) 虽然 即使(就是 就算 哪怕…也…)

①'虽然'은 사실에서의 양보를 표현하며, '可是' '但是' '不过' '却' 등과 호응한다.

虽然你有很多钱，却买不了我的心。
(네가 비록 많은 돈을 갖고 있긴 하지만 나의 마음을 살 수는 없다)

②'即使'는 모종의 사실에 대해 일단 한걸음 양보하여 인정한 뒤 그에 상반되는 다른 사실 또한 인정하지 않을 수 없다는 내용을 표현한다. '설령…라고 할지라도'의 의미로 해석된다. 일어나지 않은 일에 대한 양보, 다시 말해 가설의 의미를 겸하고 있다. '也' '还'와 호응한다.

即使富了也要节约。
(설사 부유해졌다 해도 절약은 해야 한다)

即使困难再大，也一定要完成任务。
(어려움이 더 크다 해도 반드시 임무를 완성해야 한다)

即使他来了，也帮不上什么忙。
(그가 온다 해도 무슨 도움을 주진 못할 거야)

③'即使'는 극단적인 상황임을 표시한다.

即使跟我没关系，我也要管。
(설사 나와 아무 관련이 없다 해도 난 상관해야겠다)

即使没有钱，我们也得想办法买进那批货。
(설사 돈이 없다할지라도 우리는 방법을 모색해서 그 물건을 사들여야 한다)

④'即使'와 같은 접속사로 '就是' '就算' '哪怕…也…'가 있다.

就算是真的，也用不着这么高兴。
(설령 정말이라고 해도 이렇게 즐거워할 필요는 없어)

就是三岁的孩子也不会干这种傻事。
(세 살짜리 아이라 해도 이런 어리석은 일은 하지 않을 거야)

哪怕情况再复杂，也要如期完成任务。
(상황이 더 복잡해진다고 해도 기간 내에 임무를 완성해야해)

6. 선택 관계를 나타내는 접속사

1) 或者

진술문에서 선택 관계를 나타낸다.

你去，或者他去，都可以，你们自己决定吧。
(네가 가든지, 그가 가든지 다 괜찮으니 너희들이 스스로 결정하여라)

或者看书，或者睡觉，就这样过假日。
(책을 보든지 잠을 자든지 그렇게 휴일을 보내자)

2) 还是

① 의문문에서의 선택을 나타낸다.

你去还是不去？(너 가니, 안 가니?)

② 확정되지 않은 사실에 대해서 말할 경우 진술문이라도 '还是'를 쓸 수 있다.

让你去还是不让你去，还没决定。
(너를 가게 할 것인지 못 가게 할 것인지 아직 결정하지 못했다)
*让你去还是不让你去，我们已经说好了。

3) 不是… 就是…

두 가지 사항 모두에 선택의 가능성이 존재한다. 따라서 어느 한 가지만을 선택해야 하는 문장에서는 사용할 수 없다. '…가 아니면 …이다'로 번역될 수 있다.

为节省时间，不是坐特快列车，就是坐飞机。
(시간을 절약하려면 고속 열차를 타든지, 아니면 비행기를 타든지 해야 한다)

4) 不是… 而是…

두 가지 사항 중 반드시 뒷 문장의 내용만을 선택한다. 따라서 두 가지 사항에 모두 가능성이 있는 문장에서는 쓰이지 못한다. '…가 아니라, …이다'로 번역될 수 있다.

他不是我的朋友，而是妹妹的朋友。
(그는 나의 친구가 아니라 여동생의 친구이다)
*他不是姓王，而是姓李，我忘了。

5) 宁愿/宁可/宁肯… 也不…

앞 절에서 언급한 사항을 감수하고서도 뒤 절에서 언급한 사항을 선택하겠다는 뜻이다. '…할지언정 …하지는 않겠다'로 번역될 수 있다.

产品质量太差，人们宁肯不用也不买。
(상품의 질이 너무 떨어지면, 사람들은 차라리 안 쓰면 안 쓰지 사지 않는다)
他宁肯走路也不坐别人的车。
(그는 걸어갈지언정 다른 사람의 차는 타지 않는다)

宁可战斗，不会退让。
(싸울지언정 후퇴는 않는다)

6) 与其… (倒/还/真)不如…

두 사항을 비교한 후 뒷 절의 내용을 선택하겠다는 것이다. '…하느니 차라니 …하겠다'로 번역될 수 있다.

与其铤而走险，不如老老实实。
(위험에 맞서느니 온순하게 지내는 것이 낫다)

害羞而脸红与其说是缺点，倒不如说是一种性格特点。
(부끄러워하고 얼굴이 붉어지는 것은 결점이라기보다 일종의 성격상 특징이다)

7. 가설 관계를 나타내는 접속사

1) 如果/要是/倘如/假如… 那么/就/便…

발생하지 않은 일에 대한 가설을 나타낸다.

如果尽力去做，我们一定能成功。
(만일 있는 힘을 다해 하면 우리는 반드시 성공할 것이다)

如果不用现代科学的方法，就难以上水平，难以国际化。
(만일 현대과학의 방법을 사용하지 않는다면 수준에 도달하기 힘들 것이고 국제화되기 힘들 것이다)

2) 要不是… 就… 要不然…

①'要不是… 就…'는 '如果不是…'의 의미를 나타낸다.

要不是父老乡亲的帮助，真不知该怎么生活下去。
(고향친척들의 도움이 아니었다면 어떻게 생활해나갈지 몰랐을 것이다)

要不是你孙子及时送来，后果就不堪设想了！
(네 손자가 제 때 보내오지 않았다면 그 결과를 상상할 수도 없었어!)

②'要不然…'은 '如果不是这样'의 의미로 뒤 절의 문두에 쓰인다.

你必须起床活动活动，要不然你会越睡越没精神！
(너 꼭 일어나 움직여야 해, 그렇지 않으면 자면 잘수록 더 정신이 없을 거야!)

得迅速抓住机会，要不然机会就溜失了。
(반드시 신속하게 기회를 잡아야 해, 그렇지 않으면 기회는 곧 사라져)

8. 조건 관계를 나타내는 접속사

1) 특정 조건문

특정한 조건 아래서 나타나는 결과를 설명하는 접속사이다.

(1) 只要…就…

'…하기만 하면 …한다'의 의미로 필요 조건아래서 만들어지는 결과를 나타낸다.

只要你承认你的错误，他就会原谅你的。
(네가 너의 잘못을 인정하기만 하면 그는 널 용서해 줄 거야)

(2) 有…才…

'…해야만 …한다'의 의미로 유일한 조건 아래서 만들어지는 결과를 나타낸다.

只有家人同意，我才有可能去中国留学。
(집안사람들이 동의해야만 중국으로 유학 갈 수가 있어)

(3) 除非…才/不然/否则…

'…해야만 …한다' '…하지 않고서는 …하지 않는다'의 의미로 앞의 조건이 뒤의 상황을 만들어내는 유일한 조건이 된다.

除非同意他的要求，不然他可能要辞职。
(그의 요구에 동의해주지 않으면 그는 아마 사직할 것이다)

除非特别紧要的事情，否则不要中途离席。
(특별히 중요한 일이 아니라면 중도에 자리를 뜨지 마세요)

2) 무조건문 – 无论/不管/不论…都/也/总…

어떠한 조건 아래서도 같은 결과가 만들어짐을 나타내는 것이 무조건문이다. 따라서 '无论/不管/不论' 이하의 절에는 반드시 여러 조건 상황을 나타낼 수 있는 의문대명사 혹은 선택형 낱말이나 구가 있어야 한다.

无论他怎么做，都可能引起猜疑。
(그가 어떻게 하든 의심을 불러일으킬 거야)

不管是什么人，只要犯了法，就要依法惩处。
(어떤 사람이든 법에 저촉되면 법에 따라 처벌을 받아야해)

不论过去、现在还是将来，双方都应维护两国关系。
(과거든, 현재든 아니면 미래든 쌍방은 양국관계를 유지해야 한다)

第十一章

조사[助词]

조사(助詞) [postposition]는 전치사와는 반대로 다른 낱말, 구, 문장의 뒤에 첨가되어 구조 관계, 동작의 상(相), 어조 등을 표현하는 낱말이다. 따라서 실제적인 의미는 없고 단지 문법 관계만을 표시하는 낱말이다.

중국어의 문법구조는 기본적으로 어순에 의해 결정되지만, 어순만으로 표현할 수 없는 문법관계는 허사(虛詞)로 표현하게 된다. 이러한 허사의 대표 격인 조사는 어떤 실제적 의미를 가지고 있지 않고 철저하게 문법적 관계만을 표시하는 낱말들이다. 따라서 이들은 모두 경성으로 발음되며, 그 숫자는 많지 않지만 담당하고 있는 문법 표지 역할은 다양하고 풍부하여 아주 중요하다.

조사는 낱말, 구, 절, 문장 등의 상호 관계를 표시하는 구조조사, 동사 뒤에 쓰여 동작의 상태를 나타내는 동태조사, 문장의 끝에 쓰여 그 문장의 성격을 결정하거나 문장성분 간의 간격을 나타내는 곳에서 휴지를 표시하는 어조조사 등으로 크게 나눌 수 있다. 이 중 동태조사는 동사에만 밀착되어 아주 다양한 동사의 상(相) [aspect]을 나타내기 때문에, 동사의 어미(語尾) [ending]로 간주하는 경우도 있다.

1 조사의 유형

조사는 그것이 나타내는 문법 관계 및 기능에 따라 크게 아래와 같이 세 가지 유형으로 분류할 수 있다.

(1) 구조조사[结构助词]

낱말이나 구 뒤에 위치하여 그들을 모종의 문법 관계를 지닌 새로운 구로 만드는 것으로 이에는 '的' '地' '得' '所' '似的' 등이 있다. '的' '地' '得'는 그 발음이 모두 'de'이므로 구두어에서는 분별되지 않으나, 글로 쓸 때는 서로 분별하여 쓴다.

(2) 동태조사[动态助词]

동작이나 상황의 완료, 완성, 변화, 진행, 지속 등의 상태를 나타내는 조사로 '着' '了' '过' '来着' '下去' 등이 있다. 이들은 동사의 뒤에 붙어 있기 때문에 동사의 접미사로 보기도 한다.

(3) 어조조사[语气助词]

말하는 사람이 자기의 단정, 추정, 의문, 명령 등의 감정이나 어조를 문장에 보태는 역할을 하는 조사로 '呢' '吗' '吧' '啊' '了' '的' '啦' '嘛' '呗' '罢' '罢了' '而已' '着呢' 등이 있다. 이들을 어조사[语气词] 혹은 어조조사라고도 한다. 특히 '呢' '吗' '吧' '啊'는 주어와 술어 사이와 같이 문장 속의 휴지(休止)의 위치를 나타내는 데도 쓰이기 때문에 휴지(休止)조사라고도 한다.

2 구조조사

1) 的

① 관형어를 구성하는 구조조사로 관형어와 중심어가 수식관계, 소유관계임을 나타낸다. 상당수의 관형어는 '的'의 표기 없이도 쓰일 수 있으나, '的'가 쓰이면 수식어임을 더욱 명확하게 한다. '명사/형용사(구)/동사(구) + 的 + 명사'의 형식이 가장 일반적이다.[41]

---

41) 조사 '的'를 동반한 수식구조[偏正结构]의 문법 작용과 관형어와 조사 '的'에 관한 구체

人民的力量 (국민의 역량)
发表的文章 (발표된 글)
我听到的消息 (내가 들은 소식)
中国银行(중국 은행 – 고유명사) : 中国的银行(중국의 은행)

②하나의 절을 구로 만드는 구조조사이다. '형용사/형용사구 + 的' 형식 뒤에는 대체적으로 명사가 생략된 경우이며, '동사/동사구 + 的' 형식은 동사가 명사화되어 이 두 형식은 '…하는 사람/…하는 것'이란 의미이고, '명사/대명사 + 的' 형식은 소속관계를 나타내어 '…의 것'이란 의미이다. 이때 '的' 뒤에는 구체적 명사를 사용하지 않지만 무엇을 지시하는지 알 수 있는 경우에 사용하게 된다.

这是我买的。
(이건 내가 산 것이다)
那是能吃的。
(그건 먹을 수 있는 것이다)
这是他送给我的。
(이건 그가 나에게 준 것이다)
他是我公司的。
(그는 우리 회사 사람이다)
大的没有了，只有小的。
(큰 것은 없고 작은 것만 있습니다)
我不要旧的，要新的。
(나는 낡은 것은 원하지 않아요, 새 것을 원합니다)
这本书是英文的，那本书是法文的。
(이 책은 영어책이고, 저 책은 불어책입니다)
其中穿连衣裙的就是我的女朋友。
(그 중 원피스를 입은 사람이 바로 내 여자 친구야)

③두 개의 동일한 동사 중간에 위치하여 '有的… 有的…'의 의미를 나타낸다.

这些孩子哭的哭，玩的玩。
(이 아이들 중 우는 애들은 울고, 노는 애들은 논다)
跑的跑，走的走。
(뛰는 사람은 뛰고 걷는 사람은 걷는다 – 어떤 사람은 뛰고 어떤 사람은 걷는다)

④병렬된 낱말 뒤에서 '등등'의 의미를 나타낸다.

적 설명은 第四編 문장성분과 문법, 第二章 관형어[定语] 참고

在农贸市场买了土豆，豆芽，白菜，芹菜的。
(농산물 시장에서 감자, 콩나물, 배추, 미나리 등등을 샀다)

2) 所

①타동사 앞에 쓰여 관형어를 만든다. 이때 관형어 표지 '的'와 함께 쓰인다.

我所去过的地方
(내가 가 본 지역)

中午十二点以前，所请的人都到了。
(정오 12시 이전에 초청하신 분들은 모두 도착했다)

他所唱的歌都是韩国的。
(그가 부른 노래는 모두 한국 노래이다)

②일음절 자동사 앞에 쓰여 명사화시키는 역할을 하며 이렇게 만들어진 '所…' 형식의 구는 주어나 목적어 역할을 한다.

所言十分感人(말하는 것이 아주 감동적이다)

所见所闻(보는 것과 듣는 것)

心有所感(마음에 느끼는 것이 있다)

③'所…的'형식으로 동사나 형용사를 명사화한다.

以上是我所听到的。(이상이 내가 들은 것입니다)

④'주어 + 所 + 술어'의 형식으로 쓰여 주술구조의 절을 명사화하는데, 현대한어에서는 '所…的'의 형식으로만 쓰인다.

我们反对(주술구조) → 我们所反对的(명사)

*我们所反对是这一点。

⑤'所…'형식의 구가 '有/无'의 목적어로 쓰여 '어느 정도 …'의 의미를 나타낸다. 이는 어느 정도 고정화된 관용구가 된 예가 많다.

有所发展
(어느 정도 발전하다)

产量有所增长
(생산량이 어느 정도 증가하다)

一年来小李的工作能力有所提高。
(1년간 이 군의 작업능력이 어느 정도 향상되었다)

无所畏惧
(무서워하는 것이 없다)

无所不用
(사용되지 않는 것이 없다)

⑥'为' '被'와 어울려 피동문의 형식으로 쓰인다.

一定将被后人所耻笑。(틀림없이 훗사람들에게 비웃음을 당할 것이다)

加油

'的'와 '者' 및 '所'의 관계
㉠동사/형용사+'者'는 동작의 행위자를 나타낸다.
㉡'所'+타동사는 동작의 대상을 나타낸다.
㉢동사+'的'는 동작의 주체와 동작의 대상을 모두 나타낼 수 있다.
食者(먹는 사람) | 所食(먹히는 것) | 吃的(먹는 사람/먹을 것)
这儿有很多吃的。(여기에 먹는 사람이 많다/여기에 먹을 것이 많다)
㉣현대한어에서 '者'는 이미 명사 접미사로 변했고, '所'는 '所…的'의 형식으로만 쓰인다. '…的'의 형식은 동작의 주체자와 대상을 모두 나타내기 때문에 동작의 대상을 나타내는 경우 이를 분명히 하기 위해서 '所…的'의 형식을 쓴다.
这儿有很多所吃的。(여기에 먹을 것이 많다)
今天演的(오늘 공연하는 프로그램/오늘 연기하는 사람)
今天所演的(오늘 공연하는 프로그램)

3) 地

부사어의 표지로 쓰이는 구조조사이다. 모든 부사어 성분과 결합하는 것이 아니라 부사어를 구성하는 음절, 품사, 의미 등과 밀접한 관련이 있다.42)

4) 得

'得'는 접요사[中缀]로도 쓰이며, 동사 뒤에 쓰여 뒤의 성분이 정도보어, 상태보어, 가능 보어를 표시한다.43)

他长得好看。(그는 아주 잘생겼다)
他们高兴得唱起歌来。(그들은 즐거워 노래를 부르기 시작했다)
你一个人拿得动吗?(너 혼자 들 수 있겠니?)

42) 부사어 표지 '地'의 용법. 부사어와 조사 '地'에 관한 구체적 설명은 第四編 문장성분과 문법, 第三章 부사어[状语] 참고.
43) 조사 '得'에 관한 내용은 第四編 문장성분과 문법, 第四章 보어[补语] 참고.

3 동태조사

동사 뒤에 쓰여 완료, 진행, 경험 등을 표시한다. 중국어에서 시제(時制)[tense:时态]는 조사에 의해 표현되는 것이 아니라 주로 시간을 표시하는 부사어에 의해 표현된다. 조사에 의해 표현되는 것은 동작의 상태 즉, 동태라고 한다.

중국어의 동태 조사로는 과거의 경험을 나타내는 '过', 동작의 진행을 나타내는 '着', 동작의 완료 및 완성을 나타내는 '了'가 대표적이다.

加油

시제와 동태의 관계

·我已经通知了小王。
(난 이미 샤오왕에게 통지했어요 – '已经'이라는 시간사를 통해 이 사건이 '과거'에 일어난 일임을 알 수 있다)

·通知了小王，再去看小李吧。
(샤오왕에게 통지하고 다시 샤오리에게 가봐 – 동태조사 '了'가 동작의 완료를 나타낸다. 즉, 첫 번째 동작 '通知'라는 행위가 완료되고 난 다음 '去看'이라는 동작을 한다는 것인데 청유형의 문장이므로 아직 일어나지 않은 미래의 일임을 알 수 있다)

·当时我在家看着电视呢。
(당시 나는 집에서 텔레비전을 보고 있었어요 – '当时'라는 시간사를 통해 이 사건이 '과거'에 일어난 일임을 알 수 있으며, 동작은 과거 그 당시에 진행되고 있던 것임을 동태조사 '着'를 통해 알 수 있다. 즉 시제는 '과거'이고 동태는 '진행'이라는 것이다)

·我现在不能去，我在写着报告。
(지금은 내가 갈 수 없어, 보고서를 쓰는 중이야 – '现在'라는 시간사를 통해 이 사건이 '현재'의 일임을 알 수 있고 동태 조사 '着'를 통해 동작이 진행되고 있음을 알 수 있다. 즉, 현재라는 시제에 진행 중인 동작임을 각각 시간사 '现在'와 동태조사 '着'가 나타내고 있다)

1. 过

(1) 문법적 의미

①동작의 경험이 있음을 표시한다. 따라서 过는 그 성격상 많은 경우 과거에 쓰이지만 현재나 미래에도 쓰일 수 있다.

去年我见过他。
(작년에 그를 만난 적이 있어요. - '去年'이 과거 시제. 과거의 경험을 나타냄)

现在我问过他之后就告诉你。

(지금 내가 그에게 물어본 후 너에게 알려줄게 - '现在'가 지금 현재 '问'이라는 동작을 실현한 다음, 너에게 알려주겠다는 의미를 나타냄)

明天你吃过饭再来吧。

(내일 밥 먹고 다시 오렴 - '明天'이 미래에 '吃'라는 동작을 실현한 다음 오라는 의미를 나타냄)

② 동작의 완결을 나타낼 수 있으며 이때는 '过' 뒤에 '了'를 함께 사용할 수 있다.

我昨天看过了这个电影。(나는 어제 이 영화를 봤어요)

我已经吃过了晚饭。(난 벌써 저녁을 먹었어요)

⑵ 문법적 용법

① 과거에 일어난 사건이라고 해도 그 사건이 빈번하게, 혹은 반복적으로 일어난 일이라면 '过'와 함께 쓸 수 없다.

*那时，我没有工作，每天都玩过 → 那时，我没有工作，每天都玩。

(그때 난 일이 없어서 매일 놀았어)

② 과거에 일어난 사건이라고 해도 그 동사 앞에 과거의 불확정적인 시간을 나타내는 낱말이 있을 경우 쓸 수 없다.

*有一天，我去过长城。→ 有一天，我去长城。

(어느 날 내가 만리장성에 갔어요)

③ 연동문, 겸어문의 첫 번째 동사 뒤에는 쓸 수 없다. 이 두 구문의 의미 중점은 모두 두 번째 동사에 오므로 두 번째 동사 뒤에 '过'가 붙는다.

*我来过北京旅游三次。→ 我来北京旅游过三次。

(나는 세 번 북경에 여행 온 적 있어요)

*你有没有让过别人看？→ 你有没有让别人看过？

(너 다른 사람이 보게 한 적 있어?)

④ 연동문이라고 할지라도 첫 번째 동작이 완성된 후 두 번째 동작이 실현됨을 나타내고자 한다면 첫 번째 동사 뒤에 '过'가 붙는다.

你吃过早饭，就来看我。(아침 먹고 나 보러 와)

⑤ 구체적 동작이 아닌 상태를 나타내는 동사 중 '知道' '认识' '认得' '爱护' '希望' '记得'를 제외한 모든 동사들은 '过'와 결합할 수 있다.

以前我喜欢过吃面条，现在又不怎么喜欢了。

(예전에 난 국수 먹는 걸 좋아한 적 있었는데 지금은 별로 좋아하지 않아)

⑥'过'가 동태조사이긴 하지만 형용사와 결합하기도 하는데, 대개 부정형태 '从来没这么 + 형용사 + 过'로 많이 쓰인다. 이때 그 의미는 '여태껏 그러한 상태에 놓였던 적이 없다'이다.

我年轻时也曾胖过，现在瘦下来了。
(내가 젊었을 때도 뚱뚱했었는데 지금은 야위었어)

大家的情绪从来没这么好过。
(모두의 정서가 이제까지 이렇게 좋았던 적이 없어)

*我把那本书读过。

⑦경험을 나타내는 '过'는 '了', '着'와 달리 '把'자문에 쓸 수 없다.

⑧'过'는 동사 뒤에서 동태조사로서 역할을 할 경우도 있고 동사 뒤에서 보어로 쓰이는 경우도 있다. 이때 성조와 의미의 변화에 유의해야 한다.

爬过·guo山没有？(조사 - 과거의 경험을 나타냄)

爬过guò山就到了。(동사 - 여기에서는 보어로 쓰여 넘어 가다의 뜻)

2. 着

1) 문법적 의미

(1)동작이나 상태가 지속됨을 표시한다. 이때 동사 앞에 동작이나 상태의 지속을 나타내는 부사 '正' '正在' '在'와 함께 사용할 수 있으며 문미에 어조조사 '呢'를 첨가할 수도 있다.

爸爸看着报纸。(아버지가 신문을 보고 계신다)

外面下着雨。(바깥에 비가 내리고 있다)

(2)연동문에서 첫 번째 동사 뒤에 '着'가 있다면 그 첫 번째 동사는 상태나 동작의 방식을 나타낸다.

我走着去学校。(나는 걸어서 학교 간다)

她们一直站着聊天。(그녀들은 계속 서서 이야기한다)

2) 문법적 용법

(1)모든 동사가 동태조사 '着'와 결합할 수 있는 것은 아니다. 동사의 의미와 구조가 '着'와 결합할 수 있는 조건을 갖추어야 가능하다. '着'를 쓸 수 없는 동사 유형은 다음과 같다.

①지속적 행위를 표시하는 동사

是 | 在 | 等于

②변화를 가질 수 없는 동사

结束 | 完 | 进 | 出 | 去 | 来 | 出发

③상태를 나타내는 동사

怕 | 知道 | 需要 | 认识 | 同意 | 忘记

④상태를 나타내는 동사 중 '病' '饿' '困' '醒' '爱' '恨' '想' 등 소수만이 '着'와 결합하여 상태의 지속을 표현할 수 있다. 또한 이들은 단독으로 '着'와 결합하지 않고 부사 '正' '一直' '老' 등과 같이 쓰인다.

*我知道着这件事。

我一直爱着你。(나는 줄곧 너를 좋아하고 있어)

⑤조동사와 결합된 동사 술어

能说 | 会写 | 想买

⑥술어의 형식이 '동사 + 결과보어'인 경우

想通 | 洗净 | 说清楚 | 听明白

⑦구조 자체가 동보구조로 이루어진 동사

打倒 | 打败 | 说明 | 推翻 | 充满 | 缩短 | 改善 | 提高

⑵동사에 '着'를 붙이면 그 동사는 목적어만 가질 수 있고 보어와 결합할 수 없다.

*他坐着在海边 → 他坐在海边。他在海边坐着。
(그는 해변에 앉아 있다)

*他在学校里找到着小明 → 他在学校里找到小明。
(그는 학교에서 샤오밍을 찾았다 - 결과보어 구문은 동작의 결과 및 확정된 결과를 나타내고 '着'는 동작결과의 상태 지속을 나타내는 말이므로 같이 쓰일 수 없다)

*那本书, 他看着一个多星期。→ 那本书, 他看了一个多星期了。
(그 책은 그가 일주일 넘게 보았다 - 시량보어 '一个多星期'는 동작이 지속된 시간의 양을 나타내는데, '看着'는 아직도 동작이 지속됨을 나타내고 있다. 시량보어는 그 지속된 시간의 양을 확언할 수 있음을 의미하지만 동태조사 '着'는 책 보는 동작이 지속되고 있음을 나타내므로 이 둘은 한 문장 내에 쓰일 수 없다)

⑶동사 뒤에 '着'가 결합된 형태는 처소사 목적어를 가질 수 없다. 만일 문장의 내용상 처소사가 와야 한다면 그 때는 장소를 나타내는 결과보어

의 형식을 취한다.

*挂着墙上的画儿 → 挂在墙上的画儿。(벽에 그림이 걸려 있다)

(4)동작이나 상태의 지속을 부정할 경우 '没'를 쓰고 '着'도 남겨둘 수 있다.

门没开着。(문이 열려져 있지 않다)

(5)'着'의 기능이 주로 긍정적인 묘사에 있기 때문에 부정형식은 잘 쓰지 않는다. 다만 의문, 가설, 변별이나 대답 중에 '着'가 있는 경우에만 부정형태가 있다.

出门在外, 你怎么不带着零花钱呢?
(밖에 나가 있으면서 어떻게 용돈을 안 가지고 있니?)

你是在躺着吗?－ 我没躺着, 坐着呢。
(너 누워있니? - 안 누워 있어, 앉아있어)

(6)'동사 + 着 + 동사'의 형식으로 동사, 형용사 뒤에서 동작의 방식, 목적 혹은 수단을 표시한다.

①첫 번째 동사가 두 번째 동사의 동작 방식을 나타낸다.

大家站着听演讲。(모두가 서서 강연을 듣는다)

他笑着说…。(그가 웃으면서 말하기를…)

②두 동사의 관계가 수단이나 목적임을 나타낸다. 첫 번째 동사와 두 번째 동사가 같은 목적어일 때는 첫 번째 동사 뒤에는 목적어가 올 수 없다.

留着给爸爸吃。(남겨두었다 아버지 드시게 드려라)

领着孩子向外走。(아이를 데리고 바깥에 가다)

借着钱, 花着钱 → 借着花(钱) (돈을 빌려서 쓰다)

*借着钱花 → 借着花(钱)

*买着衣服穿 → 买着穿(衣服)(옷을 사서 입다)

*抢着饭吃 → 抢着吃(饭)(밥을 빼앗아서 먹다)

加油

'正在' '在' '着'의 차이

'着'는 동작의 지속을 표시하거나 결과 상태의 지속을 묘사하고, '在'는 동작의 진행을 서술한다.

他正在开门呢。(그는 문을 열고 있다 － 동작의 진행)

他穿着衣服呢。(그는 옷을 입고 있다 － 상태의 지속)

他正在穿衣服呢。(그는 옷을 입고 있는 중이다 － 동작의 진행)

3) '着'의 동태조사 외의 용법

①형용사 뒤에 첨가되어 명령을 표시한다.

慢着！(천천히!) | 快着点儿！(좀 빨리 해!)

②'형용사＋着＋呢'의 형식으로 어떠한 상황을 단정적으로 표현하거나, 과장된 어조를 나타낸다.

时间还早着呢！(시간이 아직 이르잖아!)
人多着呢！(사람이 엄청 많구나!)

③'형용사＋着＋수량/정도 표시 낱말'의 형식으로 상황이나 비교를 표시한다.

多着四五倍。(네다섯 배 많다)
他比我小着很多。(그는 나보다 많이 어리다)
我比他大着十岁。(그는 나보다 열 살 많다)
*我比他大着。
*慢着写！(수량이나 정도를 나타내는 낱말이 없으므로)

④'동사＋着＋동사＋着'의 형식으로 한 가지 동작이 지속되는 것을 표시하며, '부지불식간에'라는 의미를 나타낸다.

他说着说着哭起来。(그가 말을 하다가 하다가 울기 시작했다)
他哭着哭着睡着(zháo)了。(그가 울다가 울다가 잠이 들었다)

3. 来 来着

(1) 문법적 의미 및 용법

①문미에 쓰여 어떤 일이 그다지 오래지 않은 시간 전에 발생되었음을 나타낸다.

前天你是不是去上海来？(그저께 너 상해에 가지 않았었느냐?)
你刚才干什么来着？(너 방금 뭘 했니?)
我在教室学习来着。(난 교실에서 공부했어)

②금지를 나타내는 '别' '不要' 뒤에 쓰이기도 한다.

你别告诉他我考试来着。(너 그에게 내가 시험쳤다고 말하지 마)

③'来的'의 형태로 쓰이기도 한다.

你刚才说什么来的？(너 방금 뭐라고 얘기했니?)

(2) '来着'와 '过'의 차이

① '來着'는 완료를 나타내며, 이 경우 완료를 나타내는 '了'나 완결을 나타내는 '过'와 마찬가지로 부정형식에 쓰이지 않는다. 하지만 경험을 나타내는 '过'는 부정문에 쓰여 어떠한 경험이 없음을 나타낼 수 있다.

*他刚才没在这儿来着

② '来着'와 결합된 동사는 상태를 나타내는 부사어, 결과보어, 방향보어, 수량보어를 가질 수 없다. 그러나 '过'는 그러한 제한을 받지 않는다.

*我骑自行车出去来着 → 我骑自行车出去过。
(나는 자전거 타고 나간 적 있어)

*我骑一次自行车来着 → 我骑过一次自行车。
(난 한 번 자전거 타 봤어)

*那辆自行车，我朋友骑坏来着 → 那辆自行车，我朋友骑坏过。
(그 자전거는 내 친구가 타서 망가뜨렸어)

③ '来着'는 '谁' '什么'를 이용한 의문문에서만 사용되며 다른 일반 의문문에서는 쓸 수 없다.

你刚才说什么来着？(너 방금 뭐라고 했었니?)

*为什么收这个钱来着？

4. 了

1) 문법적 의미

(1) 동작이나 성질, 상태의 발전 변화가 이미 완료되었음을 표시한다. 이때 과거 시제에만 국한되지 않고 현재, 미래에도 사용될 수 있다.

① 이미 완성된 동작을 나타낸다.

我已经通知了老王。(제가 이미 라오왕에게 알렸어요)

我们已经解决了那个问题。(우리가 이미 그 문제를 해결했어요)

② 완성이 예상되는 동작을 나타낸다.

等他来了，你问问他。(그가 오기를 기다렸다가 네가 그에게 물어봐)

③ 가설 속의 완성을 표현한다.

累了就休息一会儿。(피곤하면 좀 쉬자)

如果你说错了，是要负责任的。(만일 네가 잘못 말했다면 책임을 져야 해)

明天我上了课就回家。(내일 수업을 하고 나면 바로 집으로 돌아갈 거다)

⑵시량보어와 결합될 경우 동사의 성질에 따라 의미가 달라진다.

①'지속성 동사 + 了 + 시량보어'의 형식에서는 시량보어가 동작이 지속된 시간을 나타낸다. 이 때 문미에 어조조사 了가 온다면 의미가 달라진다.

等了一年。(일 년 동안 기다렸다)

病了一个月。(한 달 동안 아팠다)

等了一年了。(기다리기 시작한 지 일 년째 된다)

病了一个月了。(아프기 시작한 지 한 달째 된다)

②'비지속성 동사 + 了 + 시량보어'의 형식에서는 시량보어가 동작이 완성된 후 경과한 시간을 나타낸다. 따라서 이때는 시간의 경과를 의미하는 어조조사 '了'가 문미에 첨가되어야 한다.

死了三年了。(죽은 지 삼 년이 되었다)

生了一个小时了。(태어난 지 한 시간이 되었다)

③'동사 + 了 + 시량보어 + 了'의 형식에서는 동작이 시작된 후 현재까지 혹은 동작이 완성된 후 현재에 이르기까지 그 시간의 양을 나타낸다.

大家讨论了两个多小时了。(모두가 토론을 한 지 두 시간이 넘었다)

2) 문법적 용법

⑴동태조사 '了'를 사용하는 경우

①어떤 시각에 비추어 어떤 행위나 동작이 실현 혹은 완성되었음을 서술할 때 쓴다. 이 경우 대개 구체적인 시간을 나타내는 부사어가 있다.

那个电影我昨天看了。(그 영화는 내가 어제 보았다)

②어떤 동작이 실현되거나 완성된 뒤에 다른 동작이나 상황이 옴을 서술할 때 첫 번째 동사 뒤에 붙인다.

听了小明的话，我心情非常激动。

(샤오밍의 얘기를 듣고 난 후 내 마음이 아주 흥분되었다 – '听'이 실현된 뒤 '激动'의 상황이 왔음)

明天你吃了早饭就来找我。

(내일 아침 먹고 나를 찾아오너라 – '吃'라는 동작을 완성한 다음 '来找'의 동작을 하도록 명령함)

(2) '了'를 쓸 수 없는 경우

① 연동문과 겸어문의 첫 번째 동사 뒤에는 쓰지 않는다. 이들 구문에서는 목적이나 결과 등 문장의 중점을 두 번째 동사가 나타내기 때문이다.

*我们坐了火车来到北京。→ 我们坐火车来到了北京。
(우리들은 기차를 타고 북경에 도착했다)

*他去了医院看两次病。→ 他去医院看了两次病。
(그는 병원에서 가서 두 차례 진료를 받았다)

今天的参观帮助我们了解了很多情况。
(오늘의 참관은 우리들이 많은 상황을 이해하게 하는 데 도움이 되었다)

② 그러나 연동문의 형식 중에서 첫 번째 동작이 끝난 후 두 번째 동작이 일어남을 의미한다면 연동문의 첫 번째 동사 뒤에 '了'가 온다.

小明听完了非常生气。(샤오밍은 듣고 아주 화가 났다)

③ 연동문의 모든 동작이 완성되었고, 두 번째 동사의 목적어가 간단하다면, 동태조사 '了'가 아닌 어조조사 '了'가 문미에 오게 된다. 이때 어조조사 '了'는 상황이 완료되었음을 나타낸다.

他去看电影了。(그는 영화를 보러 갔다)

他去图书馆还书了。(그는 도서관에 책을 반납하러 갔다)

④ 동사, 동사구, 절 등이 목적어가 될 때는 술어 뒤에 '了'를 쓰지 않는다. 하지만 동사가 '进行' '作' '忘' '忘却' 등이면 목적어가 동사라도 '了'를 쓸 수 있다.

*拒绝了见他 → 拒绝见他。(그를 만나기를 거절하다)

*决定了去北京 → 决定去北京。(북경에 가기로 결정하다)

从昨天起，我们开始学习第三课。(어제부터 제3과를 공부하기 시작했다)

进行了热烈的讨论。(열렬한 토론을 하였다)

作了规定。(규정을 하였다)

我忘了带词典。(사전 가져오는 걸 잊었다)

⑤ 과거의 장소, 방식 등을 강조하는 '是…的' 구문에서는 '了'를 쓰지 않는다. 이미 '是… 的'의 문법 의미 자체가 과거의 일임을 나타내기 때문이다.

这本书是在他的书店买的。(이 책은 그의 서점에서 샀다)

他是昨天来的。(그는 어제 왔다)

⑥ 항상 반복적으로 일어나는 일을 말하는 경우 '了'를 쓰지 않는다. 매일 일어나는 일이라 해도 그 일 자체가 두 가지 이상의 동작으로 이루어져 있고 그 중 한 동작을 완성한 후 다음 동작을 하는 것이라면 앞 동사 뒤에 '了'를 쓸 수 있다.

他身体不好，常常生病。
(그 사람 몸이 안 좋아 늘 병이 나요)

他每天晚上总是复习了旧课再预习新课。
(그는 매일 저녁 늘 복습하고 새 단원을 예습해요)

这一个星期，他每天下午去商店买东西。
(이번 일주일 동안 그는 매일 오후 상점에 가서 물건을 샀어요)

⑦ 관형어로 쓰인 동사나 동사구에는 동태조사 '了'를 쓰지 못한다. 하지만 동태조사 '过'는 가질 수 있다. 따라서 '…的时候' '…那天' '…以前' 등의 격식 안에서는 '了'를 쓰지 않는다.

*昨天讨论了的问题 → 昨天讨论过的问题
(어제 토론한 문제)

我收到你的信的时候，…
(내가 너의 편지를 받았을 때, …)

来中国以前，我一句中国话也不会说。
(중국에 오기 전에 나는 중국어는 한 마디도 못했어)

⑧ 직접화법을 목적어로 가지는 경우 일반적으로 쓰지 않는다.

我们三个人同时说'快走吧!' (우리 세 사람은 동시에 '빨리 가!'라고 말했다)

3) 동태조사 '了'를 동반한 술어의 목적어 형태

(1) 동사가 조사 '了'를 가지고 있다면, 그 목적어는 관형어와 같은 수식성분을 동반하게 된다.

昨天我们参观了一个工厂。(어제 우리는 공장 하나를 참관했다)

下午我们看了各种精彩的表演。(오후에 우리는 각종 재밌는 공연을 보았다)

(2) 아래와 같은 경우는 목적어가 관형어를 가지지 않아도 된다.

① 두 개 이상 동작의 선후관계를 나타낼 때

晚上我看了电影就去找你。(저녁에 영화보고 너 찾아 갈게)

我买了东西再来。(물건 사고 다시 올게)

② 동사와 목적어가 비교적 관형적인 경우. 일반적으로 동사 앞에 부사어가 있다.

他激动地带头发了言。
(그는 격해져서 앞장서서 발언했다)
由于他多次犯错误，结果被撤了职。
(그가 여러 차례 잘못을 저질러서 그 결과 퇴직 당했다)
十年后，他们终于见了面。
(십년 후 그들은 결국 만났다)

③동작을 나타내는 결과보어가 있을 경우

妈妈洗完了衣服。(엄마가 빨래를 다 하셨어요)

④문장 끝에 어조조사 '了' 혹은 다른 어조조사가 있을 때

他犯了错误吧？
(그가 잘못을 저지른 거지?)
昨天我已经买了钢笔了，不去商店了。
(어제 이미 만년필을 사서 상점에 안 가도 돼)

⑤목적어가 고유명사인 경우

路上，我遇见了小王。(길에서 샤오왕을 우연히 만났어)

4) 동태조사 '了'의 문장 내 위치

동태조사 '了'는 동작의 상태를 설명하는 것이므로 기본적으로는 동사 뒤에 쓰인다. 일반적으로 목적어 앞, 보어 뒤에 쓰인다.

(1)단순 동사이거나 결과보어를 지닐 때, '동사 + (결과보어) + 了 + 목적어 혹은 간접목적어 + 직접목적어' 형식

昨天上午我们看了一部电影。(어제 오전에 우리는 영화 한 편 봤어요)
小明轻轻地关上了门。(샤오밍이 가볍게 문을 닫았다)
这件事给了我们很大的希望。(이 일은 우리에게 큰 희망을 가져다주었다)

(2)방향보어가 있을 때

①'동사 + 了 + 복합방향보어' 혹은 '동사 + 복합방향보어 + 了'에 따라 의미가 달라진다.

她想了起来。
她想起来了。
汽车停了下来。
汽车停下来了。

②'了'가 동사 바로 뒤에 위치하는 형식은 동작의 시작부터 완성까지의

과정을 강조하는 것으로 동작의 종결 여부, 현재와의 관련성은 강조하지 않는다. 따라서 일반적으로 동작이 과거에 완성되었음을 나타내는 경우가 많다. 그러나 복합방향보어 뒤에 '了'가 있는 경우는 현재와의 관련성, 동작이 아직 종결되지 않음 혹은 상태의 지속을 강조하게 된다. 따라서 이 형식은 동작이 현재 완성되고 있다거나 곧 완성될 경우에 쓴다. '她想了起来'는 '了'가 동사 뒤에 쓰여 동작의 종결을 나타내므로 '이미 생각이 났다'는 것을 의미하게 되고 '她想起来了'는 '了'가 보어 뒤에 쓰였으므로 아직 종결되지 않음을, 즉 '생각나기 시작했다'는 것을 나타내게 된다. 마찬가지로 '汽车停了下来'는 '차가 멈추었음'을, '汽车停了下来'는 '차가 멈추기 시작했음'을 나타낸다.

(3) 목적어와 방향보어가 함께 있을 때, 동태조사는 기본적으로 동사 뒤, 목적어 앞에 위치한다.

① '동사 + 来/去 + 了 + 목적어(추상명사/존현목적어 — 사람 등)'

忽然从海上传来了一阵歌声。(갑자기 바다에서 노랫소리가 전해져 왔다)

走来了一老一小。(어른 하나 아이 하나가 걸어왔어요)

② '동사 + 来/去 + 了 + 목적어(일반명사)'

'동사 + 了 + 목적어(일반명사) + 来/去'

我给他送去了一些水果。

我给他送了一些水果去。(내가 그에게 과일을 조금 보냈어)

③ '동사 + 了 + 목적어(일반명사) + 복합방향보어'

'동사 + 첫 번째 방향보어 + 了 + 목적어(일반명사) + 来/去'

'동사 + 복합방향보어 + 了 + 목적어(일반명사)'

他从书包里拿了一本书出来。(그가 가방에서 책 한 권을 꺼내서 왔어요)

他从书包里拿出了一本书来。(그가 가방에서 책 한 권을 꺼내 왔어요)

他从书包里拿出来了一本书。(그가 가방에서 책 한 권을 꺼냈어요)

④ '동사 + 첫 번째 방향보어+了+ 목적어(존현목적어 — 사람)+ 来/去'

'동사 + 복합방향보어 + 了 + 목적어(존현목적어—사람)'

这时从车上走下了一个人来。

这时从车上走下来了一个人。(이 때 차에서 어떤 한 사람이 걸어 내려 왔어요)

⑷연동문일 때는 의미에 따라 그 위치가 달라진다.

①두 개의 동작이 연속적으로 발생할 경우 첫 번째 동사 뒤

我下了课就去图书馆。(수업을 마치고 바로 도서관으로 가다)

②두 번째 동사가 첫 번째 동사의 목적이 될 경우 두 번째 동사 뒤

我去图书馆借了一本书。(나는 도서관에 가서 책을 한 권 빌렸다)

③첫 번째 동사가 두 번째 동사의 방식이 될 경우 두 번째 동사 뒤

我骑自行车去了图书馆。(나는 자전거를 타고 도서관에 갔다)

⑸동사가 중첩형식일 때, 이미 완성된 동작을 표현하고자 할 경우 동태조사 '了'는 두 동사 사이에 온다.

看了看这本书。(이 책 좀 봤어요)

4 어조조사

문미에 쓰여 말하는 사람이 그 문장에 단정, 진술, 추정, 의문, 명령, 감탄 등의 의미를 부여하는 조사를 어조조사[语气助词] 혹은 어기조사라고 한다. 어조조사에는 '呢' '吗' '吧' '啊' '了' '的' '罢' '罢了' '啦' '嘛' '呗' 등이 있다. '啊' '呢' '吧' '嘛' 등은 주어나 목적어 뒤에 쓰여 휴지의 표지로 쓰이거나 열거 혹은 강조의 의미를 부여하기도 한다. 또한 일부 어조조사는 단순히 어조를 나타내는 것 외에 문법적인 기능을 하는데 하나의 문장이 완전히 성립될 수 있도록 하는 것 등이 있다.

1. 了

1) 문법적 의미

⑴문장의 끝에 놓여 상황이 변화했음을 나타내는 경우

①주로 동작 동사에 쓰여 동작의 미발생에서 발생으로의 변화를 나타낸다.

上课了。(수업이 시작되었다)

下雨了。(비가 내린다)

队伍出发了。(팀이 출발했다)

②주로 결과보어 등을 동반하여 동작의 미완성에서 완성으로의 변화를 나

타낸다.

今天的作业作完了。(오늘 작업은 모두 다 했다)

你的信我看过了。(너의 편지는 내가 보았다)

③동작이 진행되다가 정지되었음을 나타낸다.

他一看见我就站住了。(그는 나를 보자마자 멈추어 섰다)

他一来，大家都不说话了。(그가 오자 모두들 더 이상 아무 말 하지 않았다)

④주로 형용사, 상태동사 등의 뒤에 쓰여 사물의 성질, 상태에 변화가 일어남을 나타낸다.

小李病了。(이군이 병이 났다)

明明学习进步了。(밍밍이 공부하는데 진보가 있다)

⑤주로 능원동사 뒤에 쓰여 희망에 변화가 있음을 나타낸다.

他又想去了。(그는 또 가고 싶어졌다)

他能看懂中文电影了。(그는 중국 영화를 보고 이해할 수 있게 되었다)

⑥모종의 동작이 곧 시작될 것임을 화자에게 일깨워주는 역할을 한다.

吃饭了。(곧 밥 먹을 거야 → 밥 먹자)

⑦수량의 변화를 나타낼 수 있다.

十点了。(10시가 되었다)

⑵다른 어조를 나타내는 경우

①명령, 지시, 설득, 저지의 어조를 나타낸다.

快点儿了，火车要开了。(재촉 - 빨리 해라, 기차가 곧 출발하려고 해)

别吵了。(제지 - 싸우지 마라)

酒不要再喝了。(제지 - 술은 더 이상 마시지 마라)

②확정의 어조를 나타낸다.

这年头不是从前了。(요즘은 예전과 달라)

③강조의 어조를 나타낸다. 정도가 높거나 시간이 길거나 수량이 많다거나 하는 것을 강조하며 문장 속에서 이들을 나타내는 성분이 함께 쓰이는 경우가 많다.

我问他三遍了，他也不回答。
(내가 그에게 세 번을 물었는데도 그는 대답을 하지 않는다)

2) 문법적 용법

(1)'了'의 위치는 보통 문장 끝에 오며 목적어 앞에는 올 수 없다. 그러나 보어와 같은 다른 성분 앞에는 올 수도 있다.

平静下来了。 | 平静了下来。
(평정해지기 시작했다 - 이 두 문장의 의미는 완전히 일치한다)

(2)수량사와 함께 쓰일 경우. 이때 어조조사 '了'만 쓰이는 경우와 동태조사 '了'가 함께 쓰이는 경우 의미상의 차이가 있다.

①동태조사 '了'만을 사용할 경우

ⓐ'동사 + 了 + 수량사 + 명사'의 형식은 동작의 완료를 나타낸다.

我买了一本书。(책 한 권을 샀다)

ⓑ'동사 + 了 + 시량보어 + 명사'의 형식은 동작이 지속된 시간만을 나타낸다. 그 후 동작이 완료되어 더 이상 진행되지 않음을 표시한다.

这本书我看了三天。(이 책은 내가 삼일 보았다)
我在上海住了五年。(상해에서 오년을 살았다)

ⓒ이때 '结束' '来' '进' '去' '出发' 등과 같은 비지속성 동작을 나타내는 동사라면 동태조사 '了'는 시량보어와 더불어 동작이 완료된 후 시간의 길이를 나타낸다.

他吃了药不到一个小时就吐了。
(그는 약을 먹은 지 한 시간도 안 되어 바로 토해내었다)
他来了才三天。
(그가 온 지 겨우 삼일이 되었다)

ⓓ뒤에 다른 절이 와 동작이 더 진행되거나 진행되지 않는다는 내용을 나타낸다.

这本书我看了三天才看完。
(이 책은 내가 삼일 동안 보았는데 그제서야 겨우 다 보았다)
才看了一半, 还得看几天。
(겨우 절반 보았으니 아직 며칠 더 보아야 한다)

②어조조사 '了'만을 사용할 경우 어떤 새로운 수량에 이르렀음을 표시하게 된다.

ⓐ'시량사 + 没 + 동사 + 了'

我们八年没见面了。(우리들은 8년째 보지 못했다)
他三天没回家了。(그는 3일째 집에 돌아오지 않았다)
好长时间没看到他了。(오랜 시간 동안 그를 보지 못했다)
一个多月没上班了。(한 달 넘게 출근하지 않았다)

ⓑ'주어(명사) + 술어(수량사)'

今天九号了。(오늘 9일이 되었다)
他二十五岁了。(그가 25살이 되었다)

ⓒ동태 조사 '了'와 어조조사 '了'를 모두 사용할 경우 주로 수량보어나 수량사의 수식을 받는 목적어가 온다.

ⓓ'동사 + 了 + 수량사(+ 명사) + 了'의 순으로 동작이 시작되거나 완성된 후 현재까지의 시간의 흐름, 동작의 횟수, 목적어와 관련된 수량의 변화 등을 설명한다.

图书馆买了三十本词典了。
(이미 30권을 구입했고 그 상황이 지금까지 이어짐)
他学了两年汉语了。
(2년 동안 공부를 했고 그 상황이 지금까지 이어짐)

加油

동태조사 '了'와 어조조사 '了'의 비교
㉠동태조사 '了'는 '동사+了'의 형식으로 동작의 완성을 표시.
㉡어조조사 '了'는 '문장+了'의 형식으로 새로운 상황으로의 변화를 표시. '…가 되었다'라는 의미
下雨了。(비가 오기 시작한다 – 원래는 오지 않았다)
两点了。(2시가 되었다)
他来过了。('了'는 어조조사로써 새로운 상황으로의 변화를 나타낸다. 따라서 '他来过(그가 온 적이 있다)'의 상태로 변화되었다는 뜻이므로 현재는 그가 없다는 뜻이다. 따라서 '그는 왔다가 갔다'라는 뜻이 된다)
他去过。(그는 간 적이 있다 – 지금은 어떤지 알 수 없다)
他去过了。(그는 간 적이 있는 상태가 되었다 – 그는 갔다가 왔다. 그래서 지금은 여기에 있다)

(3)주어, 목적어, 보어 등이 의문사일 때는 '了'를 쓸 수 있으나, 부사어가 의문사일 때는 일반적으로 '是…的' 형식으로 동작의 방식, 시간 등을 확정적으로 표현한다.

谁来了？(주어 – 누가 왔어?)

今天几号了？(술어 - 오늘 며칠이지?)
你说什么了？(목적어 - 너는 무얼 얘길 한 거니?)
你说什么话了？(관형어 - 너 무슨 말을 한 거니?)
你待几天了？(보어 - 너 며칠 동안 있었어?)
你是什么时候来的？(부사어 - 넌 언제 왔어?)
*他哪天走了？→ 他是哪天走的？(그가 며칠날 갔어요?)
*他什么时候来了？→ 他是什么时候来的？(그가 언제 왔어요?)

(4) 형용사가 술어 및 결과보어로 쓰인 문장에 어조조사 '了'가 쓰이면 모종의 기준에 부합되지 않음을 나타내게 된다. 주로 '大' '小' '高' '低' '长' '短' '肥' '瘦' '重' '轻' '粗' '细' '咸' '淡' '厚' '薄' '宽' '窄' '早' '晚'과 같이 성질이나 모양을 나타내는 형용사들이 이에 해당한다.

孩子长高了。(아이가 평균치에 비해 더 많이 자랐다는 의미)
衣服肥了一些。(옷이 일반적인 치수에 비해, 혹은 내 치수보다 크다는 의미)

2. 的

1) 문법적 의미

① 진술문의 문미에 사용되어 단정적인 어조 혹은 확신을 표시한다.

这件事我知道的。(이 일은 내가 알아요)
他要走的。(그 사람은 가요)

② 동사 뒤에 쓰여 그 동작의 주체, 시간, 장소, 방식 등이 과거에 일어났음을 강조한다. 목적어가 있을 경우 목적어는 '的' 뒤로 간다. 이는 '是…的' 형식의 특수구문이다.[44]

谁敲的钟，还不到时候呢?
(주체를 강조 - 누가 종을 친 거야, 아직 때도 되지 않았는데?)
我是昨天进的城。
(시간을 강조 - 전 어제 시내에 왔는데요)
他是怎么得的病？

---

44) '他是昨天来的。'와 '他是从美国回来的。'와 같은 경우의 '的'는 명사화시키는 구조조사 혹은 어조조사의 두 가지로 볼 수 있다.
他是昨天来的。(그는 어제 도착한 사람이다 - 구조조사)
(그는 어제 왔다 - 어조조사)
他是从美国回来的。(그는 미국에서 돌아온 사람이다 - 구조조사)
(그는 미국에서 돌아왔다 - 어조조사)

(방식을 강조 — 그가 어떻게 병을 얻었지?)

老王在北京念的书。

(장소를 강조 — 라오왕은 북경에서 공부한다)

③ 문두에 위치한 시간사나 동사구 뒤에 결합하여 뒷 절의 동작이 특정한 상황아래 이루어짐을 나타낸다. 주로 힐난, 반박, 만류 등의 어조와 함께 쓰인다.

大半夜的, 你们吵什么呀?(이런 꼭두새벽에 너희들은 왜 그렇게 시끄럽니?)

④ 명사구, 동사구, 형용사구 뒤에서 일종의 상태를 묘사한다.

孩子们有说有笑的, 很高兴。

(아이들이 이야기도 하고 웃기도 하며 아주 즐거워한다)

外面黑糊糊的, 什么也看不见。

(바깥이 너무 어두워서 아무 것도 보이지 않는다)

2) 문법적 용법

① 부정형식 — '没'로 부정하거나 '不是…的'로 부정할 수 있다. 이때 어조조사 '了'는 같이 쓸 수 없다.

他是坐飞机回来的。(비행기 타고 돌아왔다)

→ 他不是坐飞机回来的。/他没坐飞机回来。(비행기 타고 오지 않았다)

② '了'와 '的'의 비교 — '了'는 상황의 변화를 표시하고 '的'는 본래부터 어떠하였음을 표시한다.

你会弹钢琴吗?(당신은 피아노를 칠 줄 압니까?)

-会弹。(일반적 긍정 — 칠 줄 안다)

-会弹的。(단정적 긍정 — 칠 줄 알고 있었다)

-会弹了。(변화 — 칠 줄 알게 되었다)

3. 吗

① 의문사가 없는 문장의 끝에 쓰여 의문을 표시한다.

你去学校吗?(너 학교 가느냐?)

你要回家吗?(집으로 돌아가려느냐?)

你有钱吗?(돈 있느냐?)

*你为什么不去吗?

② 수사상 필요에 의한 반문, 질책 등을 표시할 수 있다. 이 경우 긍정은 강한 부정, 부정은 강한 긍정을 표시하게 된다.

你这样做对吗？(→ 不对) (이렇게 하는 것이 옳단 말이냐?)
这些道理不是很明白吗？(→ 很明白) (이 이치는 분명한 게 아니겠어?)

4. 呢

(1)'什么' '谁' '怎么' '哪' 등 의문대명사가 있는 의문문의 문미에 쓰인다. 이때 의문의 어조를 부드럽게 하거나 말하는 사람의 독백임을 나타낸다.

他为什么不来呢？(그는 왜 안 왔어요?)
为什么不去呢？(무엇 때문에 가지 않는 겁니까?)
今天我做什么呢？(오늘 난 무얼 해야 할까?)

(2)선택식 의문문에서 각 절의 문미에 쓰여 의문을 표시한다.

你赞成呢？还是反对呢？(너는 찬성이니? 아니면 반대니?)

(3)정반 의문문의 문미에 쓰여 의문을 표시한다.

这个东西好不好呢？(이 물건 좋아요?)

(4)반문을 표시하는 의문문의 문미에 쓰여 의문을 표시한다.

你怎么不记得呢？(넌 어떻게 기억을 못하니?)

(5)구체적 술어를 생략한 의문문의 문미에 쓰여 간단한 의문문을 형성한다.

我的书包呢？(내 가방은요?)

(6)그 외 어조조사 呢는 평서문에 쓰여 다른 어조를 나타낼 수도 있다.

① 진술문 문에서 단정, 감탄, 과장, 혐오 등의 어조를 나타낸다.

他还没吃饭呢。(그는 아직 밥을 먹지 않았다 – 확실히 그렇다)
我才不相信他的话呢！(나는 그의 말을 절대 믿지 않아! – 감탄)

②동태조사 着, 혹은 부사 '正, 正在, 在'와 어울려 문미에서 진행을 나타낸다.

他正看着电视呢。(그는 지금 TV를 보고 있어)

③'才/可/还 + 동사/형용사 + 呢'형식에서 과장이나 강조의 어감을 나타낸다.

今天他才来呢。(그는 오늘에야 온다고!)

④주어 뒤에 쓰여 휴지(休止)를 나타내며 이로 상대방의 주의를 이끌어낸다.

我呢(,) 根本不同意。(나는 말이야, 절대 동의하지 않아)

⑤가설문에 쓰여 상대방이나 화자 자신으로 하여금 생각을 유도한다.

我要是不同意呢，你怎么办？(내가 만일 동의하지 않는다면, 넌 어쩔 거야?)

⑥부정적인 어감을 풍긴다.

管他呢，自己喜欢就行。(상관하기는! 본인이 좋으면 그만이지)

5. 吧

①명령문에서 명령，청유를 표시한다.

来吧。(어서 오세요)

屋里坐吧。(방안에 앉으세요)

②진술문 문미에서 추측을 표시한다.

他恐怕走了吧。(그는 아마 갔을 거야)

也许又病了吧。(아마 또 병이 났을 거야)

③동의를 표시한다.

好吧，我同意了。(좋아, 동의했어)

④휴지(休止)를 표시할 수도 있다.

我跑步一点儿也不快，比如小王吧，就比我跑得快多了。
(나는 달리기가 조금도 빠르지 않아, 샤오왕을 보면 나보다 훨씬 빨리 달려)

⑤대구를 이루는 문장에서 가설을 표시하는데 이때 어조는 망설임이나 곤란함 등을 나타내게 된다.

去吧，没那么多钱，不去吧，朋友们会不高兴，真让我为难。
(가자니 돈이 없고, 안 가자니 친구들이 좋아하지 않을 것이니 정말 난감하다)

6. 啊 呀 哇 哪

1) 문법적 의미

①진술문의 끝에 쓰여 상대방의 주의를 환기시킨다.

他就是你说的小王啊。(그가 바로 네가 말한 샤오왕이야!)

一个人也行啊。(혼자라도 됩니다!)

②감탄문의 끝에 쓰인다.

真好啊！(정말 좋군!)

这儿的风景多美啊！(이 곳의 경치는 정말 아름다워!)

③명령문의 끝에 쓰여 촉구함을 나타낸다.

请坐啊！(앉으세요!)

快走啊！(빨리 가라구!)

④'啊' '了' '吧'의 비교

ⓐ금지문에 조사 '了'가 쓰이면 이미 시작된 행동을 제지하는 반면, '啊'는 행동의 시작 여부와는 관계없다.

不要吃了。(그만 먹어라) | 不要吃啊。(먹지 마라)

ⓑ'吧'는 '啊'에 비해 권고나 의뢰의 어감이 강하며 '啊'는 재촉이나 어떤 일을 하거나 하지 않음이 당연하다는 어감을 가지게 한다.

2) 문법적 용법

①의문문 끝에 쓰일 수 있다. 그러나 '吗'와 달리 '啊'는 스스로 의문문을 만들지는 못하고 의문 대명사를 쓰거나 정반 의문문 형태 등, 의문문을 이루는 다른 형식이 있어야 한다.

上哪儿去啊？(어디가세요?)

你到底去不去啊？(너 도대체 가는 거야, 안 가는 거야?)

②의문대명사가 있는 의문문이나 선택식 의문문에는 '啊'를 쓸 수도 있고, 쓰지 않을 수도 있으나, '啊'를 사용하는 경우 어감이 조금 부드러워진다.

什么事啊？(무슨 일이세요?)

是谁啊？(누구세요?)

③상대방의 확인을 구하는 진술식 의문문에는 일반적으로 '啊'를 쓰고, 만약 '啊'를 쓰지 않을 경우에는 마지막 음절의 어조가 올라가게 된다.

你不去啊？(너 안가는 거지?)

你说的是真话啊？(네가 말한 게 정말이지?)

④반어문에 '啊'를 쓰면 쓰지 않는 것보다 어감이 부드러워진다.

客人都来了，怎么不上茶啊？(손님들이 모두 왔는데 어떻게 차를 안 내오지?)

你怎么不理人家啊？(너 왜 다른 사람을 상대하지 않니?)

⑤말하는 사람이 잠시 머뭇거리거나, 혹은 주의를 끌고자 할 때 사용한다.

去年啊，去年这会儿啊，我还在上海呢。
(작년에 말이야, 작년 이맘 때 난 여전히 상해에 있었어)

⑥ 몇 개의 사항을 열거할 때 쓰인다.

这里的山啊，水啊，树啊，草啊，都是我从小就非常熟悉的。
(이 곳의 산이며, 물이며, 나무며, 풀 모두 내가 어릴 때부터 너무 잘 알던 것들이다)

⑦ 가정이나 조건을 나타내는 문장의 끝에 쓰인다.

我要是自己会啊，就不来麻烦你了。
(내가 스스로 할 줄 안다면 너를 귀찮게 하지 않을 거야)

3) 발음상의 특징

앞 글자의 발음	「啊」의 변음	대용한자	예문
-a -e -i -o -ü	a → ya [ia]	呀	看戏呀
-ao -ou -u	a → wa [ua]	哇	很好哇
-n	a → na [na]	哪	有人哪
-ng	a → nga [ŋa]	啊	好香啊
zhi chi shi ri er	a → ra [ʐa]	啊	老师啊
zi ci si	a → sa [za]	啊	公子啊

'啊'가 어조조사로 쓰일 때 앞 음절의 영향으로 다음과 같은 연음변화(連音變化)가 일어나며, 그 음에 따라 다른 한자를 바꾸어 쓰기도 한다. 보통 앞 낱말의 마지막 음과 결합하여 'ya' 'wa' 'na' 'nga' 등의 음으로 변하기 때문에, 각각 '呀 · ya' '哇 · wa' '哪 · na' 등의 글자를 사용하는 경우가 많지만 'nga'만은 적당한 글자가 없기 때문에 '啊'를 그대로 사용하는 경우가 많다.

7. 啦

'了'와 '啊'가 합쳐진 것으로 새로운 상황의 발생을 나타내거나, 명령, 감탄, 의문의 어조를 부드럽게 한다.

他回去啦。(그가 돌아가 버렸어요 — 새로운 상황의 발생)
你们别说啦。(너희들 말하지 말거라 — 부드러운 명령)
你怎么啦？(네가 왜 그러니? — 부드러운 의문)
好极啦！(정말 좋다! — 감탄)

8. 嘛

말하는 사람의 자신감이나 입장을 강조한다.

就是嘛。(그렇다니까!)
这些东西都很好嘛。(이 물건들은 모두 좋은 거라니까요)
还是你去嘛。(그래도 네가 가렴)

9. 呗

①말하는 사람이 당연하다고 생각되는 것을 남에게 권하거나 자기가 실행하겠다는 입장을 나타낸다.

不懂就学呗。(모르면 공부하면 되지)
你不喝，我自己喝呗。(네가 마시지 않으면 내가 마시면 되지)

②주어진 상황에 개의치 않겠다는 뜻을 나타낸다.

说就说呗，我怕什么？(말하면 말하는 거지, 내가 뭐가 무서워?)

10. 罢了

말하는 사람이 한 가지 상황 밖에 없음을 나타낸다. '…할 뿐이다.'라고 해석되며 대개 앞에 '不过'가 온다.

我不过问问价钱罢了。(나는 그저 가격을 물었을 뿐이야)

11. 着呢

형용사 술어문 뒤에 쓰여 강조나 과장의 어감을 나타낸다.

那些东西多着呢。(그 물건들은 아주 많이 있어)

第十二章

의성사[拟声词]

사람이나 사물이 내는 소리, 자연계의 소리 등으로 사물의 상태를 묘사하는 낱말들을 의성어라고 하고, 사람 · 사물 · 동물 등의 태도 · 모양을 흉내 낸 말들을 의태어라고 한다.

중국에서는 의성어가 부사어 · 관형어 · 술어가 될 수 있기 때문에 하나의 품사로 취급하여 의성사[拟声词/象声词/摹声词]라고 한다.

반면에 상태 · 정태 · 동태 등을 묘사한 의태적 표현의 어휘들은 모두 상태 형용사로 분류한다. 따라서 중국어에서는 의성사는 개별 품사로 따로 존재하지만 의태어는 상태형용사의 하위분류가 되어 개별 품사로 따로 존재하지 않음을 알아둘 필요가 있다.

의성사의 묘사작용은 말을 더욱 생동적으로 운용할 수 있게 해준다. 중국어의 의성사는 '簌簌' '琅琅'과 같이 고대한어에서부터 사용되어 오던 것이 있고, '砰' '咕咚'과 같이 화자나 작가들이 자신의 상상력에 근거하여 만들어낸 것들이 있다. 전자는 구어체에서는 그다지 쓰이지 않고 주로 문언에서 많이 볼 수 있으며 후자는 그 형식이나 표기하는 한자가 고정적이지 않아 융통성이 매우 크다는 특징이 있다.

1 의성사의 종류

(1) 단순의성사

咚(툭. 둥. 쿵) ; 哞(음메) ; 喵(야옹) ; 喔(수탉의 울음소리) ; 叮咚(딩동)

(2) 중첩식 의성사

① AA/AAA식

哼哼(꿀꿀) ; 汪汪(멍멍) ; 咕咕(암탉의 울음소리) ; 咚咚(툭툭. 쿵쿵. 둥둥)

笃笃笃(똑똑똑)

② AAB/ABB식

叮叮当(딸랑딸랑) ; 咕噜噜(꼬르륵) ; 咕咚咚(첨벙첨벙)

③ AABB/ABAB식

滴滴答答(달그락달그락) ; 叮叮当当(띵띵 땅땅)

哗啦哗啦(콸콸콸) ; 蹴踏蹴踏(찍찍-슬리퍼 등을 끄는 소리)

④ A里AB/A里BC식

哇哩哇啦(와글와글, 재잘재잘) ; 噼哩啪啦(타다닥)

2 의성사의 기능

(1)의성사는 부사어로 가장 많이 활용되어 술어동사를 수식한다. 구조조사 '地'를 첨가할 수도 있고 첨가하지 않을 수도 있다.

嘿嘿地笑起来。

(헤헤하고 웃기 시작하다)

桌子上的闹钟在这么寂静的房间里的嗒的嗒地响着

(책상 위의 자명종이 이렇게 고요한 방안에서 째깍 째깍 울리고 있다)

(2)관형어로 쓰일 수 있으며 구조조사 '的'를 써야 한다.

咕咚咕咚的脚步声(쿵쿵하는 발걸음 소리)

(3)동사처럼 쓰여 술어가 된다.

哼了一声。(한 번 흥하고 소리를 냈다)

① 때로 술어로 쓰인 의성사가 목적어를 지니기도 한다.

你们一天到晚嘻嘻什么？(너희는 하루 종일 뭣 때문에 히히거리고 있니?)

②또한 동태조사나 방향보어 등이 결합되어 술어로 충분히 활용됨을 알 수 있다.

风又呜呜了一阵。(바람이 또 한바탕 휙휙 불어왔다)

(4)보어가 되기도 한다.

小李疼得直哎哟。(이군이 아프다고 계속 아야 아야 한다)

(5)때로 주어가 되기도 한다.

马达的隆隆，皮带的啪啪，铁器的叮当，使他的梦想，晃晃悠悠地离开了土地。
(모터의 붕붕거리는 소리, 혁대의 팍팍 거리는 소리, 쇠그릇의 딸랑 거리는 소리가 그의 몽상을 어지럽게 뒤흔들어 놓았다)

(6)목적어도 될 수 있다. 이 때 해당 의성사는 수량사와 같은 수식 성분을 동반해야 한다.

铜铁铺里发出使人焦躁的一些单调的叮当。
(철물점 안에서는 사람의 마음을 초조하게 만드는 띵땅 거리는 단조로운 소리가 들려오고 있었다. - 老舍《骆驼祥子》)

(7)의성사는 단독으로 문장성분이 될 수 있다.

砰，砰，砰，枪声突然响了。(탕, 탕, 탕, 갑자기 총소리가 울렸다)

3 의성사의 특징

(1)동태조사나 방향보어 '起来'와 함께 쓰일 수 있다.

手术时， 他没有哼哼过一声。(수술 때, 그는 끙끙 소리를 내어 본 적이 없다)
病人又哎哟哎哟起来。(환자가 또 아야 아야 하기 시작한다)

(2)중첩도 할 수 있다.

哎哟哎哟地叫起来。(아야 아야 소리 지르기 시작한다)

第十三章

감탄사[感叹词]

독립적으로 또는 절이나 문장의 앞에서, 느낌이나 부름 · 대답 따위를 나타내는 낱말의 갈래를 감탄사[感叹词/叹词]라고 한다.

중국어에서 감탄사는 허사에 속하지만, 다른 허사가 독립적으로 쓰이지 못하고 다른 낱말과 결합되어 문법 관계 등을 표시하는 것과는 달리 감탄사는 특별한 낱말에 의지함이 없이 철저하게 독립적으로 쓰일 수 있다.

감탄사는 말소리를 그대로 적는 것이 보통이지만, 중국어는 음절수가 제한되어 있기 때문에 감탄사도 이러한 음절 내의 소리를 적을 수밖에 없다. 감탄사임을 나타내는 글자는 주로 입구변(口)에 음절을 표시하는 문자를 쓰게 되며, 이러한 글자를 겹쳐 이음절 낱말로 쓰기도 한다.

1 감정 감탄사

(1)기쁨을 나타내는 것

哈哈 ¦ 嘿嘿

嘿嘿, 好吃吧？(헤헤, 맛있지?)

(2)성냄, 비난, 경멸을 나타내는 것

呸 ¦ 哼

哼, 你再这样做的话, 那时候非给你苦头吃不可。
(흥, 너 또 이러면 그 때는 너를 반드시 너를 고생 시킬거야)

(3)고통이나 탄식을 나타내는 것

哎哟 ¦ 咳

咳, 别提了, 我的钱包被偷走了。(아이참, 말하지 마, 내 지갑은 도둑맞았어)

(4)놀라움, 의외임을 나타내는 것

啊 ¦ 哎 ¦ 唉呀 ¦ 哎呀 ¦ 哟

哎呀, 是你呀, 真是好久不见！(앗, 너구나, 정말 오랜만이다!)

(5)깨달음을 나타내는 것

哦 ¦ 喔 ¦ 噢

噢, 我懂了。(음, 알겠어요)

2 의지 감탄사

(1)부름을 나타내는 것

喂 ¦ 哎

哎, 你们到这儿来吧。(저기요, 이쪽으로 오세요)

(2)응답을 나타내는 것

嗯 ¦ 嗨

嗯, 好吃。(네, 맛있어요)

(3)추궁 등을 표시하는 것, 이런 감탄사는 경우에 따라 여러 가지 성조로 발음된다.

啊 ¦ 嗯

啊(ā － 대답) -啊, 是我。(네, 저예요)

啊(á － 놀람) -啊？你说什么？(응? 너 뭐라고 했어?)

啊(ǎ — 깨달음) -啊! 这么回事啊！(아! 이렇게 된 거구나!)
啊(à — 감탄) -啊! 多美啊！(우와, 너무 아름다워요!)

第四編

문장성분과 문법

문장을 구성하는 요소를 문장성분이라고 한다. 일반적으로 주성분은 주어·술어·목적어가 있으며, 부속성분으로는 관형어·부사어·보어가 있으며, 다른 성분과는 별개로 문장 내에 존재하는 독립성분이 있다.

중국어의 주성분은 주어[主语], 술어[谓语], 목적어[宾语]가 있으며, 부속성분으로는 관형어[定语], 부사어[状语], 보어[补语]가 있다.

관형어는 체언을 수식하고, 부사어는 용언을 수식하며 보어는 동사나 형용사를 보충한다. 따라서 관형어, 부사어, 보어를 부가어/부속성분[附加语]이라고 하고, 이들의 수식이나 보충을 받는 성분을 중심어[中心语]라고 한다.

문장의 다른 성분과 직접적인 관련이 없이 독립성을 가지는 성분, 예를 들면 '啊! 我明白了' '这本书依我看是一本好书'에서 '啊' '依我看'과 같은 성분을 독립성분[独立成分]이라고 한다.

第一章

주어[主语], 술어[谓语], 목적어[宾语]

문장은 일반적으로 어떤 실체에 대해 서술하고 설명하는 말로 이루어져 있다. 이 경우 실체를 나타내는 말을 주어라 하며, 서술하고 설명하는 말을 술어라고 하며, 동작의 대상이 되는 말을 목적어라고 한다. 이러한 문장은 먼저 주어와 술어로 분석할 수 있으며, 중국어의 경우 술어에는 몇 가지 형태가 있다. 동사를 중심으로 '동사 + 목적어'의 형태, '동사/형용사 + 보어'의 형태 등이 있다.

주어[subject:主语]는 일반적으로 문장에서 술어가 나타내는 동작이나 상태의 주체가 되는 말이지만, 중국어의 주어는 이러한 범주에 속하지 않는 경우가 다양한 형태로 나타난다. 장소·시간·방위를 나타내는 말이 주어로 쓰일 수도 있으며, 화자와 청자가 공통적으로 인식하고 있는 확정적인 것은 동작의 방향과 관계없이 언제나 주어의 자리에 위치하는 독특한 문법현상을 보인다.

술어[predicate:谓语]는 일반적으로 문장에서 주어의 행동·상태·성질 따위를 설명해 주는 말이지만, 중국어의 주어와 술어의 관계는 이러한 범주에 속하지 않는 경우가 많고 아주 다양하기 때문에 주어와 술어의 관계를 이해하는 것이 중요하다. 중국어에서는 동사뿐만 아니라 형용사도 직접 술어가 될 수 있으며, 목적어와 유사한 성분을 가질 수도 있기 때문에 술어의 유형에 따른 특징을 파악하는 것도 매우 중요하다.

목적어[object:宾语]는 일반적으로 동작의 대상이 되는 말이지만, 중국어의 경우 동사의 동작 결과·처소·행위의 주체 등도 목적어의 위치에 나타나므로 동사와 목적어의 상관관계를 파악하는 것이 중요하다. 중국어는 화자와 청자가 공통적으로 인식하고 있지 않는 불확정적인 것은 동작의 방향과 관계없이 동사의 뒤에 놓일 수 있으며, 특별한 의미를 지닌 어휘가 목적어의 위치에 놓이는 독특한 문법현상을 보이므로, 동사와 이런 문장성분 및 목적어와 관계를 명확하게 이해하는 것이 아주 중요하다.

① 주어

술어가 진술하거나 설명하는 대상을 주어[主语]라고 한다.[45)]

1) 주어의 성분

중국어에서 주어 역할을 할 수 있는 낱말들은 허사(虛辭)를 제외하고 모두 가능하며 구나 문장도 주어 역할을 할 수 있다.

①명사, 대명사가 주어 역할을 하는 경우

天气很暖和。(날씨가 아주 따뜻해요) ; 谁在院子里？(누가 마당에 있지?)

②동사, 형용사가 주어 역할을 하는 경우

学习很重要。(공부는 아주 중요해)

消极是不对的。(소극적인 건 잘못된 거야)

③수사 및 수량사의 중첩형태가 주어 역할을 하는 경우

八是二的四倍。(8은 2의 4배다)

个个都是好青年。(하나 하나 모두 좋은 젊은이들이지)

④구나 문장이 주어 역할을 하는 경우

我和你都是韩国人。(나와 너는 모두 한국인이야)

我们明天去比较合适。(우리는 내일 가는 게 비교적 적당해)

2) 주어의 특징

⑴주어의 의미 유형

①동작의 주체가 주어인 경우가 가장 일반적이며 이를 능동주어[施事主语]라고 한다.

我唱了几首中国歌。

(나는 중국 노래를 몇 곡 불렀다. - '唱'이라는 동작을 실제로 하는 사람이 '我'이므로)

②동작을 받는 대상이 주어가 되는 경우도 있으며 이를 수동주어[受事主语]라고 한다. 중국어에서 대부분의 주어는 동작의 주체자 역할을 하지

45) 중국어에서는 주어와 그에 딸린 말들을 합칭하는 '주어부(主語部)' '주부(主部)'를 '主语'라고 하는 경우가 있다. 이런 경우 '주어부'의 핵심 단어인 '주어'는 '主词'라고 한다. 예를 들면, '每位老师一定上好每堂课'에서 '每位老师'를 '主语(주어부)'로 본다면, '老师'가 '主词(주어)'이다.

만 때로 동작의 대상이 주어의 위치에 오기도 한다.

我被他骗了。
(나는 그에게 속임을 당했다 - '骗'을 당하는 사람이 주어인 '我'이므로)

药吃了。
(약은 먹었어요 - 드러나지 않은 누군가에 의해 '药'이 먹히는 것이므로)

屋子打扫干净了。
(방안은 깨끗하게 청소 되었어요 - 방은 누군가에 의해 청소되어지는 것이므로)

③ 일부 주어는 동작의 주체자도 아니고 동작의 대상이 아닌 경우도 있다. 이를 중성주어[中性主语]라고 하며, 이때 주어는 술어의 진술 대상이 된다. 따라서 술어는 대개 명사나 형용사(구)로 이루어지며, 동사라 할지라도 비동작(非動作) 동사이거나 그 동작이 주어에서 비롯되지 않은 것이다.

今天星期三。
(오늘은 수요일이다 - 술어가 명사)

她的衣服挺漂亮的。
(그녀의 옷이 너무 예쁘다 -술어가 형용사)

这件衣服是他送给我的。
(이 옷은 그가 나에게 준 거야 - 술어가 비동작 동사)

这支笔写大字。
(이 붓은 큰 글씨를 써요 - 술어가 동작 동사이지만 동작이 주어에서 비롯된 것이 아닌 경우이다. '写'라는 동작은 주어 '笔'가 스스로 할 수 있는 동작이 아니므로)

(2) 주어에 대한 판단

술어 앞에 위치한다고 모두가 주어라고 볼 수는 없다. 시간사나 처소사가 문두에 있을 경우 서술, 묘사, 판단, 행위의 대상이면 주어이고, 동작 발생의 시간이나 장소이면 부사어이다.

那边过来一个女孩儿。(주어 - 그 쪽에서 여자아이 하나가 왔다)

今年跟去年不同。(주어 - 올해는 작년과 달라)

一天的时间都浪费了。(주어 - 하루라는 시간을 모두 낭비했어)

明天开一个重要会议。(부사어 - 내일 중요한 회의를 해)

(3) 주어의 한정성

중국어의 주어는 의미상 '한정적/확정적'이라는 특징이 있다. 즉, 주어가 지시하는 대상은 화자나 청자가 이미 모두 알고 있는 것이기 때문에 비한정적인 의미 특징을 가진 낱말이나 구는 주어 위치에 올 수 없다.

一个人来了 → 来一个人了。(목적어 위치로 이동시킨다)

那个人来了。(주어를 한정성을 지닌 지시사의 수식을 받게 한다)

2 술어

주어에 대해 진술 혹은 설명하는 성분을 술어[谓语]라고 한다.[46)]

1) 술어의 성분

중국어의 술어는 주로 동사나 동사구, 형용사나 형용사구가 담당하지만 때로 체언이나 문장이 술어가 되기도 한다.

①동사(구), 형용사(구)가 술어 역할을 하는 경우

老师教，学生学。(선생님은 가르치고 학생은 배운다)

那个故事可笑。(그 얘기는 웃긴다)

②명사, 수사, 대명사가 주로 시간, 날씨, 사람의 본적이나 국적, 특징 등을 말할 때 이들 품사가 술어 역할을 할 수 있다.

明天新年。(내일이 새해야) ; 他三十。(그는 서른 살입니다)

你怎么了？(너 왜 그러니?)

③주술 구조를 가진 문장이 술어가 되는 경우

她眼睛很大。(그녀는 눈이 크다)

毛衣他穿了两件。(스웨터는 그가 두 벌을 입었다)

苹果我买两斤。(사과는 내가 두 근을 샀다)

2) 술어와 목적어의 의미 관계

①동작 — 대상, 목적어가 술어가 나타내는 동작이나 행위의 대상을 나타낼 수 있다.

我看他演出的电影。(그가 연출한 영화를 본다)

妈妈吃了爸爸为她做的菜。(엄마는 아빠가 엄마를 위해 만든 요리를 드셨어)

---

46) 중국에서는 '谓语'를 술어와 그 목적어 · 보어 및 이들에 딸린 수식어로 전부인 '서술부(敍述部)' '술부(述部)'로 보는 경우도 있는데, 이럴 경우 '谓语'의 핵심 낱말인 동사나 형용사를 '谓词' 혹은 '述语'라고 한다. 예를 들면, '每位老师一定上好每堂课'에서 '一定上好每堂课'를 '谓语(서술부)'로 본다면 '上'은 '谓词' 혹은 '述语'이다.

② 동작 — 결과물, 목적어가 술어가 나타내는 동작이나 행위의 결과물을 나타낼 수 있다.

李先生写小说。(이선생님은 소설을 쓴다)

他编词典。(그는 사전을 편집한다)

③ 동작 — 장소, 목적어가 술어 동작이 이루어지는 장소를 나타낼 수 있다.

他住留学生宿舍。(그는 유학생 숙소에 살아요)

他在家吗?(그는 집에 있습니까?)

④ 동작 — 도구, 목적어가 술어 동작에 필요한 도구를 나타낼 수 있다.

我吃大碗，你吃小碗。(나는 큰 그릇에 먹고 넌 작은 그릇에 먹어라)

我喝小杯，你喝大杯。(나는 작은 잔으로 마시고 넌 큰 잔으로 마셔라)

⑤ 동작 — 주체, 목적어가 술어의 동작이나 행위의 주체를 나타낼 수도 있다. 이 경우 대개 존현문이거나 내용상 수용성 목적어의 성격을 지니는 경우이다.

· 동사가 '出现、存在、消失' 등의 의미를 가지는 존현문

来了几个学生。(몇몇 학생이 왔다)

· 내용상 수용성 목적어의 성격

这个房间可以住十个人。(이 방은 10명이 지낼 수 있다)

这锅饭可以吃五个人。(이 솥의 밥은 5명이 먹을 수 있다)

⑥ 목적어가 판단 관계를 나타낼 수 있다.

穿连衣裙的那位就是我的老师。(원피스 입은 저 분이 바로 저희 선생님이세요)

他是跟我最好的朋友。(그는 나와 가장 친한 친구이다)

3 목적어

동작의 대상, 행위의 결과 혹은 장소, 도구를 나타내는 말을 목적어[宾语]라고 한다. 명사나 대명사가 대부분이지만 다른 품사로 이루어진 낱말이나 구, 때로는 문장도 목적어가 될 수 있다.

1) 목적어의 성분

① 명사, 대명사가 목적어 역할을 하는 경우

我想买点东西。(나는 물건을 좀 사고 싶은데)

我去过那儿。(거기 가본 적 있어)

② 동사, 형용사가 목적어 역할을 하는 경우

他特别喜欢游泳。(그는 수영을 아주 좋아한다)

他不怕苦，不怕累。(그는 고생도 피곤함도 두려워하지 않아)

③ 구 혹은 문장이 목적어 역할을 하는 경우

他感到高兴极了。(그는 너무 기쁘다고 느꼈다)

我知道他出国了。(그가 출국했다는 거 알아요)

2) 목적어의 문법적 특징

(1) 일부 동사술어는 용언만을 목적어로 가지는 데 아래의 동사들이 이에 해당한다.

加以 ¦ 给予 ¦ 给以 ¦ 感觉 ¦ 感到 ¦ 希望 ¦ 以为

继续 ¦ 决定 ¦ 值得 ¦ 敢于 ¦ 打算 ¦ 企图 ¦ 开始

给予表扬和奖励。 ¦ 加以修改。 ¦ 现在继续开会。

(2) 일반적으로 동작의 대상이 목적어가 되지만 동작의 주체가 목적어가 되기도 한다. 이때 목적어가 나타내는 사람이나 사물은 대개 비한정적이며 존현문이고 '一' '几'와 같은 수사를 동반하는 경우가 많다.

来了几位客人。(손님 몇 분이 오셨다)

这锅饭能吃十个人。(이 솥의 밥은 열 명이 먹을 수 있다)

(3) 술어와 목적어가 사동의 관계를 나타내기도 한다.

① 동사 술어와 목적어가 사동의 의미를 나타내는 경우

住人(让人住 → 사람이 살도록 하다)

晒太阳(让太阳晒 → 태양을 비추도록 하다)

② 형용사 술어와 목적어가 사동의 의미를 나타내는 경우

红着脸(使脸红着 → 얼굴을 붉히다)

苦了他(使他苦了 → 그를 힘들게 하다)

(4) 목적어를 강조나 비교를 위해, 목적어가 너무 길어 간결하게 하기 위해 주어 앞으로 혹은 술어 앞으로 전치시키기도 한다.

我这些文章能看懂。(이 문장들은 모두 보고 이해할 수 있어)

我上海去过，南京也去过。(상해도 가보고 남경도 가봤어요)

那个问题我解决了。(그 문제는 내가 해결했어요)

(5)'주다' '받다'의 의미를 지닌 수여동사와 언어활동동사는 두 개의 목적어를 가질 수 있다.

①동사 바로 뒤에 오는 목적어가 간접 목적어이고, 직접목적어는 간접목적어 뒤에서 동사의 직접적인 지배를 받는다.

他告诉 + 我 + 一个坏消息

他欠 + 我 + 10块钱

他给 + 我 + 一张票

我问 + 老师 + 几个问题

②이중목적어 문장은 대상을 이끌어내기 위해 전치사를 사용할 필요가 없지만, 전치사 '把' 등으로 비이중목적어구문을 만들 수는 있다.

*我问向老师一个问题。→ 我问老师一个问题。
(나는 선생님께 문제 하나를 물었다)

爸爸送给我这本小说。→ 爸爸把这本小说送给我。
(아버지는 이 소설을 나에게 보내주셨다)

③이중목적어를 취할 수 있는 술어는 '주다, 받다'의 의미가 있는 수여동사이거나 말과 관련이 있는 언어활동 동사들이다. 언어활동 동사는 그 발화내용을 목적어로 삼을 수 있다.

주다 – 给 ⁝ 送 ⁝ 教 ⁝ 还 ⁝ 交 ⁝ 寄 ⁝ 借 ⁝ 租 ⁝ 卖

받다/취득하다 – 拿 ⁝ 偷 ⁝ 收 ⁝ 罚 ⁝ 赔 ⁝ 求 ⁝ 请教

还他一本词典。

언어활동 – 问 ⁝ 告诉 ⁝ 通知 ⁝ 教导 ⁝ 报告 ⁝ 吩咐

我问小王下午几点出发。

④이중목적어를 가질 수 있는 동사 중에는 간접목적어를 나타내는 전치사 '给'와 결합할 수 있는 것도 있고 없는 것도 있다.

(±给) 教 ⁝ 送 ⁝ 赠 ⁝ 还 ⁝ 赔 ⁝ 付 ⁝ 许 ⁝ 传 ⁝ 借

(-给) 问 ⁝ 给 ⁝ 告诉 ⁝ 欠 ⁝ 答应 ⁝ 回答 ⁝ 托 ⁝ 骗 ⁝ 称 ⁝ 吩咐

(+给) 递 ⁝ 写 ⁝ 租 ⁝ 分 ⁝ 寄 ⁝ 卖 ⁝ 交 ⁝ 拿

(6)목적어로 오는 명사들은 대개 비한정적인 의미를 나타낸다.

书买来了。(책은 사왔어 – 화자나 청자가 이미 알고 있는 책)

我买书去。(책 사러 간다 – 특정하지 않은 어떤 책)

客人来了。(손님 오셨어요 – 화자나 청자가 이미 알고 있는 손님)

来客人了。(손님 오셨어요 – 특정하지 않은 어떤 손님)

第二章

관형어[定语]

체언 앞에서 체언의 내용을 꾸미는 구실을 하는 문장성분을 관형어(冠形語)[定语]라고 한다.

관형어는 이것의 수식을 받는 체언에 대해 제한적 작용을 하기도 하고 묘사적 작용을 하기도 하는데 이는 관형어의 순서를 규정하는 중요한 요소가 된다. 하나의 중심어를 여러 개의 관형어가 수식을 하는 경우 그 순서를 정하는 것은 매우 까다롭다. 따라서 관형어 간의 순서에 대해 주의하여야 한다.

관형어는 관형어 표지인 구조조사 '的'를 동반할 수도 있고 그러하지 않을 수도 있다. 이러한 '的'의 동반 여부에 대해서도 특별히 주의하여야 한다.

1 관형어의 성분

(1) 명사, 대명사가 관형어 역할을 하는 경우

这是爷爷的帽子。(이것은 할아버지 모자예요)

我参加了他们的婚礼。(난 그 사람들 결혼식에 참석했어)

(2) 동사(구), 형용사(구)가 관형어 역할을 하는 경우

请的客人都到了。(초청한 손님들은 모두 오셨어요)

大家走进了庄严的会场。(모두 장엄한 회의장으로 입장하였다)

参加比赛的运动员 (시합에 참가하는 선수들)

(3) 수량사가 관형어 역할을 하는 경우

三本汉语书 (중국어 책 세 권) ; 好多朋友 (많은 친구들)

(4) 전치사구 혹은 문장이 관형어 역할을 하는 경우

对这件事的理解 (이 일에 대한 이해)

他就是我说的那个人。(그가 바로 내가 말한 사람이야)

2 구조조사 '的'

구조조사 '的'는 관형어와 중심어를 연결하는 역할을 하는 것으로 이를 통해 수식어와 중심어의 관계임을 드러낼 수 있다. 그러나 이 구조조사[结构助词]는 관형어와 중심어 간의 형식과 의미에 따라 반드시 필요한 경우도 있고 그렇지 않은 경우도 있다.

1) '的'를 사용하는 경우

(1) 명사나 대명사가 관형어로 쓰여 소속 혹은 소유를 나타낼 때

病人的心脏 (환자의 심장) ; 你的信 (너의 편지)

(2) 시간사가 관형어로 쓰일 때

几个月的努力 (몇 개월 간의 노력) ; 今天的活动安排 (오늘의 활동 일정)

(3) 처소사가 관형어로 쓰일 때

中间的座位 (중간 자리) ; 这儿的风俗 (이 곳의 풍습)

⑷방식을 나타내는 명사 혹은 대명사가 관형어로 쓰일 때

这样的做法 (이러한 방법) | 那样的欢迎仪式 (그러한 환영 의식)

⑸이음절의 형용사가 관형어로 쓰일 때, 그러나 관용적인 성격이 강한 경우 '的'를 쓰지 않을 수도 있다.

快乐的歌 (즐거운 노래) | 热烈的掌声 (열렬한 박수 소리)
幸福生活 (행복한 생활) | 关键时刻 (중요한 때)

⑹일음절 형용사로 된 관형어가 의미를 강조할 때 사용한다.

新的杂志 (새로운 잡지) | 老的东西 (낡은 물건)

⑺상태 형용사 즉 수식구조를 가진 형용사, 중첩 형식, 접미사와 결합된 형태, 혹은 정도부사의 수식을 받는 형용사가 관형어일 때

崭新的跑车 (참신한 스포츠 카) | 漆黑的夜晚 (칠흑의 밤)
整整齐齐的队伍 (가지런한 대열) | 绿油油的草原 (푸르디 푸른 초원)

⑻부사가 관형어일 때

经再三的请求，得到美术馆的帮助。
(여러 차례의 부탁으로 미술관의 도움을 얻었다)

⑼전치사구, 동사(구)가 관형어일 때

对国家的贡献 (국가에 대한 공헌) | 刚解决的那个问题 (막 해결한 그 문제)

⑽그 외 구나 절이 관형어일 때

学习和工作的内容 (공부와 작업의 내용)
留学生住的房间 (유학생이 사는 방)
三点开的火车 (3시에 출발하는 기차)

⑾중심어가 동사나 형용사일 때

他的耐心
(그의 인내 – 형용사 耐心이 관형어의 수식을 받아 명사처럼 쓰인 경우)
汉语水平的提高
(중국어 실력의 향상 – 동사 提高가 관형어의 수식을 받아 명사처럼 쓰인 경우)

⑿수량사구는 기본적으로 '的'와 함께 쓰이지 않지만 그것이 중첩되어 묘사적인 기능을 가지게 될 때는 구조조사 '的'와 함께 쓰인다.

桌子上摆着一本一本的新杂志。
(책상 위에 새 잡지가 한 권 한 권씩 놓여 있다 – 잡지가 놓여 있는 모습에 대한 묘사적 기능을 가짐)

加油

'多'와 '少'가 관형어로 쓰일 경우 주의할 점.

㉠'多'와 '少'는 형용사이지만 직접 단독으로 관형어가 될 수 없다.
好人 ; 小人 ; *多人 ; *少人

㉡형용사가 일반적으로 '很'이나 '不'의 수식을 받으면 '的'없이 관형어나 목적어가 될 수 없지만, '很多'와 '不少'는 수량사처럼 직접 명사를 수식하기 때문에 '的'를 생략할 수도 있다.
*很好人 → 很好的人 ; *不好人 → 不好的人
很多的人 / 很多人 ; 不少的人 / 不少人

㉢'不多'는 '的'없이 관형어나 목적어가 될 수 없다.
*不多人 → 不多的人
*买了不多 → 买了不多的

㉣'很少'는 '的'없이 관형어는 될 수 있으나 준목적어는 되지 못한다.
*看了很少 ; 很少人知道

2) '的'를 사용하지 않는 경우

(1)사람이나 사물의 성질, 재료, 용도, 과목 등을 나타내는 명사가 관형어로 쓰일 때

玻璃杯 ; 历史故事 ; 白银项链
铁保险柜 ; 语文老师

(2)수식을 받는 중심어가 단체, 기관 등으로 관용적인 소속이나 소유관계를 표시할 때

我们公司 ; 我们家

(3)명사 뒤에 일음절 방위사가 올 때

桌子上 ; 屋里 ; 箱子里

(4)일음절 형용사가 관형어일 때

大游泳池 ; 小桌子 ; 好学生

(5)양사의 중첩형식이 관형어일 때

件件礼物 ; 门门课程

(6)이음절 명사가 이음절 동사를 수식할 때

理论学习 ; 景物描写

(7)'동사 + 명사' 형식이 관용적으로 많이 쓰일 때, 그러나 이 경우에도 명사가 동사의 목적어로 오인될 수 있는 구조라면 반드시 '的'를 써야 한다.

学习生活 ; 工作小组 ; 研究人员

出版杂志(잡지를 출판하다) → 出版的杂志(출판된 잡지)

⑻수량사구가 관형어로 쓰일 때

一对夫妻 ; 三位老师

⑼친속관계를 표시할 때. 그 관계를 강조하고자 할 때는 '的'를 쓴다.

我母亲 ; 我哥哥

我的妈妈(다른 사람의 엄마가 아닌 바로 나의 엄마)

⑽몇 가지 관용 형식 속에서 쓰지 않는다.

老实人 ; 要紧事

重大贡献 ; 正经事

3) '的'를 써도 되고 안 써도 되는 경우

⑴소속집단을 수식할 때

我们(的)班

⑵명사 뒤에 이음절 방위사가 올 때

老张(的)旁边 ; 学校(的)前边

⑶구어적 색채가 짙은 이음절 형용사가 관형어일 때

漂亮(的)女孩 ; *美丽姑娘

⑷수사 '一'와 차용양사의 형식으로 '많음'을 표시할 때

一头(的)汗(온 머리에 가득한 땀)

一手(的)泥(온 손에 가득한 진흙)

⑸일부 이음절 동사가 관형어일 때

解决(的)方案 ; 执行(的)情况

学习(的)计划 ; 研究(的)方法

⑹'的'가 있고 없음에 따라 그 구조가 달라진다.

平常的事 ; 很平常的事 ; 平常事 ; *很平常事

要紧的话 ; 很要紧的话 ; 要紧话 ; *要紧一句话

汽车的轮子 ; 一辆汽车的轮子 ; 汽车轮子 ; *一辆汽车轮子

中国银行 ; 中国的银行

3 관형어의 성격

1) 제한적 관형어

제한적 관형어는 화자가 말하고자 하는 사물과 다른 사물을 구별하는 기능을 한다. 수많은 대상 중 어느 하나를 특별히 지정하는 것으로, 시간, 장소, 소속 관계를 나타내는 관형어가 특히 그러하다.

桌子上的书是中文的。
(장소 – 책상 위의 책은 중국어 책이다)

今天天气很好。
(시간 – 오늘 날씨가 참 좋다)

我买三斤苹果。
(수량 – 나는 사과 3근을 샀다)

我们班有十个学生。
(소속, 소유 - 우리 반에는 10명의 학생이 있다)

你昨天说的那件事，我们同意了。
(한정적 범위 – 네가 어제 말한 그 일은 우리가 동의했어)

2) 묘사적 관형어

묘사적 관형어는 어떤 대상에 대해 묘사할 뿐이며, 화자는 묘사하는 사물 자체만을 문제 삼을 뿐 제한적 관형어처럼 다른 대상과의 구별을 나타내지는 않는다. 재료, 직업, 상태, 성질, 특징 등을 나타내는 명사, 형용사 및 형용사구로 구성된 구가 주로 여기에 속한다. 하지만 동일한 내용의 구라고 할지라도 특히, 동사구, 주술구조 등의 관형어는 상황에 따라 제한적일 수 있고 묘사적일 수도 있다.

我有一张木头桌子。
(재료 – 나는 나무 책상이 하나 있다)

我们班的汉语老师姓李。
(직업 – 우리 반의 중국어 선생님은 성이 이 씨다)

我的朋友买了一件漂亮的衣服。
(상태 – 내 친구가 예쁜 옷 한 벌을 샀다)

我的老师是一位性情温和的人。
(성질 – 나의 선생님은 성정이 따뜻하신 분이다)

突然跑来了一个十五六岁的孩子。
(특징 – 갑자기 15-6세 되는 아이가 달려왔다)

我要买一支画画用的铅笔。
(용도 – 나는 그림그리기 용의 연필을 하나 살 거야)

对面走来了一位穿红衣服的姑娘。

(묘사적 관형어 - 반대편에서 붉은 옷을 입은 한 아가씨가 걸어온다)

穿红衣服的那位姑娘是他的妹妹。

(제한적 관형어 - 붉은 옷을 입은 저 아가씨가 그의 여동생이다)

4 관형어의 순서

하나의 중심어가 여러 개의 관형어를 가질 경우 그 순서에 대해 주의할 필요가 있다. 일반적으로 제한적 관형어는 묘사적 관형어 앞에 오며 수량사가 있을 경우 제한적 관형어와 묘사적 관형어 사이에 위치한다.

1) 제한적 관형어의 순서

소속 + 장소/시간 + 동사/형용사(구)/전치사구 + 범위(一切/任何) + 지시대명사 + 수량사구[47]

①소속 + 지시대명사 + 수량사 + 중심어

你 + 这 + 三本 + 杂志

②동사구 + 전치사구 + 지시대명사 + 수량사 + 중심어

他刚才说的 + 关于会议的 + 那 + 一套 + 意见

③소속 + 전치사구 + 중심어

小明 + 在体育方面的 + 兴趣

2) 묘사적 관형어의 순서

(1)주술구 + 동사(구)/전치사구 + 형용사구/(的가 필요한)상태사 + 형용사구/(的가 불필요한)비술어 형용사 + 묘사적인 명사

①주술구 + 묘사적인 명사 + 중심어

个子比一般人高些的 + 青年 + 工人

②동사구 + 재료 + 중심어, 이때 성질이나 재료가 중심어에 더 가까움

有地方色彩的 + 粗布 + 衣服

③동사구 + 상태사 + 중심어

---

47) 그러나 처소사와 소속은 둘 중 어느 것이 범위가 크느냐에 따라 순서가 바뀔 수도 있다.

草草写成的 + 乱七八糟的 + 信

(2)'的'를 쓰지 않는 묘사적 관형어가 여러 개 동시에 출현할 경우 그 순서는 일반적으로 '크기/신구 + 내원 + 색깔 + 형상/모델 + 재질 + 명사'이다.

(一张)小 + 黑 + 椭圆 + 木头 + 桌子

(一头)金色的 + 披肩 + 长发

3) 제한적 관형어와 묘사적 관형어가 같이 쓰일 경우 순서

(1)제한적 관형어 + 수량사 + 묘사적 관형어

*漂亮的那件衣服

→ 那件漂亮的衣服(그 예쁜 옷)

*古色古香的房间里的家具

→ 房间里的古色古香的家具 (방안의 고색창연한 가구)

(2)묘사적인 성분을 강조하고자 할 때는 묘사적 관형어가 수량사 앞에 위치할 수도 있다. 이때 수량사는 제한적인 용법에서 묘사적인 용법으로 바뀌게 된다.

最简单的一种工作方法(가장 간단한 작업 방법)

第三章

부사어[状语]

용언 앞에서 용언의 내용을 꾸미는 구실을 하는 문장성분을 부사어(副詞語)[状语]라고 한다.

부사어는 이것의 수식을 받는 용언에 대해 제한적 작용을 하기도 하고 묘사적 작용을 하기도 하는데 이는 부사어의 순서를 규정하는 중요한 요소가 된다. 하나의 중심어를 여러 개의 부사어가 수식을 하는 경우 그 순서에 주의하여야 한다.

부사어는 부사어 표지인 구조조사 '地'를 동반할 수도 있고 그러하지 않을 수도 있다. 이러한 '地'의 동반 여부에 대해서도 특별히 주의하여야 한다.

관형어의 위치는 중심어 앞에 국한되지만, 부사어는 술어 앞뿐만 아니라 주어 앞에도 위치할 수 있으며, 조동사의 앞이나 뒤에 위치할 수 있다. 부사어는 주어 앞, 술어 앞, 혹은 주어 앞과 술어 앞 모두에 위치할 수 있는 유형이 있으므로 이에 대해 주의해야 한다.

1 부사어의 성분

(1)부사가 부사어의 역할을 하는 경우

我们赶快走吧。(우리 빨리 가자)

我们已经说好了。(우리는 이미 얘기가 잘 되었습니다)

(2)전치사구가 부사어의 역할을 하는 경우

客人们从这边走。(손님들은 이쪽으로 가세요)

这件事由他负责。(이 일은 그가 책임을 집니다)

(3)명사, 대명사가 부사어의 역할을 하는 경우

我们后年毕业。(우리는 내후년에 졸업해)

你们这样写。(너희들은 이렇게 써라)

(4)동사(구), 형용사(구)가 부사어의 역할을 하는 경우

我明确地答复了他。(나는 분명하게 그에게 답을 했어)

他不同意地摇摇头。(그는 동의하지 않으며 고개를 가로 저었다)

这些困难都顺利地克服了。(이러한 어려움들은 모두 순조롭게 극복했다)

他大喊了一声。(그가 한 마디 크게 고함질렀다)

(5)수량사구가 부사어의 역할을 하는 경우

他一口气说出了这么多的消息。(그는 단숨에 이 많은 소식을 말했다)

我一眼就看出来了。(나는 한 눈에 알아보았어)

(6)병렬구나 성어(成語)가 부사어의 역할을 하는 경우도 있다.

他又失望又后悔地哭了。(그는 실망도 하고 후회도 하면서 울었어)

2 부사어의 성격

부사어 역시 관형어와 마찬가지로 그 의미에 따라 제한적 부사어와 묘사적 부사어로 나눌 수 있으며, 이는 부사어의 어순과 밀접한 관련이 있다.

1) 제한적 부사어

시간, 장소, 범위, 목적 등을 나타내는 것으로 술어를 제한하는 역할을 하는 부사어이다.

⑴시간을 나타내는 부사어

今天 ¦ 上午 ¦ 原来 ¦ 以后 ¦ 一年 ¦ 已经 ¦ 早 ¦ 就 ¦ 才 ¦ 一直
往往 ¦ 在…

⑵어조와 추측을 나타내는 부사어

明明 ¦ 的确 ¦ 当然 ¦ 果然 ¦ 反正 ¦ 千万 ¦ 大约 ¦ 几乎

⑶목적, 근거, 협동 등을 나타내는 부사어(대개 전치사와 함께 구를 이루는 경우)

为(了) ¦ 根据… ¦ 由… ¦ 拿… ¦ 同… ¦ 跟… ¦ 和…

⑷장소나 노선, 방향 등을 나타내는 부사어

上 ¦ 左边 ¦ 地上 ¦ 在… ¦ 从 ¦ 通过 ¦ 向 ¦ 往 ¦ 照

⑸대상을 나타내는 부사어

对 ¦ 给 ¦ 跟

⑹부정, 정도, 중복, 범위 등을 나타내는 부사어

不 ¦ 别 ¦ 很 ¦ 十分 ¦ 更 ¦ 最 ¦ 有点儿 ¦ 又 ¦ 再 ¦ 只 ¦ 仅仅 ¦ 都 ¦ 全 ¦ 光

2) 묘사적 부사어

동작자의 상태, 동작의 방식이나 과정 등을 묘사하는 부사어이다.

⑴동작자를 묘사하는 것

激动 ¦ 高兴 ¦ 兴奋 ¦ 愉快 ¦ 犹豫 ¦ 怀疑 ¦ 吃惊 ¦ 温和
妈妈很温和地看着女儿。(어머니는 온화한 태도로 딸을 보고 있다)
他很怀疑地注视着我。(그는 의심하는 눈초리로 나를 주시하였다)

⑵동작을 묘사하는 것

快 ¦ 高 ¦ 仔细 ¦ 慢慢 ¦ 详细 ¦ 努力 ¦ 不停 ¦ 一脚 ¦ 独自 ¦ 反复
请你亲自给他做这个手术。
(당신이 직접 그에게 수술을 해주시길 부탁드립니다)
心脏猛烈地跳动着。
(심장이 격렬하게 뛰고 있다)
我们把房间彻底地打扫了一下。
(우리는 방을 철저하게 한 바탕 청소하였다)

3 부사어의 위치

부사어는 술어 앞에 위치하는 것이 일반적이지만 성격이나 수식 범위에 따라 주어 앞에 오기도 한다.

(1)주어 앞에만 올 수 있는 부사어, 주어의 범위를 제한하는 범위 부사로 '关于'나 '至于'의 전치사구로 구성된 부사어

就他一个人没来我的家。
(그 사람 혼자만 우리 집에 오지 않았어)

关于环境问题，我们明天继续讨论吧。
(환경 문제에 관해서는 내일 계속 토론합시다)

(2)주어 뒤에만 올 수 있는 부사어

①묘사적 부사어의 대부분, 일부 제한적 부사어

客人们请屋里坐！(손님들은 방안에 앉으세요!)

我很高兴地接受了。(저는 아주 기쁘게 받았습니다)

②'把' '被' '将' '叫' '让' '给' '管' '替' '离' 등으로 구성된 전치사구

你把那本书递给我。(그 책 좀 내게 건네줘)

你替我说一声。(나 대신 한 마디 해줘)

(3)주어 앞에도 올 수 있고 주어 뒤에도 올 수 있는 부사어, 주로 제한적 부사어가 이에 해당한다.

①'为' '为了'와 함께 목적을 나타내는 부사어

大家为我们的友好合作干杯!

为我们的友好合作，大家干杯! (모두 우리들의 우정 어린 합작을 위해 건배!)

②'按照' '根据' '依照' '拿' 등과 함께 근거를 나타내는 부사어

公司根据工人的要求调整了工资和工作时间。

根据工人的要求，公司调整了工资和工作时间。
(회사는 노동자들의 요구에 따라 임금과 작업 시간을 조정하였다)

③'沿(着)' '经(过)' '从' 등과 함께 노선을 나타내는 부사어

你沿着这条路一直走吧！

沿着这条路，你一直走吧！(이 길을 따라 계속 가세요!)

④'对' '对于'와 함께 대상을 나타내는 부사어

我对我的成绩感到很满意。

对我的成绩，我感到很满意。(내 성적에 아주 만족한다)

⑤ 시간사와 '突然' '原来' '回头' '其实' '的确' 등과 같은 일부 어기부사

他刚才去哪儿了? ⁝ 刚才他去哪儿了? (좀 전에 그가 어디 갔었어?)

他突然不见了。 ⁝ 突然她不见了。(갑자기 그가 보이지 않는다)

4 부사어의 순서

(1) 묘사적 부사어는 '동작자 묘사 + 동작 묘사' 순서

他激动地紧拉着我的手。(그가 아주 감격하여 내 손을 꼭 잡고 있다)

(2) 제한적 부사어는 '시간 + 어조/관련부사 + 목적/근거/협동/공구 + 장소/공간/방향/노선 + 대상 + 술어' 순서

这件事我昨天在下边都跟你谈了。
(이 일은 내가 어제 아래쪽에서 너와 얘기했잖니)
(시간 + 장소 + 범위 + 대상)

(3) 묘사적 부사어와 제한적 부사어가 같이 쓰일 때는 '시간 + 어조/관련부사 + 동작자묘사 + 목적/근거/협동 + 장소/공간/방향/노선 + 대상 + 동작묘사 + 술어' 순서

你要像个朋友似的跟人家好好谈谈。
(너는 마치 친구처럼 그 사람과 이야기를 잘 하는구나)
(동작자 묘사 + 대상 + 동작묘사)

他兴奋地从哥哥手里很快地抢过那封信来。
(그는 흥분해서 형의 손에서 재빨리 그 편지를 낚아챘다)
(동작자 묘사 + 장소 + 동작 묘사)

你们从前到底在一起共同生活了多久?
(너희들은 예전부터 도대체 얼마나 같이 생활한 거야?)

(4) 여러 개의 부사어가 동시에 쓰일 때 그 순서는 대강 아래와 같은 경향이 있다.

① 장소, 방향을 나타내는 부사어('在/从'전치사구에 해당)는 동작자를 묘사하는 부사어 앞에 올 수 있다.

他在胡同糊里糊涂地迷了路。(그는 골목에서 어리둥절해서 길을 잃었다)

② 동작을 묘사하는 부사어가 그 묘사 작용을 부각시키기 위해 장소, 공간,

방향, 노선, 대상의 앞에 올 수도 있다.

你详细地给我谈谈。
(나에게 상세하게 얘기 좀 해봐)(동작 묘사 – 대상)

敌人一步一步地后退着。
(적이 한 걸음 한 걸음 후퇴한다)(동작 묘사 – 방향)

他熟练地在本子上写下了自己的名字。
(그는 익숙하게 공책 위에 자기의 이름을 썼다)(동작 묘사 – 장소)

③ 장소를 나타내는 부사어 '在/从'전치사구는 시간사 앞뒤에 쓸 수 있다.

他在国内已经学过一年汉语了。
(그는 국내에서 이미 일년 반 동안 중국어를 공부했다)

④ 대상을 나타내는 부사어 '对' 전치사구는 동작자를 묘사하는 부사어 앞에 올 수 있다.

他对那个青年亲切地打了个招呼。(그는 그 청년에게 친절하게 인사했다)

⑤ 문장 안에 몇 개의 시간을 표시하는 부사어가 나타날 때 '시간명사 + 전치사구 + 부사'의 순서이다.

昨天我从早上七点一直睡到下午两点。
(어제 나는 아침 7시부터 오후 2시까지 계속 잤다)

⑥ 문장 안에 동작을 묘사하는 부사어가 두 개 이상 나타날 경우는 음절이 많은 부사어가 앞, 적은 부사어가 뒤에 온다.

他慢慢地紧逼过来。(그가 천천히 압박해온다)

⑦ '被' '叫(教)' '让'으로 이루어진 전치사구는 '把' 앞에 위치한다.

他被小偷把钱包给扒走了。(그는 좀도둑한테 지갑을 소매치기 당했다)

⑧ '很少'는 부사어로 쓰일 수 있으나 '很多'는 그렇지 않다.

*这里很多下雨。
这里很少下雨。(여기는 비가 별로 안 온다)

5 구조조사 '地'의 사용

일반적으로 제한적 부사어는 부사, 시간이나 장소를 나타내는 명사, 전치사구 등으로 이루어지는 경우가 많으므로 '地'를 쓰지 않는 경우가 많고, 묘사적 부사어는 그 의미 특성상 형용사(구)나 동사(구)로 이루어지는 경우가 많기 때문에 '地'를 쓰는 경우가 많다.

1) '地'를 사용해야 하는 경우

⑴동작자를 묘사하는 부사어는 일반적으로 구조조사 '地'를 사용한다.

①이음절로 된 동사, 형용사, 이음절 형용사의 중첩형태가 부사어로 쓰일 때

他吃惊地问;你买的?(그는 놀라며 물었다;네가 샀어?)

她轻松地唱了一首歌。(그녀는 가볍게 노래 한 곡을 불렀다)

他高高兴兴地笑了。(그는 아주 즐겁게 웃었다)

②동사구, 형용사구가 부사어일 때

双方亲切友好地交换了意见。(양쪽이 친절하게 의견을 교환했다)

非常详细地, 更好地。(아주 상세하게, 더 훌륭하게)

③주술구나 관용구인 경우

他肯定而坚决地说, …… (그가 확신하며 의연하게 말하기를, …)

手忙脚乱地解开了包袱。(갈팡질팡하며 짐을 풀어헤쳤다)

⑵동작을 묘사하는 경우는 다음과 같다.

①주술구조의 절이나 동사구가 부사어일 때

我们很感兴趣地看。(우리는 관심 있게 본다)

②명사(구)가 부사어로 쓰일 때

唯物主义地看问题。(유물주의적으로 문제를 본다)

③'大声' '快步'는 구조조사 '地'와 결합하지 않는다.

别大声说话!(큰 소리로 얘기하지 마!)

2) '地'를 사용하지 않는 경우

①일음절 형용사가 부사어일 때

多听多说。 快走啊!

加油

㉠'很少' '很难' 등은 '地'를 붙이지 않는다.
㉡'认真' '仔细' '努力' '明确' '安全' 등과 같은 일부 이음절 형용사는 '地'를 사용하지 않을 수도 있다.
㉢'真'이 부사어로 사용되는 경우 '的'를 쓸 수도 있고 쓰지 않을 수도 있다.
我真(的)想看那部电影。(나는 정말로 그 영화를 보고 싶어)

② 시간사, 방위사, 처소사가 부사어로 쓰이는 경우

我们明天去香山。(우리 내일 향산에 가자)

请屋里坐。(방에 앉으세요)

③ 전치사구가 부사어로 쓰일 때

你从什么时候开始学习汉语?
(너는 언제부터 중국어를 공부하기 시작했니?)

④ 수량구가 부사어로 쓰일 때

几万名工人一下子来到大草原, …。
(몇 만 명의 노동자들이 한 번에 초원으로 왔다, ….)

3) 동작을 묘사하여 '地'를 써도 되고 안 써도 되는 경우

① 이음절 형용사가 부사어가 될 때

他把病历仔细(地)看了一遍。(그가 병력을 자세하게 한 번 보았다)

他刚才还明确(地)表示过同意。(그는 좀 전에 분명하게 동의를 표시했다)

② 동작형용사가 중첩되어 쓰일 때

他回身轻轻(地)把门关上了。(그는 몸을 돌려 가볍게 문을 닫았다)

大家痛痛快快(地)玩了一天。(모두 통쾌하게 하루 놀았다)

③ 만일 뒤의 동사가 일음절 동사이면 일반적으로 '地'를 쓴다.

你们慢慢地走。(너희들 천천히 가)

④ 수량사 중첩형태인 경우

水一股一股(地)流进了房间。(물은 한 줄기 한 줄기씩 방으로 흘러 들어왔다)

你们两个两个(地)排好队。(너희들은 두 명씩 줄을 서라)

他一粒一粒(地)数着种子。(그는 씨앗을 한 알 한 알씩 세고 있다)

⑤ 관형적 격식이나 성어(成語)인 경우

你就这样按部就班(地)往下学, 一定能提高。
(네가 그렇게 착실하게 한 걸음 한 걸음 공부해나간다면 틀림없이 실력이 향상될 거야)

⑥ 의성사가 부사어인 경우, 하지만 의성사가 일음절인 경우에는 '地'를 쓴다.

她们格格(地)笑了起来。(그녀들이 깔깔 웃기 시작했다)

手枪乒地响了一声。

第四章

보어[补语]

'보어(補語)[complement]'라는 문법용어는 영어, 한국어, 중국어에서 각각 다른 문법성분을 지칭한다.

영어에서는 불완전동사의 의미를 보충하는 명사나 형용사를 보어라고 하는데, 중국에서는 이런 성분을 '**表语**'라고 한다. 'be'나 'become' 등과 같은 불완전자동사는 주격보어를 가지게 되며, 'make' 'find' 'keep' 등과 같은 불완전타동사에는 목적격보어를 가지게 된다. 'She is pretty' 'He makes her pretty'에서 'pretty'가 보어이다.

한국어에서는 '되다'와 '아니다'의 바로 앞에 반드시 와야 하는 '체언+이/가'를 보어라고 한다. '그녀는 예쁜 아가씨가 되었다' '그녀는 예쁜 아가씨가 아니다'에서 '예쁜 아가씨'가 보어이다.

그러나 이와 달리 중국어에서는 동사나 형용사의 뒤에 쓰여 상황·결과·정도·방향·시간·장소·수량·성질 등의 의미를 보충 설명하는 문장성분을 보어라고 한다. 따라서 중국어의 보어는 주성분이 아니고 보충성분이며 부속성분에 속한다.

중국어에는 동사나 형용사의 부속성분이 부사어와 보어의 두 종류가 있으며 이는 각기 그 의미와 문법적 기능이 다르므로 이에 대해 이해하여야만 올바른 중국어를 할 수 있다. 특히 한국어에는 동사나 형용사를 수식하는 성분이 부사어만 있으므로 많은 경우 한국어에서의 부사어는 중국어에서는 보어로 표현해야 하는 경우가 많다. 예를 들면, '어제 나는 일찍 왔다'에서 '일찍'은 부사어인데, 만일 이를 중국어로 번역할 때 '**早**'를 부사어로 써서 '**昨天我早来**'라고 하면 비문이 된다. '일찍'은 한국어에서는 부사어이지만 중국어에서는 '**来**'라는 동사의 결과를 나타내므로 보어로 써서 '**昨天我来得早**'라고 해야 한다.

이처럼 한국어와 중국어 간의 표현 형식의 차이는 문장의 이해 및 작문에 많은 영향을 미칠 수 있으므로 주의를 기울일 필요가 있다.

1 결과보어

(1) 결과보어는 동사 뒤에서 동작의 결과를 표시한다.

我看完了你说的那部电影。(네가 말한 그 영화를 다 보았다)

衣服都洗干净了。(옷은 모두 깨끗하게 세탁되었다)

(2) 일반적으로 동사는 동작이나 행위 자체에 대한 서술이고, 결과보어는 그 동작이나 행위의 결과에 대한 묘사이다.

我听了一个报告。(내가 보고를 들었다)

→ 我懂了那个报告。(결과적으로 그 보고를 이해했다)

→ 我听懂了那个报告。(내가 그 보고를 듣고 이해했다)

他昨天洗了一件衣服。(그가 어제 옷을 한 벌 빨았다)

→ 还是没干净(그래도 깨끗하지 않다)

→ 他没洗干净。(그는 깨끗하게 빨지 않았다)

(3) 결과보어 구문이라고 해서 반드시 과거에 발생했음을 의미하지는 않는다.

我一定要买到那本书

(난 그 책을 꼭 사겠다 - 이 문장은 아직 발생하지 않은 일이지만 '我要去买, 并且要买到'를 의미한다)

(4) 결과보어가 있고 없음에 따라 문장이 틀리거나 의미가 달라질 수 있다.

我看书。

(책을 읽는다는 뜻)

我看见书了。

(그 책이 어디에선가 보였다는 뜻. '看书'에서의 '看'은 단순히 동작을 나타내어 '책을 (얼마동안) 읽는다'라는 의미이고 '看见'에서의 '见'은 '看'의 결과를 나타내어 피동과 비지속의 의미를 부여하게 된다)

*亲朋好友看我就劝我结婚。→ 亲朋好友看见我就劝我结婚。

(친척이나 친구들이 나만 보면 결혼하라고 권한다)

*我听叫我的声音, 就停住了 → 我听见叫我的声音, 就停住了。

(나를 부르는 소리를 듣자마자 곧 멈추었다)

(5) 결과보어는 하나 이상 있을 수 없다.

*听见清楚 | *看见到 | *记住清楚

1) 결과보어의 형식

(1) 긍정문

①동사 + 형용사

算对 ¦ 写错 ¦ 做好 ¦ 拉长 ¦ 吃饱 ¦ 喝够 ¦ 装满 ¦ 准备好 ¦ 看清楚 ¦ 洗干净

②동사 + 동사

念完 ¦ 看见 ¦ 打开 ¦ 记住 ¦ 学会 ¦ 听懂 ¦ 救活 ¦ 饿死

③동사 + 전치사구[48)]

这架飞机飞往广州。

(2) 부정문

①没(有) + 동사 + 동사/형용사/전치사구

没(有)念完 ¦ 没(有)打开 ¦ 没(有)学会

②가설, 조건을 나타내거나 의지를 강조할 때는 '不'를 쓰기도 한다.

你不说清楚，我就不能帮你。
(네가 분명하게 말하지 않으면 나는 너를 도울 수가 없어)

我就不说清楚。
(난 분명히 말할 수 없어)

(3) 목적어와 조사의 위치

결과보어를 지닌 술어의 목적어와 조사는 보어 뒤에 위치한다. 술어와 결과보어는 긴밀하게 연결되기 때문에 둘 사이에 다른 성분이 삽입되지 않는다. '술어 + 결과보어 + 목적어', '술어 + 결과보어 + 조사'의 순서로 이루어진다.

*学汉语好 → 学好汉语 ¦ *听音乐完 → 听完音乐

*听了懂 → 听懂了 ¦ *学了会 → 学会了

(4) 정반 의문문의 형식

①동사 + 没 + 동사 + 결과보어

听没听懂?

48) 동사 뒤에 전치사가 결과보어 형식으로 결합되는 경우 결과보어에서 분리하여 전치사구보어라고 설정하기도 한다.

②동사 + 결과보어 + 没有

听懂了没有？

2) 자주 쓰이는 결과보어

(1) 동사 + 见 — 见 听见 碰见 遇见 望见 梦见

'见'은 앞의 동사가 나타내는 지속적 성질을 없애고 비지속적 성격으로 바꿈과 동시에 피동의 의미를 부여하게 된다. 따라서 술어가 '见'과 결합된 경우, 동작이 지속된 시간의 양을 나타내는 시량보어와 함께 쓰이지 못한다.

在回家的路上，我碰见了他。(집으로 돌아가는 길에서 나는 그와 마주쳤다)

*我们都看见了他两个小时

(2) 동사 + 在

①동사 + 在 + 장소 — 동작이 '在'가 나타내는 장소에 멈추어 있음을 나타낸다.

躺在沙发上(소파 위에 누워 있다)

呆在宿舍(숙소에 머물러 있다)

②동사 + 在 + 시간 — 동작이 일어난 시간을 나타낸다.

这个故事发生在古代。(이 일은 고대에 발생하였다)

(3) 동사 + 成

①동작의 완성이나 실현은 변화를 수반하기도 한다. 이때의 변화는 이전의 모습을 가지지 못하게 된다.

把韩币换成人民币。

(한국돈을 인민폐로 바꾸다 — 한국 화폐가 인민폐로 바뀌어 원래의 모습을 가지지 않음)

我把这篇文章翻译成汉语了。

(나는 그 문장을 중국어로 번역하였다 — 중국어로 바뀌어 원래의 모습을 가지지 않음)

②동작이 성공적으로 완성됨을 나타내기도 한다.

集中力量办成几件大事。

(역량을 집중시켜 몇 가지 큰일을 해내다)

那件事当时我犹豫了，没办成，如今后悔了。

(당시 나는 그 일에 대해 망설이느라 해내지 못했는데 지금은 후회스럽다)

(4) 동사 + 到

① 동작의 목적 달성을 나타낸다.

找到了。(찾아내었다)

拿到了。(가지고 왔다)

② 일이나 상태의 발전 변화가 도달된 정도 혹은 수량을 나타낸다.

事情已经闹到了不可收拾的地步了。
(일은 이미 수습할 수 없는 지경에 이르렀다)

我们村里学校的学生已经增加到100名了。
(우리 시골 마을 학교의 학생은 이미 100명까지 증가하였다)

③ 동사 + 到 + 시간 — 일정한 시간까지의 동작의 지속을 나타낸다.

谈到十点半。(10시까지 이야기하다)

学习到第二天凌晨。(다음 날 새벽까지 공부하다)

④ 동사 + 到 + 장소 — 동작이 일정한 장소에 도달했음을 나타낸다.

把椅子搬到教室。(의자를 교실까지 옮기다)

走到最前面的位子。(가장 앞쪽의 자리까지 걸어가다)

(5) 동사 + 住

① 동작을 통해서 사람 또는 사물의 위치가 고정됨을 말한다.

立刻站住了。(당장 멈추어 서다)

握住老李的手。(라오리의 손을 꼭 잡다)

② 사상이나 감정을 억제함을 말한다.

控制住自己的怒气。(자기의 화를 눌러 참다)

(6) 동사 + 好

① 동작이 완성되어 완전무결한 상태에 도달됨을 말한다.

这篇文章写好了。
(이 문장은 아주 잘 써졌다)

说好了大家一起去，他偏要单个儿去。
(모두 함께 가기로 얘기가 다 되었는데 그가 유독 혼자가려고 한다)

② '동사 + 完'은 동작을 끝냈다는 것만 나타내지만 '동사 + 好'는 완성뿐 아니라 완전무결한 상태에 도달되었다는 것까지 나타낸다.

看好了。(잘 보았다) - 看完了。(다 보았다)

(7) 동사 + 着(zháo)

① 주로 구어체에서 목적에 도달함을 의미한다.

这个迷语他没猜着。
(이 수수께끼는 그가 맞추지 못했다 – 답을 말하였으나 맞추지 못했음)

那本书终于借着了。
(그 책은 드디어 빌렸다 – 빌린 결과 그 책을 가지고 있음)

② 일부 동사, 형용사 후 사람이나 사물에 안 좋은 영향을 미쳤을 때

这个孩子穿得太少，冻着了。
(이 아이는 옷을 너무 적게 입어 동상에 걸렸다 – 얼어서 병이 걸렸다는 의미)

(8) 동사 + 掉

탈락, 분리, 소실을 나타낸다.

小心，别把你的帽子碰掉了。
(조심해, 부딪혀서 네 모자를 떨어뜨리지 않도록 해라)

这段话是多余的，删掉吧。
(이 말은 쓸데없는 것이니, 삭제해 없애버리자)

(9) 동사 + 给 + 명사

'给 + 목적어'가 보어로 쓰이면, 동사의 행위 대상인 어떤 사물이 주어의 수중에서 직접 '给'의 목적어 수중으로 전달된다는 뜻이다. 따라서 어떤 사물이 직접 전달되지 않고 다른 경로를 거치는 경우에는 '给 + 목적어'를 보어로 쓸 수 없다.

*妈妈买给我生日礼物 → 妈妈给我买生日礼物。
(어머니께서 나에게 생일 선물을 사 주셨다 — 생일 선물이 가게에서 어머니를 거쳐 나에게 전달되므로)

*老师给我交一把钥匙 → 老师交给我一把钥匙。
(선생님께서 내게 열쇠 하나를 주셨다)

*这笔钱我给你分一半 → 这笔钱我分给你一半。
(이 돈은 내가 너에게 절반을 나누어 주겠다)

아래의 동사들은 직접 전달되는 경우이므로 '给 + 목적어'를 보어로 쓸 수 있다.

送 ⁝ 卖 ⁝ 还 ⁝ 付 ⁝ 嫁 ⁝ 交 ⁝ 分 ⁝ 输 ⁝ 发 ⁝ 补

⑽동사 + 为 + 명사

'成'과 마찬가지로 동작의 결과로 인한 변화를 설명하게 된다. 다만 차이점이 있다면 '为'는 변화를 나타내기는 하되 원래의 모습을 지니고 있는 변화이다.

我们把他选为班长了。
(우리는 그를 반장으로 선출하였다 – 그가 반장이 된 후 신분에 변화는 있으나 그 사람 자체는 변화 없이 원래의 모습을 지니고 있음을 의미함)
向后将广告媒体可能将由目前的报纸改为电视。
(앞으로 광고 매체는 신문에서 TV로 바뀔 것이다 – 매체의 수단이 신문에서 TV로 바뀌었으나 광고를 위한 매체라는 점에서는 변화가 없음을 의미함)
他成为世界生理学家中第一个获得诺贝尔奖的人。
(그가 세계 생리학자 중에서 처음으로 노벨상을 탄 사람이 되었다 – 그가 첫 번째 수상자가 되긴 했으나 그 사람 자체는 변화가 없음을 나타냄)

2 방향보어

⑴동작이 일어나는 방향을 구체화하는 보어이다. '来' '去'의 단순 방향 보어와 이 '来' '去'가 다른 동사와 결합하여 보어를 이루는 복합방향보어로 나눌 수 있다.[49]

前面走来了一个人。(앞쪽에서 한 사람이 걸어온다)
这事当然就传开了。(이 일은 당연히 퍼져 나갔다)

⑵'来' '去'가 표시하는 방향은 동작이 실제 일어나는 방향이 아니라 화자의 입장에서 표시하는 것으로 이들은 기본적으로 경성이다.

他从图书馆借来一本书。(그는 도서관에서 책 한 권을 빌려왔다)

1. 방향보어의 형태

⑴단순 방향보어

①1류 단순방향보어(来/去)

回来 ⁝ 进去 ⁝ 拿来

49) 일반적으로 볼 때 단순방향보어와 그에 상응하는 복합방향보어가 나타내는 의미가 서로 같은 경우가 대부분이다. 이때 동사 술어가 목적어를 지니지 않는 경우 복합방향보어를 쓰며, 목적어나 기타 성분들이 같이 쓰이는 경우 단순방향보어나 복합방향보어 중 어느 것을 써도 좋다. 그러나 이것은 통상적으로 그렇게 사용한다는 것일 뿐 반드시 그래야만 하는 규칙이라고 볼 수는 없다.

②2류 단순방향보어(上/下/进/出/回/过/起/开)

开进 ⋮ 走回

(2)복합 방향보어(2류 단순방향보어+1류 단순방향보어)

	上	下	进	出	回	过	起	开
来	上来	下来	进来	出来	回来	过来	起来	开来
去	上去	下去	进去	出去	回去	过去	×	×

2. 방향보어의 문법적 형식

1) 단순방향보어와 목적어의 위치

(1)보어가 来/去인 경우

①동사+장소 목적어+来/去

他回家来了。 ⋮ 他出门去了。

②동사+사람/사물 목적어+来/去

동사+来/去+사람/사물 목적어

搬来一把椅子。 ⋮ 搬一把椅子来。(의자 하나를 옮겨 오다)

③동작이 이미 발생한 경우라면 목적어의 위치에 제한이 없으나 아직 동작이 발생하지 않았다면 일반적으로 목적어가 '来/去' 앞에 오게 된다.

快拿钱来!(빨리 돈 갖고 와!)

④동사+보어+추상명사 목적어

带来了困难 (어려움을 가져왔다)

(2)보어가 2류 방향보어인 경우

동사+上/下/进/出/回/过/起/开+목적어

他走上楼。

(그가 건물에 걸어 올라간다)

她爱上你了。

(그녀가 너를 좋아하게 되었어)

我们学校的礼堂能坐下两千人吗?

(우리 학교 강당은 2천명이 앉을 수 있지?)

2) 복합방향보어와 목적어의 위치

⑴ 장소목적어

동사 + 2류 단순방향보어 + 장소 목적어 + 1류단순 방향보어

他走进礼堂来了。(그가 강당으로 걸어 들어온다)

他跑回家去了。(그가 달려서 집에 돌아간다)

⑵ 사물 목적어

① 동사 + 사물 목적어 + 복합방향보어

두 가지 동작이 이어 발생하는 연동문 형식과 같다. 예를 들면, '拿一本书出来'에서 먼저 '拿一本书(책을 들고)'한 다음에 '出来(밖으로 나온다)' 한다는 뜻이다.

小孩搬一把椅子进来。(아이가 의자 하나를 옮겨서 들어온다)

② 동사 + 2류 단순방향보어 + 사물 목적어 + 1류 단순방향보어

두 가지 동작이 이어 발생하는 연동문 형식과 같다. 예를 들면, '拿出一本书来'에서 먼저 '拿出一本书(어느 장소 안에 있던 책을 꺼낸)' 한 다음 '来(온다)' 한다는 뜻이다.

小孩搬进一把椅子来。(아이가 의자 하나를 안으로 옮겨 온다)

举起手来。(손을 들어 올려라)

③ 동사 + 복합방향보어 + 사물 목적어

화자의 위치와 동작에 대한 한 가지 방향을 나타낸다. 예를 들면, '拿出来一本书'에서 (어느 장소 안에 있던) 책을 밖으로 꺼낸다는 한 가지 동작을 나타낸다.

小孩搬进来一把椅子。(아이가 의자 하나를 안으로 옮겨 들어 왔다)

卸下来很多粮食。(많은 곡식을 풀어 내렸다)

④ 목적어가 위와 같이 일반 사물일 경우 '来/去' 앞뒤로 올 수 있으나, 동목이합사의 목적어라면 일반적으로 '来/去' 앞에 위치하게 된다.

谈起话来。(이야기하기 시작하다)

鼓起掌来。(박수치기 시작하다)

写起汉字来。(한자쓰기 시작하다)

(3) 사람 목적어

동사 + 사람 목적어 + 복합방향보어

사람을 나타내는 목적어는 한정적이어야 하며, 1류와 2류 단순방향보어 사이에 위치할 수 없다.

送她回去了。(그녀를 돌려보내러 가다)

抱儿子上来。(아이를 안아 올리다)

3) 존현문에서 방향보어와 목적어의 위치

처소사 + 동사 + 보어 + 목적어

존현문의 목적어는 일반적으로 수량사를 동반하고, 불특정한 대상, 혹은 불특정한 동작의 주체자이다.

外面走进来几个小孩。(바깥에서 아이 몇 명이 걸어 들어온다)

从山上滚下来一块大石头。(산에서 큰 돌덩어리가 굴러 내려온다)

4) 목적어의 위치와 상(相)[动态]의 관계

(1) 단순방향보어를 사용한 문장에서 목적어가 사람이나 사물을 나타낼 경우

① 동작이 아직 발생하지 않았다면 '동사 + 목적어 + 来/去'형식을 쓴다.

下星期妈妈寄东西来。(다음 주에 엄마가 물건을 보내주실 거야)

② 동작이 이미 완료되었다면, '동사 + 목적어 + 来/去' '동사 + 来/去 + 목적어' 두 형식 모두 가능하다.

上星期妈妈寄了东西来。(지난주에 엄마가 물건을 보내주셨어)

上星期妈妈寄来了东西。(지난주에 엄마가 물건을 보내주셨어)

(2) 복합 방향보어를 사용한 문장에서 목적어가 사물을 나타낼 경우

① 동작이 아직 발생하지 않았다면 '동사 + 2류 단순방향보어 + 목적어 + 1류 단순방향보어'를 쓸 수 있다.

从书包里拿出一本书来。(가방에서 책을 한 권 꺼내다)

② 동작이 이미 완료되었다면, '동사 + 2류 단순방향보어 + 목적어 + 1류 단순방향보어' 혹은 '동사 + 2류 단순방향보어 + 1류 단순방향보어 + 목적어' 두 형식 모두 가능하다.

从书包里拿出一本书来。(가방에서 책을 한 권 꺼내 왔다)
从书包里拿出来一本书。(가방에서 책을 한 권 꺼냈다)

5) 방향보어의 부정형식

일반적으로 '没'로 부정하지만 조건문이나 가정문에서는 '不'를 사용할 수 있다.

我没做出来这道题。
(나는 이 문제를 내지 않았어)
我不做出来这道题就不做下道题。
(내가 이 문제를 내지 않았더라면 그 다음 문제도 내지 않았을 거야)

3. 자주 쓰이는 방향보어

방향보어는 기본적으로 화자의 입장에서 본 동작의 방향을 나타내지만, 그 용법이 확대되어 더 많은 의미를 가지게 되었다.50)

1) 来/去

①화자를 중심으로 한 동작의 방향을 의미한다.

②'看' '听' '说' '想'등 몇 개의 동사 뒤에서 방향이 아닌 추측, 어떤 방안에 착안한다는 의미를 가지게 된다.

看来，这个孩子不到十岁。(이 아이는 보아하니 10살이 채 못 되는 것 같다)
说来话长啊！(말하자면 얘기가 길어!)

③중국인은 우리와 달리 청자 중심으로 방향을 나타낼 때가 있다.

老板！再来一碗。- 好好！马上来。
(주인장! 한 그릇 더 주세요. - 예예! 곧 갑니다)
喂！你有空，马上来。- 好，现在来。
(여보세요, 시간이 있으면 바로 오세요. - 예, 지금 갑니다)

2) 上

①낮은데서 높은 곳으로 향함을 의미한다.

走上楼(건물에 걸어 올라가다)

50) 방향보어가 단순히 동작의 방향만을 나타내는 것이 아니라 거기에서 비롯된 더 많은 문법적 의미를 가지게 되자 이들을 결과보어로 분류하기도 한다. 그러나 그 의미들은 모두 방향성에서 파생된 것들이므로 본 책에서는 방향보어에서 설명하기로 한다.

② 목표, 수량(어림수)에 접근하거나 도달함을 의미한다.

走上前。
(앞쪽에 다가가다 – 곧 앞쪽에 이름을 나타냄)

追上了五号。
(5번을 뒤쫓아 가다 – 곧 5번에 가까워짐을 나타냄)

当上了总统。
(대통령이 되었다 – 대통령이라는 어려운 목표에 도달했음을 나타냄)

跑上几圈。
(몇 바퀴를 뛰다 – 뛰는 동작의 횟수가 几라는 수량에 이름을 나타냄)

③ 열린 상태에서 닫힌 상태로 향함을 의미한다.

关上门。(문을 닫다)

闭上嘴。(입을 닫다)

④ 새로운 상황이나 변화의 출현을 의미한다.

爱上你了。(너를 사랑하게 되었다)

交上了朋友。(친구를 사귀게 되었다)

⑤ 물건이 부착되거나 첨가됨을 표시한다.

算上我一个。(나 하나도 더 계산에 넣어줘)

戴上眼镜。(안경을 쓰다 – 안경이라는 물건이 몸에 부착됨을 나타냄)

⑥ 동작의 시작과 더불어 지속됨을 함께 표현한다.

他们一见面就聊上了。
(그들은 만나자마자 수다를 떨기 시작했다 – 수다 떠는 행위가 시작되고 어느 정도 지속되었음을 나타냄)

3) 上来

① 동작이 낮은 곳에서 높은 곳으로 향함을 나타낸다.

爬上山来(산에 오르다)

② 동작이 잘 완성됨을 표현하며 주로 가능보어 형태에서 많이 쓰인다.

这个问题你答得上来吗?(이 문제는 네가 대답할 수 있니?)

说实话，我讲不上来。(사실을 말하자면 난 설명할 수가 없어)

③ 형용사 뒤에 부가되어 상태나 정도가 확산되고 발전됨을 나타낸다.

他的脸渐渐红上来了。(그의 얼굴이 점점 더 붉어진다)

4) 上去

①어떤 동작에 추가되어 실현됨을 나타낸다.

他的钱赔上去。(그의 돈은 배상해주었다)

他们的名字，你都填上去。(그 사람들의 이름은 네가 모두 기입해주어라)

②일부 동사와 결합되어 동작의 완성 및 합치, 결합 따위를 의미하기도 한다. 해당 동사는 주로 '关', '合', '围', '包围' 등이다.

把窗户关上去。(창문을 닫아라)

5) 下

①높은 곳에서 낮은 곳으로 향함을 의미한다.

走下楼(건물에서 걸어 내려오다)

②사람이나 사물을 고정시킴을 의미한다.

留下了深刻的印像。(깊은 인상을 남겼다)

写下自己的名字。(자기의 이름을 써두어라)

③사물을 이탈시키거나 분리시킴을 의미한다.

脱下大衣。(외투를 벗어라)

摘下一朵玫瑰。(장미 한 송이를 따다)

④수용정도를 표시한다. 이 경우 대개 조동사와 함께 쓰이거나 혹은 가능보어형태로 쓰인다.

这里能坐下两千人？(이 곳에 2000명이 앉을 수 있습니까?)

礼堂里坐得下60个学生。(강당에는 60명의 학생이 앉을 수 있다)

⑤동태적인 상황에서 정태적인 상황으로 변함을 의미한다.

我一喊，他就停下了。(내가 고함을 한 번 지르자 그는 곧 멈추어 조용해졌다)

6) 下来

①사람이나 사물이 높은 곳에서 낮은 곳으로 이동함을 나타낸다.

从楼上走下来。(건물 위에서 걸어내려 오다)

②동작이나 상태가 동적 상태에서 정적으로, 밝은 것에서 어두운 것으로 정도가 심해지거나 천천히 변화하는 과정을 나타낸다.

天黑下来了。(날이 어두워진다)

③어떤 곳에 고정시키거나 정지되는 것을 나타낸다.

大家都把名字写下来。(모두들 이름을 써 넣으세요)

④동작 대상이 되는 사물이 분리되는 것을 표현한다.

快把衣服脱下来。(빨리 옷을 벗어라)

⑤동작이 과거에서 말하는 현재까지 지속되는 것을 표현하다.

他坚持下来了。(그는 계속 견지해왔다)

从过去传下来的传统。(과거에서부터 전해져 내려오는 전통)

⑥시간이나 노력 등을 필요로 하는 일을 완성함을 표현한다. 대개 '顶' '过' '活' '算' '念' '干' '撑' '生存' '忍耐' 등의 동사와 결합한다.

三年中文学下来, 他的进步是明显的。
(삼년 간 중국어를 공부해 와서 그의 진보는 아주 뚜렷하다)

7) 下去

①사람이나 사물이 높은 곳에서 낮은 곳으로 향함을 나타낸다.

从上面掉了下去。(위에서 떨어져 내렸다)

②이미 진행되고 있던 동작이 앞으로 계속 더 진행됨을 나타낸다. 이때 동작은 화자가 계속 진행되기를 희망하는 것에 한정되며 그렇지 않을 경우 '下去'를 써서 표현하지 않는다.

我明年还要在中国学习下去。
(나는 내년에 계속 중국에서 공부하고자 한다)

*我已经说几次不要这样做, 可他还在做下去
(나는 이미 여러 차례 그러지 말라고 했는데 그는 여전히 하고 있다)

③그러나 부정명령문, 가정문에서는 지속되기를 희망하지 않는 동사에 대해서도 사용할 수 있다. 이 경우 보어 뒤에 목적어를 지닐 수 없으며 목적어가 올 경우 이를 주어 혹은 동사 앞으로 이동하거나 선지사 '把'를 쓴다.

请你别再说下去了。(당신은 더 이상 아무 말 하지 마세요)

再这么打下去, 要出人命的。(이렇게 계속 때리다간 사람 죽이겠네)

他汉语语法都要学下去。(그는 중국어 문법까지 공부해나간다)

这些问题我们还要讨论下去。(이 문제들은 우리가 계속 더 토론할 것이다)

④'吃/喝' 류의 동사와 함께 동작 행위에 대한 수용 여부를 나타낸다.

要是吃不下去，就别吃了。(더 이상 못 먹겠으면 그만 먹어라)

⑤동사 '看'이 '下去'와 함께 가능보어의 부정 형태를 구성하여 더 이상 쳐다볼 수 없다는 의미를 나타낸다.

你真没礼貌，我实在看不下去。
(넌 정말 무례하구나, 난 더 이상 보아줄 수가 없다)

8) 出

①안에서 밖으로 나가는 것을 나타낸다.

走出教室。(교실 밖으로 나가다)

②감추어진 상태에서 노출 혹은 없는 상태에서 있는 상태로 변화함을 의미하기도 한다.

说出了自己的心愿。(자기의 염원을 말해 드러내다)
露出失望的神色。(실망한 기색을 드러내다)

9) 出来

①안에서 밖으로 나가는 것을 나타낸다.

走出教室来。(교실 밖으로 나오다)

②어떤 동작을 통하여 결과가 만들어 지는 것을 표현한다.

那张画他画出来了。(그 그림은 그가 그려낸 것이다)

③동작을 통해 드러나지 않던 것이 드러나거나 분명하지 않던 것이 분명해짐을 나타낸다.

我想出来一个好办法。(난 좋은 방법 하나를 생각해냈다)
我认出来了，她是小王。(나는 알아보았지, 그녀는 샤오왕이야)

④동작이 실현되거나 모종의 능력을 획득하게 됨을 나타낸다. '答', '练', '走', '回答', '锻炼' 등의 낱말과 많이 쓰인다.

这些考题，我都回答出来了。(이 시험 문제들은 내가 모두 대답해 내었다)

10) 出去

①동작의 대상이 소유자에게서 다른 이에게로 이전되는 것을 나타낸다.

那本书借出去了。(그 책은 이미 대출되어 나갔다)

②소리나 모종의 일이 밖으로 새어나가게 되는 것, 결과가 밖으로 드러날

때 쓴다.

这件事，你千万别说出去。(이 일은 절대로 입 밖에 내어서는 안 된다)

11) 起

①사람이나 사물이 낮은 곳에서 높은 곳으로 이동함을 나타낸다.

站起身，走了出去。(몸을 일으켜 밖으로 나갔다)

②양쪽이 연결되거나 결합하는 것을 나타낸다.

关起门。(문을 닫다)

③경제, 시간, 자격, 체력 등의 면에서 감당할 수 있는 지를 나타낸다. 가능보어 형식으로만 사용된다.

买得起那么贵的东西吗？(그렇게 비싼 물건을 살 수 있니?)

④새로운 동작이 시작되거나 새로운 상태로 전환됨을 나타낸다.

聊起了去旅行的事。(여행의 일을 이야기하기 시작했다)

12) 起来

(1)사물이 낮은 곳에서 높은 곳에 이름을 나타낸다.

太阳升起来了。(태양이 떠올랐다)

(2)동작이나 변화의 '시작'을 나타낸다.

①동작의 시작과 계속을 나타낸다. 목적어가 있으면 '起'와 '来'사이에 온다.

听了他的话，大家都笑起来了。
(그의 이야기를 듣고 모두 웃기 시작했다)

听了他的话，大家都鼓起掌来了。
(그의 이야기를 듣고, 모두 박수를 치기 시작했다)

②상태의 발생과 지속을 묘사적으로 나타낸다.

她一看见我，脸就红起来了。
(그녀는 나를 보자마자 얼굴이 붉어지기 시작했다)

③화자의 주관적 시작 시점을 나타내기 때문에 객관적인 시점사와 함께 쓰이지 못한다.

*大家九点上起课来了

⑶분산되어있던 사물이나 사람이 모아짐을 나타낸다.

晒干的衣服都收起来了。(햇빛에 말린 옷들은 모두 거두어 들였다)

大家把他围起来了。(모두들 그를 둘러쌌다)

⑷동작의 실제적 진행을 표시한다.

说起来容易，做起来难。(말로 하자면 쉬운데 실제로 하려면 어렵다)

这种东西用起来很方便。(이 물건은 쓰고자 하면 아주 편리하다)

⑸추측, 평가를 나타낸다. 이에 해당하는 동사로 '吃' '看' '摸' '听' '闻' '算' 등이 있다.

他看起来今年才十岁。(그 아이는 보아하니 올해 겨우 10살 정도 되어 보인다)

⑹정도부사의 수식을 받는 형용사는 이미 형성된 어떤 상태를 묘사하는 것이기 때문에 동작이나 변화의 시작을 나타내는 '起来'로 보충할 수 없다.

*听到这个消息，我很高兴起来 → 听到这个消息，我高兴起来。
(이 소식을 듣게 되어 내 마음이 즐거워지기 시작했다)

13) 过

①동작을 통해 사람이나 사물이 다른 곳으로 이동함을 나타낸다.

接过东西 (물건을 건네받다)

②사람이나 사물의 방향 전환을 나타낸다.

转过身 (몸을 돌리다)

14) 过去

①화자가 있는 곳에서 다른 곳으로 건너가게 됨을 나타낸다.

送过去(보내다) ; 跑过去(뛰어 건너가다) ; 走过去(걸어서 건너가다)

②좋거나 정상적인 상태에서 그렇지 않은 상태로 변함을 나타낸다. 이에 해당하는 동사로는 '昏' '死' '晕' '睡' '迷糊' '昏迷' 등이 있다.

昏过去了。(기절하다)

③요행으로 동작을 완성하게 되었음을 나타낸다. 이에 해당하는 동사로는 '瞒' '遮' '骗' '混' '应付' '蒙骗' '隐瞒' 등이 있다.

骗过去 (속이다)

④어렵고 힘든 시기를 보냈음을 나타낸다.

那么坎坷的时期都熬过去了。(그렇게 힘든 시기를 모두 겪어 왔다)

⑤'看' 혹은 '说' 등 동사의 가능보어로 쓰인다.

看不过去(보아서 넘어갈 수 없다 → 못 봐주겠다)

说不过去(말해서 넘어갈 수 없다 → 말로 당해낼 수가 없다)

15) 过来

①화자가 있는 곳에 도달함을 나타낸다.

跑过来了(뛰어 오다) ; 走过来(걸어 오다)

②좋거나 정상적인 상황으로 바뀌었음을 나타낸다.

他终于明白过来了。(그는 드디어 이해하게 되었다)

醒过来了。(깨어났다)

③어렵고 힘든 시기를 겪어 왔음을 나타낸다.

那么艰难的日子，我们都熬过来了。
(그렇게 힘든 시기를 우리는 모두 겪어 왔다)

④'算' '干' '数' '忙' '背' '念' '管' '疼' '画' '照顾' '照应' '照料' 등 동사의 가능보어로 쓰여 감당할 수 있는지 여부를 나타낸다.

工作太多了，我一个人忙不过来了。
(일이 너무 많아 나 혼자서는 바빠 감당 할 수 없다)

⑤동작의 방향을 바꾸어 화자 쪽을 향하게 함을 나타낸다.

转过脸来(얼굴을 돌리다)

回过头来(고개를 돌리다)

16) 开

①사람이나 사물이 어떤 장소에서 떠남을 의미한다.

把这张桌子拿开。(이 테이블을 들어낸다)

②이동, 분리를 나타낸다.

裂开了。(갈라졌다)

请大家打开书！(모두들 책을 펼치세요!)

③분산이나 확산을 나타낸다.

这些消息，已经传开了。(이 소식들은 이미 다 퍼져 나갔어)

④상황이 명백해졌거나 이해가 되었음을 나타낸다.

大家把话说开了，误会也消除了。
(모두들 이야기를 해서 오해가 없어졌다)

他事情解释开了，别人对他的误解也消除了。
(그가 상황에 대해 설명해내자 다른 사람도 그에 대한 오해를 풀었다)

⑤동작이 시작됨을 나타낸다.

会议一开始，大家就争论开了。
(회의가 시작되자 모두들 쟁론을 펼치기 시작했다)

⑥주어진 공간에 펼칠 수 있는지 여부를 나타낸다.

大厅太小，摆不开这么大的桌子。
(거실이 너무 작아 이렇게 큰 테이블은 놓을 수가 없다)

屋子太小，不能摆开两张床。
(방이 너무 작아서 침대 두 장을 펼치지 못한다)

⑦동작이 정태적 상황에서 동태적 상황에 진입했음을 나타낸다.

听了这句话妹妹就哭开了。(이 말을 듣고 여동생은 울기 시작했다)

17) 开来

①사물이 나누어지는 것을 나타낸다.

吹开来(바람이 불어 갈라지다)

切开来(칼로 잘라 나누다)

拉开来(당겨서 나누다)

②동작의 시작과 지속을 나타낸다.

说开来(말하기 시작하다)

骂开来(욕하기 시작하다)

议论开来(논의하기 시작하다)

3 가능 보어

동작이 어떤 결과나 상황에 이를 수 있는지의 여부, 혹은 그러한 가능성을 제공할 수 있는지를 보충 설명하는 보어이다.

做得完 | 出不去 | 跳得过去

가능보어는 가능여부만을 나타내지만 조동사 '能' 혹은 '可以'는 가능

뿐 만아니라 동의 혹은 허락 여부까지 나타낼 수 있는 점이 서로 다르다.

外面很冷，你又在发烧，不能出去。
(바깥이 너무 춥고, 열도 나니 나가선 안 된다 — 나가는 것을 허락하지 않는다는 의미)

记住，没有我的命令，你不能进来。
(명심해, 나의 명령이 없으면 넌 들어오지 못해 — 들어오는 것을 허락하지 않는다는 의미)

1. 가능보어의 형태

(1) 긍정문 : 동사 + 得 + 동사(구)/형용사(구)[51]
부정문 : 동사 + 不 + 동사(구)/형용사(구)

听得懂 | 爬得上去
听不懂 | 爬不上去

(2) 긍정문 : 동사 + 得 + 了(liao)
부정문 : 동사 + 不 + 了(liao)

这几本书，我都看得了。
今天晚上我有事，看不了这本书了。(看을 실현할 수 없다)
今天晚上我有事，看不完这本书了。(看完을 실현할 수 없다)

① 이 형식은 주로 부정문의 형태로 쓰이고 의미상 상응하는 긍정형태는 '能'을 많이 사용한다.

今天晚上我能去，他去不了。(오늘 밤 난 갈 수 있지만 그는 갈 수가 없다)

② 이 형식은 일반적 가능보어와 달리 '扩大' '提高' '埋没' 등과 같은 동보식 동사, 부사어가 있는 동사, 기타 보어가 있는 동사도 결합이 가능하다.

我们这里埋没不了人才。 | 他这个人早来不了。

(3) 긍정문 : 동사 + 得
부정문 : 동사 + 不得

다른 가능보어의 형태에 비해 이 형식은 마땅히 그래야 한다는 의미가 강하다.

吃不得 | 去不得
这个人你可小看不得。(不应该小看，즉 얕보아서는 안 된다)

---

51) 이때 '得'와 '不'는 경성으로 변한다.

2. 가능보어의 문법적 특징

(1) 가능보어를 취할 수 없는 동사

모든 동사가 가능보어를 취할 수 있는 것은 아니다. 아래 동사들은 그 의미적 특성으로 인해 가능보어를 취하지 못한다.

① '동사 + 보어'식 이음절 동사

取得 | 获得 | 觉得 | 认为 | 成为 | 广大

② 심리적 활동을 나타내는 동사

感动 | 喜欢 | 讨厌 | 误会 | 着急 | 希望

③ 특수동사

有 | 是 | 为 | 让 | 叫 | 给

④ 같은 의미의 일음절 형태와 이음절 형태의 동사가 있다면 일음절 동사에 주로 쓰인다.

考不好 | *考试不好 | 买进来 | *买入进来 | *购买进来

(2) 목적어의 위치

① 보어 뒤에 올 수 있다.

拿不了这么多东西。(이렇게 많은 물건을 들 수 없어)
听得懂汉语。(중국어를 알아들을 수 있다)

② 동사 + 목적어 + 동사 + 得/不 + 보어

说话说不明白。(말을 분명하게 하지 못하다)

③ 술어동사나 주어 앞에 올 수 있다.

他们中国话都听得懂。(그들은 모두 중국어를 알아들을 수 있다)
这本书我一个星期看得完。(이 책은 일주일 만에 다 읽을 수 있다)

④ 가능보어가 복합방향보어로 구성된 것이라면 두 개의 방향보어 사이에 온다.

说不出话来。(말을 꺼낼 수가 없다)

(3) 조동사와의 결합

이 형식의 부정에서는 조동사를 쓸 수 없다.

能写得清楚。(분명하게 쓸 수 있다) ; 可以抄得完。(다 베껴 쓸 수 있다)
*能写不清楚 ; *不能写得清楚 → 写不清楚/不能写清楚

(4) 부사어의 제한적 사용

가능보어와 함께 쓰일 수 있는 부사어는 시간, 장소, 범위, 대상을 나타내는 제한적 부사어이다. 만일 묘사적 부사어가 동사를 수식하고 있다면 '能 + 동사 + 결과보어' 형식이어야 한다.

*他自己也正确地回答不出 → 他自己也不能正确地回答出。
(그 사람 자신도 정확하게 대답해낼 수 없다)

*他高高兴兴地做得完这件事吗? → 他能高高兴兴地做完这件事吗?
(그가 즐겁게 이 일을 완성할 수 있습니까?)

(5) 가능보어를 취할 수 없는 특수 구문

① '把'구문과 '被'구문의 동작동사는 그 결과가 확실한 경우이다. 따라서 그 동작의 가능성을 나타내는 가능보어는 함께 쓸 수 없다.

*我把这个活干不好 → 我不能把这个活干好。
(나는 이 일을 잘 할 수가 없어요)

*这个杯子被他打不破 → 这个杯子不能被他打破。
(이 컵은 그에 의해 깨질 수가 없다)

② 연동문의 첫 번째 동사는 가능보어를 가질 수 없다.

*他病刚好, 出不去散步。
(이때 문장의 의미상 중점은 '出去'가 아니라 '散步'이기 때문에 그 가능성의 실현 여부는 '散步'에 관한 것이지 구체적 동작을 표시하지 않는 '出去'와는 관련이 없기 때문이다)

(6) 정반의문문의 형식

가능보어의 긍정 형식 + 가능보어의 부정 형식

听得懂听不懂?

4 상태보어

(1) 상태보어[状态补语][52]는 발생된 동작의 결과에 대해 묘사 혹은 평가하

52) 전통적으로 술어 뒤에서 동작이나 행위의 정도나 상태를 보충하는 보어를 모두 정도보어라 하였으며, 여기에는 정도부사를 보어로 활용하여 형용사나 심리동사가 나타내는

는 보어로 항상 '得'를 동반한다.

他说得很流利。(그는 아주 유창하게 말한다)

她写汉字写得很整齐。(그녀는 한자를 아주 가지런하게 쓴다)

他写信写得很快。(그는 편지를 아주 빨리 쓴다)

⑵실행된 동작의 결과에 대한 묘사가 아니고, 사건에 대한 단순한 진술인 경우에는 보어가 아닌 부사어로 표현해야 한다.

他很快地写了一封信。(그는 아주 빨리 편지 한 통을 썼다)

⑶상태보어는 실행된 동작에 대한 묘사이기 때문에 일어나지 않은 일, 추측하는 일을 나타내는 긍정문에서는 상태보어로 나타낼 수 없다. 하지만 이를 부정문으로 표현할 경우 상태보어를 사용하기도 한다.

*我们明天去爬山, 我想爬得很快 → 我们明天去爬山, 我想快点儿爬。
(우리는 내일 등산하러 가는데 좀 빨리 오르기를 바란다)

*你要学得很认真 → 你要认真学习。
(열심히 공부해야 해)

明天不要起得太早。
(내일은 너무 빨리 일어나지 않도록 해라)

⑷상태보어는 실행된 동작에 대한 묘사이지만 술어 뒤에 완성을 나타내는 '了'나 진행을 나타내는 '着'와 같은 동태조사를 사용할 수 없다.

病了得很严重 → 他病了, 病得很严重。(그가 병이 났는데 아주 위중하다)

1. 상태보어의 형태

⑴조사 '得'를 쓰는 경우

①긍정문:동사/형용사 + 得 + 보어

这件衣服长得多。(이 옷은 너무 많이 길다)

②부정문:동사/형용사 得 + 不 + 보어

这种点心做得不好吃。(이 간식은 별로 맛이 없다)

상태의 심한 정도를 표현하는 부류와 '得'를 동반하고 동작이나 사물의 상태를 묘사하는 부류가 있다. 이들은 서로 완전히 다른 문법 특징을 보이기 때문에 전자를 '정도보어[程度补语]'라 하고 후자를 '상태보어[状态补语]' 혹은 '정태보어[情态补语]' 혹은 '양태보어[样态补语]'라고 한다.

⑵ 조사 '得' 대신 '个/得个'를 쓰는 경우

① 동작이 미완성인 경우: 동사 + 个/得个 + 보어

笑个不停。(끝없이 웃다)

咱们今天可要玩个痛快。(우리 오늘 신나게 놀아보자)

闹得个鸡犬不宁。(소란을 피워 닭이나 개조차도 편치 않다)

② 동작이 완성된 경우: 동사 + 了 + 个 + 보어

弄了个乱七八糟。(엉망진창으로 만들었다)

玩了个痛快。(신나게 놀았다)

③ 이 경우 '很'을 보어로 취할 수 없으며, 의문문 형태로도 쓰이지 못한다.

*好个很

*你们今天游个痛快吗?

*你们今天游个痛快不痛快?

2. 상태보어의 구성요소

① 상태보어를 구성하는 가장 일반적인 형태는 상태를 표시하는 형용사이다. 따라서 성질형용사는 정도부사의 수식을 받고 상태보어로 쓰인다.

他学习得很认真。(그는 아주 열심히 공부한다)

② 동사, 동사구 혹은 주술구조의 문장도 상태보어를 구성할 수 있다.

她紧张得满脸通红。(그녀가 긴장해서 온 얼굴이 새빨갛다)

③ '冰凉' '漆黑' '雪白' '笔直' '草绿'와 같이 이미 상태를 나타내고 있는 상태형용사가 술어인 경우는 상태보어를 쓸 수 없다.

*冰凉得很凉。 | *雪白得很白。

3. 상태보어의 문법적 특징

1) 목적어의 위치

목적어가 있을 때는 목적어 뒤에 동사를 반복하고 보어를 두며, 첫 번째 동사는 생략할 수 있고, 주어와 목적어 위치를 도치할 수 있다.

① 동사 + 목적어 + 동사 + 得 + 보어

回答问题回答得很完整。(아주 완전하게 문제에 대답한다)

② 주어 + 목적어 + 동사 + 得 + 보어

他汉语说得很不错。(그는 중국어를 제법 잘 한다)

③목적어 + 주어 + 동사 + 得 + 보어

生词我们记得很快。(새 단어는 우리가 빨리 외운다)

2) 상태보어와 부사어

(1)성질형용사는 정도부사의 수식을 받아야 상태를 나타낸다. 따라서 성질형용사가 상태보어로 쓰이기 위해서는 정도부사의 수식을 받아야 한다.

他唱得很好听。(그는 노래를 아주 잘 부른다)

①성질형용사가 정도부사의 수식을 받지 않고 상태보어로 쓰였다면 대조의 의미를 가지게 된다.

他跑得快。(-你跑得慢) (그는 빨리 달린다 - (너는 달리는 게 늦다))

②형용사가 정도부사의 수식을 받지 않으면 가능보어의 긍정형이다.

他讲得明白。(가능보어 – 그는 분명하게 설명할 수 있다)

他讲得很明白。(상태보어 – 그는 분명하게 설명을 한다)

(2)상태보어에는 정도나 묘사의 의미가 이미 포함되어 있기 때문에 정도부사나 묘사성 부사어가 술어를 수식할 수 없다.

*非常忙得连吃饭的时间都没有

*很清楚地讲得很明白

(3)목적어가 있어 동사를 중복할 경우 제한적 부사어는 두 번째 동사 앞에 위치한다.

他讲这个问题已经讲得很清楚了。(그가 이 문제를 이미 분명하게 설명하였다)

3) 상태보어 문장의 술어

①술어가 되는 동사나 형용사는 중첩형식이 될 수 없다.

*我看看得很认真 → 我看得很认真。(나는 아주 열심히 본다)

*他高高兴兴得跳起来 → 他高兴得跳起来。(그가 기뻐서 깡충 깡충 뛴다)

②중첩 형식이나 수식구조의 상태형용사가 술어가 된 문장에서는 쓰이지 못한다.

*他高高兴兴得合不拢嘴

*冰凉得像冰一样的

4) 정반의문문의 형식

동사 + 得 + 보어 + 不 + 보어

写得好不好？(잘 썼어요?) ¦ 唱得好不好听？(노래 잘 불러요?)

4. 상태보어와 가능보어 형식 비교

형식	상태보어	가능보어
긍정형식	*?说得好	说得好
부정형식	说得不好	说不好
정반의문형식	说得好不好？	说得好说不好？
보어의 수식어	说得很好	*说得很好
목적어의 위치	说汉语说得很好	说得好汉语
보어의 구성요소	형용사, 동사, 부사, 주술구조 등	결과보어, 방향보어의 동사
휴지(休止)	说得/很好	说得好/

5 정도보어

형용사나 심리동사의 정도를 나타내기 위해 술어 뒤에 쓰인 정도부사를 정도보어[程度补语]라고 한다.

1. 정도보어의 형태

(1) 형용사/심리 동사+极, 透, 死, 坏, 远, 着了 등

我累极了。(너무 피곤해요)
我们高兴极了。(너무 즐거워요)
困死我了。(졸려 죽겠어요)
这儿的天气比北方好多了。(여기 날씨는 북방지역 보다 훨씬 더 좋다)

加油

정도보어의 이와 같은 형태는 그 구조가 결과보어와 유사해서 혼란을 일으킬 수 있으니 문장의 전체적 의미에 근거해서 결과보어인지, 정도보어인지 구분할 필요가 있다.

我的衣服叫雨淋透了。(결과보어-내 옷은 비에 완전히 젖었다)
这个人坏透了。(정도보어-이 사람은 아주 나쁘다)
这盆花干死了。(결과보어-이 화분의 꽃은 말라 죽었다)
这件事真把人急死了。(정도보어-이 사건으로 정말 조급해 죽겠다)

⑵ 형용사/심리 동사 + 得 + 很, 慌, 多, 不得了, 要命, 不行, 可以, 厉害 등

他为大家办事辛苦得很。(그는 모두를 위해 일을 하는데 너무 고생한다)
我觉得有点儿累得慌。(나는 조금 피곤해서 견디기 어렵다고 느꼈어요)
我渴得要命。(목이 말라 죽겠다)
外边热得要死。(바깥이 더워 죽겠어)

2. 정도보어의 문법적 특징 및 의미

1) 문법적 특징

①정도보어는 부정형식이 없다.

*累不极了。 ┆ *辛苦得不很。

②상태보어와 마찬가지로 술어가 정도부사의 수식을 받을 수 없다.

*非常忙得很。

③동사 중첩형식, 일부 이음절 동사, 상태형용사가 술어인 경우는 정도보어를 쓸 수 없다.

*高高兴兴极了。 ┆ *冰凉极了。

2) 极了

①술어가 목적어를 가지고 있다면 정도 보어 '极了'는 쓸 수 없으며, 이 경우 동사를 반복해주고 목적어를 반복된 동사 사이에 둔다.
동사 + 목적어 + 동사 + 极了

我想他想极了。(나는 그가 너무 그리워)

②'把'구문에서는 사용할 수 없다.

*这孩子把我气极了。

③'极' 단독으로 쓰이지 않는다.

*好极

3) 死了/坏了

①목적어를 이들 보어 뒤에 둘 수 있다.

吓坏了孩子。(아이를 놀라게 하다)
急死人了。(급해 죽겠다)

②'把'구문에서 사용할 수 있다.

这孩子把我气死了。(이 아이가 나를 화가 나 죽게 만든다)

4) 透了

①정도가 아주 심함을 나타내며 주로 좋지 못한 상황에서 많이 쓴다.

你这个人真坏透了。(너란 사람은 아주 나쁘구나)

②목적어는 보어 뒤에 두거나 동사 뒤에 목적어를 두고 동보구조를 반복한다.

恨透了他。 | 恨他恨透了。(그를 철저하게 미워한다)

③'把' 구문에서 사용할 수 있다.

他把我恨透了。(그를 철저하게 미워한다)

5) 得很

목적어를 가질 경우 동사를 반복한다.

想妈妈想得很。(엄마를 아주 그리워한다)

6) 得慌

①'很'에 비해 정도가 그리 심하지 않음을 의미한다.

闷得慌。(답답하다)

②그다지 좋지 못한 감각의 일음절 동사에 한정되어 쓰인다.

*乐得慌。

6 수량보어

술어의 동작 경력, 연속된 시간, 횟수 등을 보충 설명하는 수량사 혹은 수량사구이다.

1. 동량보어

1) 동량보어의 형태

①동사 + 동량보어 + 일반 명사 목적어

他念了一遍课文。(그는 본문을 한 번 읽었다)

②동사 + 대명사 목적어 + 동량보어

我找了他两回。(내가 그를 두 번 찾아 갔다)

③동사 + (구체적인) 인명/장소 목적어 + 동량보어
동사 + 동량보어 + (구체적인) 인명/장소 목적어

我去过长城一次。 ⁝ 我去过一次长城。(나는 만리장성에 한 번 가보았다)
我找了小李两回。 ⁝ 我找了两回小李。(나는 샤오리를 두 번 찾아 갔다)

2) 동량보어의 문법적 특징

①동량보어를 가진 동사 앞에 부정부사를 쓰게 되면 동사의 동작을 부정하는 것이 아니라 동량사의 양을 부정하는 것이다.

你去过两次上海吧？ – 我没去过两次，只去过一次。
(너는 상해에 두 번 가보았지? – 난 두 번 가진 않았고, 한 번밖에 가보지 못했어)
你不尝一口，怎么知道汤的味道?
(한 입 맛보지도 않고 어떻게 국 맛을 알지?)

②부정부사 '没'가 동량보어와 결합되어 그 횟수가 얼마 되지 않음을 의미하기도 한다. 이때 부정부사는 동사 앞이나 동량보어 앞에 온다.

颐和园我没去(过)几次。(이화원에는 몇 번 가보지 않았어)
颐和园我去了没几次。(이화원에 간 것은 몇 번 되지 않아)

③문장 속에 부정부사가 있을 경우 '一…都/也' 의 형식으로 동량사를 동사 앞으로 이동하여 그 동작에 대해 전면적으로 부정하게 된다.

我一次也没去过北京。(난 한 번도 북경에 가본 적이 없다)

④동사의 중첩 형태 자체가 이미 '한 번 …해보다'라는 동량보어의 개념을 함축하고 있기 때문에 동량보어 구문의 동사는 중첩할 수 없다.

*我们休息休息一下

⑤연동문의 동량보어는 두 번째 동사 뒤에 놓인다.

*我去过图书馆一次借书 → 我去图书馆借过一次书。
(나는 도서관에 가서 책을 한 번 빌려보았다)

2. 시량보어

1) 시량보어의 형태

①동사 + 시량보어 + (的) + 일반 명사 목적어

我们听了一个钟头音乐。(우리는 한 시간 동안 음악을 들었어요)

放三个星期假。(3주 휴가를 하다)

②동사$_1$ + 일반 명사 목적어 + 동사$_1$ + 시량보어

我们听音乐听了一个钟头。

我们放假放三个星期。

③동사 + 대명사 목적어 + 시량보어

我等了你一个小时。(나는 너를 한 시간 동안 기다렸어)

④동사 + 인명 목적어 + 시량보어
동사 + 시량보어 + 인명 목적어

你等小刘一会儿吧。(넌 샤오리우를 좀 기다려봐)

你等一会儿小刘吧。

⑤동사(来/去/回/到) + 장소 목적어 + 시량보어

我来中国一年多了。

2) 시량보어의 문법적 특징

①술어가 비지속성 동사이면 시량보어는 동작이 발생한 후 경과된 시간을 나타낸다.

他离开家一年了。(그가 집을 떠난 지 일 년이 되었다)

我毕业两年了。(난 졸업한지 이 년이 되었다)

我到北京半年多了。(내가 북경에 도착한 지 반년이 넘었다)

②시량보어를 가진 동사 앞에 부정부사를 쓰게 되면 동사의 동작을 부정하는 것이 아니라 시간의 양을 부정하는 것이다.

我没等她一个小时。
(나는 그녀를 한 시간 기다리지 않았다 —기다린 시간이 한 시간이 아니란 뜻)

我没等她一个小时, 只等了二十分钟。
(나는 그녀를 한 시간 기다린 것이 아니라 20분간만 기다렸다)

③적은 시간의 양을 나타내기 위해 '没'를 쓸 경우 부정부사는 동사 앞에도 올 수 있고 보어 앞에도 올 수 있다.

我说了没几分钟话。(내가 말한 건 몇 분되지 않는다)

我没说几分钟话。(나는 몇 분 말하지 않았다)

④문장에 부정부사가 있을 경우 '一…都/也' 의 형식으로 시량사를 동사 앞으로 이동시켜 그 동작 자체를 전면적으로 부정하게 된다.

我一个小时也没等过她。(나는 단 한 시간도 그녀를 기다리지 않았다)

⑤동사의 중첩 형식 자체가 이미 '잠시 …하다'라는 시량보어의 개념을 함축하고 있기 때문에 시량보어 구문의 동사는 중첩할 수 없다.

*我们休息休息一会儿。

⑥부사어는 기본적으로 술어 앞에 놓인다. 목적어가 있어 동사를 반복한다면 부사어는 두 번째 동사 앞에 놓여야 한다.

*我们要走大概十分种。

→ 我们大概要走十分种。(우리는 대략 십 분 정도 걸을 거예요)

*他学汉语学刚半年。

*他刚学汉语学半年。

→ 他学汉语刚学半年。(그가 중국어 공부한 지 막 반년이 되었다)

3) 부사어와 수량보어의 차이점

①시간사로 된 부사어와 시량보어

부사어는 단위 시간 내에 동작이 완성되었거나 어떤 상황이 출현했음을 말하는 것이고 보어는 동작이 진행된 시간을 나타낸다.

他两天看了一本书。

(그는 이틀 동안 책 한 권을 보았다 – 그가 책 한 권을 모두 다 보는데 걸린 시간이 이틀)

这本书他看了两天(还没看完)。

(이 책은 그가 이틀간 보았는데 아직 다 보지 못했다 – 이 책을 본 시간이 이틀)

②동량사로 된 부사어와 동량보어

부사어는 어떤 동작을 완성하는데 필요한 횟수를 가리키고 보어는 동작이 진행된 횟수를 말한다.

敌人一脚就把门踢开。

(적군이 한 발로 문을 차서 열었다 – 문을 차서 한 번 만에 열어 젖혔다는 뜻)

敌人踢了门一脚，没踢开。

(적군이 문을 한 차례 걷어찼으나 열리지 않았다 – 그가 문을 한 번 찼다는 뜻)

第五編

특수구문과 문법

第一章 '把'구문[把字句]
第二章 '被'구문[被字句]
第三章 연동문[连动句]
第四章 겸어문[兼语句]
第五章 존현문[存现句]
第六章 '是…的'구문[是…的句]
第七章 비교문[比较句]
第八章 '是'구문[是字句]
第九章 '有'구문[有字句]

第一章

'把'구문[把字句]

'把'구문에서 '把'는 동사 뒤의 목적어를 동사 앞으로 끌어내는 역할을 한다. 일반적으로 동사 뒤에 놓은 목적어를 동사 앞으로 유도하는 이유는 동작 주체인 주어가 행한 동작의 결과가 '把'의 목적에 어떤 변화를 가져오거나 영향 등을 미쳤음을 나타내기 위한 것이다. '把'구문의 주어는 '把'의 목적어에 대해 어떤 처치를 가하였다는 의미를 가지므로 '把'구문을 '处置句'라고 부르기도 한다.

중국어에서 동사 앞의 주어는 화자와 청자가 공히 인식하고 있는 확정적인 것이며, 동사 뒤의 목적어는 불확정적인 것이라는 뚜렷한 경향이 있다. 따라서 동사 뒤의 목적어가 동사 앞으로 유도된 '把'의 목적어는 확정적인 것임을 강조한 것이라고 할 수 있다. 따라서 '把'에 의해 목적어가 동사 앞으로 나오기 위해서는 동사의 의미가 목적어에 어떤 영향을 미치거나 혹은 그 결과가 나타난 것이어야 한다. 따라서 '把'구문의 동사는 단독으로 쓰이지 않고 그 부속 성분을 가지고 있음이 일반적이며, 아울러 그 목적어도 확정적인 것이어야 한다는 등의 조건이 있다.

'把'구문이라고 해서 반드시 '处置'의 의미를 가지는 것은 아니므로 이외의 다양한 '把'의 문법적 기능에 대해서도 숙지할 필요가 있다.

1 '把'구문의 형식

'把'구문의 형식은 '(주어) + 把 + 목적어 + 술어동사 + 기타성분(보어 따위)'이다.

일반적으로 '把'구문의 주어는 어떤 영향이나 변화를 일으키는 동작자이고 '把'의 목적어는 그에 따른 영향을 입거나 변화를 겪게 되는 동작의 대상이다. 따라서 어떤 영향이나 변화 등을 나타내는 기타 성분이 동사를 수식하거나 보충하고 있어야 한다.

我把所有的钱都给了你。(나는 모든 돈을 너에게 주었다)

他把画挂在家里。(그는 그림을 집에 걸어두었다)

2 '把'구문의 구조

'把'구문은 중국 특유의 문장 구조이기 때문에 그 구조와 의미가 모두 '把'구문의 조건에 부합하는지 살펴보아야 한다.

1. '把'구문의 술어

1) '把'구문의 술어가 될 수 없는 동사

①'把'의 목적어와 동사는 술목관계이므로 목적어를 가지지 못하는 자동사는 '把'구문이 될 수 없다.

*风把我的自行车倒了 → 风把我的自行车吹倒了。
(바람이 자전거를 넘어 뜨렸다)

②'把'구문은 술어의 동작 결과, '把'의 목적어에 일어난 변화나 그에 끼친 영향 등을 표현하는 문장이므로 동작성이 없는 동사, 즉 판단, 상태, 존현, 지칭 등을 나타내는 동사는 '把'구문이 될 수 없다. '是' '有' '在' '叫' '像' '姓' '当' '存在' 등이 이에 해당하는 동사들이다.

*每个人都把这些花是韩国的象征。

→ 每个人都把这些花当成韩国的象征。
(사람들 마다 모두 이 꽃을 한국의 상징이라고 여긴다)

*我已经把妈妈当了

→ 我已经当妈妈了。(난 이미 엄마가 되었어요)

③심리활동 동사도 구체적인 동작을 나타내지 못하기 때문에 '把'구문이

될 수 없다. 아래의 낱말들이 이에 해당하는 것들이다.

爱 ┆ 怨 ┆ 信 ┆ 同情 ┆ 担心 ┆ 热爱 ┆ 希望 ┆ 同意 ┆ 愿意 ┆ 相信 ┆ 主张
要求 ┆ 反对 ┆ 决定 ┆ 认为 ┆ 以为 ┆ 讨厌 ┆ 喜欢 ┆ 怀疑 ┆ 生气

④ 인지감각동사 역시 구체적인 동작동사가 아니기 때문에 '把'구문이 될 수 없다. 아래의 낱말들이 이에 해당되는 것들이다.

知道 ┆ 觉得 ┆ 感觉 ┆ 觉悟 ┆ 看见 ┆ 明白 ┆ 忘记 ┆ 发觉 ┆ 觉得 ┆ 认出

*你们把老师的话明白了吗？ → 你们明白老师的话了吗？
(너희는 선생님의 말을 이해했니?)

*他把事情的全部经过知道了 → 他知道了事情的全部经过。
(그는 일의 전 과정을 알고 있다)

加油

특별히 형용사나 심리활동 동사가 '把'구문에서 술어가 되는 경우가 있다. 어떤 일이 '把'의 목적어가 되는 사람에게 영향을 미쳤음을 나타내는데 사역과 그 개념이 유사하다.

昨天的讨论会把我累得要命。
(어제의 토론회는 나를 죽도록 피곤하게 만들었다 → 어제의 토론회로 나는 피곤해서 죽을 지경이었다)

这些消息把他高兴极了。
(이 소식들이 그를 아주 즐겁게 하였다 → 이 소식들 때문에 그는 아주 즐거워하였다)

⑤ '上' '下' '进' '出' '回' 등의 방향동사도 '把'구문에 쓰이지 못한다.

*我三年只把家回过一次 → 我三年只回过一次家。
(나는 3년 만에 집에 한 번 돌아갔다)

⑥ '见面' '负伤' '受伤' '投身'과 같은 동목구조로 이루어진 동사는 낱말 자체가 '동사 + 목적어'로 이루어져 있기 때문에 '把'구문에 쓰일 수 없다. 이는 '把'의 목적어는 원래 술어의 직접 목적어이기 때문에 동목구조의 동사가 술어가 될 경우 두 개의 직접 목적어를 가지는 셈이 되기 때문이다.

*你把我的朋友见面了没有？ → 你见我朋友的面了没有？
(너는 내 친구를 만났니?)

⑦ 상태나 성질을 나타내는 형용사 등은 동작성이 없기 때문에 형용사는 '把'구문의 술어가 되지 못한다.

*老师，请你把字大一点儿 → 老师，请你把字写大一点儿。
(선생님, 글자를 좀 크게 써주세요)

2) '把'구문의 술어의 보충어

'把'구문은 '把'의 목적어에 일어나는 변화나 영향 따위를 나타내야 하기 때문에 술어는 동사 단독으로 올 수 없으며 해당 결과를 설명할 수 있는 기타 성분이 필요하다. 그 기타 성분은 대체로 아래와 같다.

⑴ 동태조사 '了' '着'

别走，你把这本书拿着！(가지 마, 이 책 좀 가지고 있어!)
我把知道的都说了。(아는 것은 모두 말했어)

① '吃' '喝' '卖' '丢' '忘' '脱' '放' '扔' '消灭' '解决' 등의 동사는 동작 행위 자체에 '把'의 목적어에 어떤 처치를 가하게 됨을 나타내기 때문에 '把'구문 속에서 다른 부가 성분 없이 동태조사 '了'와 함께 쓰일 수 있다.

我把外衣脱了。(외투 벗었어)
我把刚才的事儿忘了。(조금 전의 일들은 잊었어)

② '害' '杀' '骗' '毁' '开除' 등은 '把'의 목적어가 손실 혹은 손해를 보게 됨을 나타내므로 동태조사 '了'와 함께 쓰일 수 있다.

他把我骗了。(그는 나를 속였어)

③ '带' '拿' '背' '提' '抱' 등의 동사는 '把'의 목적어에 가해진 동작을 나타낼 수 있으므로 동태조사 '着'와 결합하여 쓰일 수 있다.

你把钱包拿着。(지갑 좀 가지고 있어)

⑵ 중첩식 동사

① 일반적인 동사 중첩식의 명령문이나 청유문은 '把'구문이 될 수 없다.

*你们把这些文件看一看 → 你们看一看这些文件。
(너희들은 이 문건 좀 보렴)

② '介绍' '谈' '说' 등과 같이 동작의 내용과 대상이 있는 동사는 동작의 대상이 제시되면 '把'구문에서 중첩식 동사로 쓰일 수 있다.

*你把你的意见说说。→ 你说说你的意见。
(네 의견을 얘기해 - '说'의 대상이 나타나지 않음)
你把你的心事跟我说说。
(네 걱정거리를 내게 말해보렴 - '我'가 '说'의 대상)
我把我的意见说说，大家看看是否可行。
(의견을 말해볼 테니 다들 가능한지 아닌지 봐 주세요 - '大家'가 '说'의 대상)

③ '洗' '擦' '整理' '打扫' '修理' 등과 같이 동작의 결과가 반드시 나타나는 동사는 '把'구문에서 중첩식 동사로 쓰일 수 있다.

你把你的衣服洗洗。(네가 네 옷을 세탁하려무나)

(3) 보어

把门关上！(문 닫아!)

把你的话继续说下去！(하던 얘기 계속 해 보렴)

① 결과보어, 수량보어, 방향보어, 정도보어, 전치사보어가 보충하고 있는 동사는 '把'구문에 쓰일 수 있다.

你今年一定要把毕业论文写完。(넌 올해 반드시 졸업 논문을 다 써야 한다)

他把药放在桌子上了。(그가 약을 탁자 위에 두었어)

他把生死置于脑后。(그는 생사의 문제는 뒷전이다)

② 가능보어는 동사의 실현 가능성에 대해서만 언급하고, '把'의 목적어에 일어난 변화 등을 나타내지 못하기 때문에 '把'구문에 쓰일 수 없다.

*我把这件事办不好

③ 결과보어나 정도보어라고 해도 동작의 결과나 정도가 '把'의 목적어를 지향하지 않으면 '把'구문에 쓰일 수 없다.

*孩子们把故事听高兴了。→ 孩子们听故事听高兴了。
(아이들이 이야기를 듣고 즐거워했다 - 동작 '听'의 결과 일어난 변화 '高兴了'는 '把'의 목적어인 '故事'에 일어난 변화가 아니라 문장의 주어인 '孩子们'에 일어난 것이기 때문이다)

④ 변화의 시작을 의미하는 방향보어 '起来'도 동작의 결과로 나타난 변화나 영향을 설명하는 것이 아니기 때문에 '把'구문에 쓰일 수 없다.

*他把歌儿唱起来。→ 他唱起歌儿来。
(그가 노래 부르기 시작했나)

*说完，他就把酒喝起来。→ 说完，他就喝起酒来。
(말을 끝내고 그는 술을 마시기 시작했다)

⑤ 시량보어가 단지 동작이 지속된 시간만을 나타내는 경우는 '把'구문에 쓰일 수 없다. 하지만 시량보어가 동작의 변화와 관련이 있는 것이라면 '把'구문에 쓰일 수 있다. '推迟' '提前' '延长' '缩短'과 같은 동보식 동사가 주로 이러한 시량보어와 함께 쓰인다.

*我把那本书看了三天。

我们把上课的时间延长了两个小时。(우리는 수업 시간을 두 시간 연장했다)

⑷ 문장 전체의 목적어

① 목적어는 '把'의 목적어의 일부이거나 '把'의 목적어에 속한 것이어야 한다.

他把眼睛闭上了一只。

(그는 눈을 한 쪽 감았다 - '一只眼睛'이라는 전체 목적어에서 '眼睛'만 '把'의 목적어가 됨)

② 목적어와 '把'의 목적어가 이중목적어이어야 한다.

不要把这件事告诉别人。

(이 일을 다른 사람에게 알리지 말라 - '别人'은 '告诉'의 간접 목적어이며 '把'의 목적어 '这件事'가 술어의 의미상 목적어)

③ 동사의 목적어가 '把'의 목적어의 결과이어야 한다.

把这本书翻译成中文。

(이 책을 중국어로 번역한다 - '把'의 목적어 '这本书'가 '中文'으로 바뀌는 변화의 결과)

④ '把'의 목적어가 동작의 장소를 나타내는 것이어야 한다.

把大门上了锁。

(대문에 열쇠를 잠궜다 - '上锁'라는 동작은 '大门'에서 이루어짐)

⑸ 부사어

부사어가 술어를 수식하여 술어의 부속성분이 되므로 '把'구문을 이룰 수 있다.

我把他向外拉，但拉不动。

(내가 그를 밖으로 끌어내려 했지만 끌어낼 수 없었다)

别把纸满地乱扔。

(종이를 온 땅에 아무렇게나 버리지 마라)

3) '把'구문 술어의 그 외 특징

① '동사 + 보어'로 구성된 동보식의 동사에는 동작 후의 결과나 정도 등의 의미가 이미 내포되어 있기 때문에 단독으로 '把'구문에 쓰일 수 있다. 이러한 동보식 동사로는 '提高' '缩短' '扩大' '延长' '降低' '改正' '放大' '打倒' '打通' '打破' '减少' '推翻' '说明' '切除' '放松' '抓紧' '看破' '看穿' '看透' '充满' '分开' '端正' 등이 있다.

把那天的情况给大家说明！(내일의 상황을 모두에 설명해줘!)

②조동사는 '把'의 앞에 위치한다.

你应该把那本书还给图书馆去。(넌 그 책을 도서관에 돌려줘야 해)

2. '把'의 목적어

'把'의 목적어는 일반적으로 확정적, 한정적인 것이다. 따라서 목적어는 대부분 앞 문장에 나타났거나 말하는 쌍방이 이미 알고 있는 경우가 대부분이다.

我把这个消息告诉了他。(내가 그 소식을 그에게 알려주었어요)

马上把他们送进医院。(그들을 바로 병원에 보내도록 해라)

3. '把'구문의 부사어

전치사 '把'와 그 목적어로 이루어진 전치사구도 부사어 역할을 하며, 다른 부사어와 함께 쓰일 때 그 순서에 따라 수식 관계가 달라지기도 한다.

(1) '把' 앞에만 오는 부사어

①'便' '就' '才' '再' '又' '终于' 등의 접속부사

老师说完便(/就)把我领到屋子里去。
(선생님이 얘길 다 하시고 나를 방안으로 데리고 갔다)

②부정부사 '不' '没'

*我把今天的课没预习好 → 我没把今天的课预习好。
(오늘 수업 예습을 잘 못했어)

③묘사적인 부사어. 동작의 상태나 동작자의 심리를 표현하는 부사어

他不辞辛苦地亲自把那些东西送上门来。
(그는 고생을 마다않고 직접 그 물건들을 집으로 보내주었다)

④시간을 나타내는 부사

*我把书昨天还给图书馆了 → 我昨天把书还给图书馆了。
(나는 어제 책을 도서관에 돌려주었다)

(2) '把' 뒤에만 오는 부사어

①'把'의 목적어를 묘사하는 부사어는 일반적으로 '把' 뒤에 위치한다.

他把书一本一本地摆在书架上。
(그는 책을 한 권 한 권 책꽂이에 진열하였다)

妈妈把相片端端正正地挂在墙上。

(엄마는 사진을 가지런하게 벽에 걸었다)

②전치사구가 부사어가 되는 경우

你把地图朝左边挪挪。(지도를 왼쪽으로 좀 옮겨라)

我把信给他寄去了。(나는 편지를 그에게 보냈어)

그러나 출발점을 나타내는 '从'은 '把'앞에도 올 수 있고 뒤에도 올 수 있다.

他把书包从自己的座位上拿起来。(그는 자기 자리에서 가방을 챙겨들었다)

他从自己的座位上把书包拿起来。

(3) '把' 앞이나 뒤 어느 곳에나 위치할 수 있는 부사어

①반복을 표시하는 '再' '又'

你把他又叫回来干什么? (너 또 그 사람을 불러서 뭐하니?)

你又把他叫回来干什么?

②술어동사를 수식하는 부사어

他把我猛然往前一推… (그는 나를 앞으로 세차게 밀어서 …)

他猛然把我往前一推…

③장소를 나타내는 부사어

ⓐ주어가 전치사구가 나타내는 장소에 있으면 전치사구의 부사어는 '把' 앞에 위치한다.

我在教室里就把作业做完了。

(난 교실에서 숙제를 끝냈어 - '把'의 목적어와 상관없이 '在教室里'에 주어 '我'가 있으므로)

ⓑ동작자는 없고 '把'의 목적어만 그 장소에 있으면 장소를 나타내는 부사어는 '把' 뒤에 위치한다.

我把手在盘里洗了洗。

(세숫대야에서 손을 씻었다 - '在盘里'에 있는 것은 주어 '我'가 아니라 '把'의 목적어인 '手'이므로)

3 '把'구문의 사용

'把'구문은 술어의 목적어가 '把'에 의해 앞으로 유도되는 형식이므로 일반 진술문의 어순을 그대로 따라 '술어+목적어'의 형식으로 바꿀 수 있다. 그러나 모든 '把'구문의 문장을 이와 같이 바꾸어 줄 수 있는 것은 아니다.

(1)술어가 장소를 나타내는 결과보어와 방향보어를 가질 경우 그 목적어는 '把'를 써서 동사 앞으로 이동시킨다.

他们把鸡蛋放在桌子上。(그들이 계란을 탁자 위에 두었다)

又把那个石头扔进河里。(또 그 돌을 강에 내던졌다)

(2)'成' '为' '做'가 결과보어로 쓰인 경우, 술어의 목적어 중에서 직접 목적어는 '把'를 이용하여 동사 앞으로 이동시킨다.

人们亲切地把她叫做'阿姨'。
(사람들은 친절하게도 그녀를 '이모'라고 부른다)

(3)술어가 상태보어를 가지고 있고 그 보어가 목적어의 상태를 나타내는 것이라면 '把'를 써서 목적어를 앞으로 이동시킨다.

他把这个家搞得富富足足，和和美美。
(그가 이 집을 부유하고 화목하게 만들었다)

(4)정도보어가 동사의 동작을 묘사하는 것이라면 '把'를 써서 앞으로 이동시킬 수도 있고, 동사를 반복하고 목적어를 그 사이에 둘 수도 있다. 이 경우 두 문장의 의미는 다소 다르다. '把'의 목적어는 청자나 화자가 이미 알고 있는 한정적인 것이어야 하기 때문에 이에 따라 의미의 차이가 발생한다.

他把猪养得很好。
(여기의 '猪'는 확정적인 것. 어떤 특정한 돼지를 잘 길렀다는 뜻)

他养猪养得很好。
(여기의 '猪'는 불확정, 일반적인 것. 그가 돼지를 아주 잘 기른다는 뜻)

(5)술어가 병렬식, 겸어식, 연동식 혹은 몇 가지가 함께 쓰여 하나의 목적어와 연관될 때는 그 목적어는 '把'와 함께 앞으로 이동한다.

他把文章看了又改，改了又看。
(그가 문장을 보고 고치고, 고치고 또 보고 했다)

第二章

'被'구문[被字句]

'被'구문은 '我被骗' '我被他骗'과 같이 동사 앞에 전치사 '被'가 있거나 '被'로 이루어진 전치사구가 동사 앞에서 부사어가 된 문장이다. 이런 문장의 주어는 술어의 대상, 장소 혹은 범위 등이며 '被'의 목적어가 동작의 주체자이다.

'被'뿐만 아니라 '叫' '让' '给'도 피동의 의미를 나타낼 수 있어 '被'구문과 '叫' '让' '给'를 이용한 문장을 모두 일컬어 '피동문[被动句]'이라고 한다.

'被'는 다른 전치사와는 달리 그 목적어를 생략할 수 있다.

위와 같은 문법적 표지가 분명한 경우와 더불어 이러한 표지 없이 의미상으로만 피동임을 알 수 있는 의미상 피동문도 있음에 유의해야 한다.

1 피동문의 형식

1. 의미적 피동문[被动句]

중국어에서는 동작의 대상이 주어 위치에 올 수 있는데 이 경우 대부분이 의미상의 피동문에 속한다. 주어가 동작의 주체자일 수 없거나 동작의 주체자로 이해될 수 없는 경우의 문장은 의미상 대부분 피동문이다. 이런 경우 화자는 동작의 주체나 동작의 결과로 일어나는 변화나 영향에 대해서는 언급하지 않고, 단지 동작의 대상인 주어에 대해서만 진술한다.

任务完成了。(임무는 완성되었어요)

信写好了。(편지는 잘 썼어요)

身份证丢了马上要去补办。(신분증을 잃어버렸으면 빨리 가서 만들어야지)

2. 형식적 피동문[被动句]

(1) 주어 + 被 + 被의 목적어 + 동사 + 기타성분(보어 따위)

我被他骗了钱。(나는 그에게 돈을 사기 당했다 – 그가 나에게 사기를 쳤다)

他被我赢了。(그는 나에게 이김을 당했다 – 내가 그를 이겼다)

(2) 주어 + 被 + 동사 + 기타성분(보어 따위)

'被'뒤의 목적어가 생략된 형태로, 동작의 실제적인 주체자를 드러낼 수 없거나 드러낼 필요가 없는 경우에 쓰인다.

行李很快地被装上了卡车。(짐은 빨리 트럭에 실었다)

(3) 주어 + 被 + 被의 목적어 + 所 + 동사 (+ 기타 성분)

'所'와 함께 술어를 구성할 경우 반드시 목적어가 있어야 하며, 이때의 술어는 주로 감각이나 인지, 접수, 억제 등을 나타내는 '感动' '吸引' '迷惑' '理解' '了解' '误解' '认识' '接受' '发现' '欺骗' '暴露' '掌握' '控制' '克服' 등의 이음절 동사이며, 일음절 동사로도 '迫' '阻' '动' 등이 있다. 이때 '被'는 '为'로 바꾸어 쓸 수 있다.

我被这情景所激动, …… (나는 이 상황에 감격해서, …)

我深深地被他的话所感动。(나는 그의 말에 아주 깊이 감동받았다)

他不为金钱所动, …… (그는 돈에 움직이지 않아, …)

(4) 주어 + 被 + 被의 목적어 + 给 + 동사 (+ 기타 성분)

이때 '给'는 구조조사로 아무런 의미가 없다.

他被这件事给吓倒了。(그가 이 일로 놀라 쓰러졌다)

⑸ 주어 + 叫/让 + 叫/让의 목적어 + 동사 (+ 기타 성분)

这种歪风邪气让主任挡住了。(이런 좋지 못한 풍조는 주임이 막았다)

⑹ 주어 + 给 + (给의 목적어) + 동사 (+ 기타 성분)

孩子给这件事吓哭了。(아이가 이 일로 놀라 울었다)

2 '被'구문의 구조

1. '被'구문의 술어

'被'구문은 문장의 주어인 동작 대상이 '被'의 목적어인 동작자에 의해 모종의 영향을 받게 됨을 나타내기 때문에 술어에 그러한 내용이 포함되어야 한다. 따라서 동작성을 가진 타동사가 술어가 되거나 그 내용이 기타 성분에 나타나야 한다.

⑴ '被'구문의 술어로 쓰일 수 없는 동사

자동사, 형용사, 판단동사, 방향동사 및 동목구조로 이루어진 동사는 주어가 받은 영향이나 변화의 결과를 나타낼 수 없는 성질의 동사들이기 때문에 '被'구문에 쓰일 수 없다. 자주 쓰이는 이러한 동사로는 '是' '有' '在' '当' '象' '得' '起' '离' '开' '回' '上当' '睡觉' '入迷' 등등이 있다. 또 일부 심리활동 동사 및 감각동사는 '把'구문과 달리 '被'구문의 술어로 쓰일 수 있다.

*这棵树被倒了(자동사가 술어이므로) → 这棵树被吹倒了。(나무가 바람에 넘어졌다)

*茶杯被破了(자동사가 술어이므로) → 茶杯被碰破了。(찻잔이 부딪혀 깨졌다)

*他的宿舍只有到星期日才被干净(형용사가 술어이므로) → 他的宿舍只有到星期日才被打扫干净。(그의 숙소는 일요일이 되어야만 깨끗해진다)

*我们大家都被他上当了(동목 구조를 가진 동사가 술어이므로) → 我们大家都被他骗了。(우리 모두가 그에게 속았다)

*我们被他们的石头受伤了(동목구조를 가진 동사가 술어이므로) → 我们被他们的石头打伤了。(우리가 그들의 돌에 맞아 다쳤다)

*他把你看见了 → 你被他看见了 (네가 그에게 보였어)

⑵ '被'구문의 술어로 쓰일 수 있는 동사

①주어가 받게 될 손해나 손실을 나타내는 동사

骂 | 杀 | 骗 | 害 | 批评 | 处分

②주어가 입게 될 이익이나 이점을 나타내는 동사

表扬 | 照顾 | 保护 | 任用 | 推荐

③주어에 대한 평가나 인정을 나타내는 동사

认为 | 评为 | 看作 | 看成

⑶ '被'구문 술어의 부속 성분

'被'구문의 주어는 동작의 대상이므로 주어에게 가해진 영향이나 결과 등이 술어에 나타나야 하므로 일반적으로 간단한 동사, 특히 일음절 동사가 술어로 쓰일 수 없으며, 주어가 영향을 받아 야기된 결과 등을 표현하는 부속 성분이 술어에 있게 마련이다.

①동태조사 '了' '过'는 쓰일 수 있다.

他被大家说服了。(그가 모두에게 설득 당했어)

'说服' '解决' '消灭' '忘记' '表扬' '感动' 등의 이음절 동사로 상황이 뜻대로 되었음을 표현할 때는 다른 성분의 수식이 없이 동태조사 '了'만 사용하여도 된다.

我们都被他的态度感动了。(우리는 모두 그의 태도에 감동받았다)

동태조사 '着'는 상태를 나타내는 동사나 형용사와 결합되어 쓰이기도 한다. 하지만 동작성이 강한 동사 뒤에는 쓰일 수는 없다.

他的座位被别人坐着。(그의 자리는 다른 사람이 앉았다)

*那辆自行车被他骑着。

②결과보어, 방향보어, 정도보어, 수량보어가 쓰일 수 있다.

他的钱包被小偷偷走了。

(그의 지갑이 좀도둑에게 도둑맞았다)

*我没死, 我被渔夫救 → 我没死, 我被渔夫救活。

(나는 죽지 않았어, 어부에게 구조되었거든)

③가능보어는 쓰일 수 없다. 이는 '被'구문은 술어의 결과가 확정적인 것이

어야 하는데 가능보어는 동사의 가능성 여부만을 나타내기 때문이다. '把'구문에서도 같은 이유로 가능보어는 쓰이지 못한다.

*这个问题被他一个人解决得了 → 这个问题他一个人解决得了。
(이 문제는 그 사람 혼자 해결할 수 있어)

④'被'의 목적어가 있고 동사 앞에 부사어가 있으면 동사 뒤에 다른 성분이 없이도 '被'구문은 성립된다.

他的建议已被大家接受。(그의 건의는 이미 모두에게 받아들여졌어)

2. '被'구문의 주어

'被'구문에서 주어는 확실한 동작의 대상이다. 따라서 반드시 확정적, 한정적인 사람이나 사물이어야 한다.

那个高个子同学被我们选为班长。
(그 키다리 동학은 우리들에 의해 반장으로 선출되었다)
新买的那辆自行车被小偷偷走了。
(새로 산 그 자전거는 좀도둑에게 도둑맞았어)

3. '被'의 목적어

'被'의 목적어는 동사가 나타내는 동작의 주체자이다. 동작자를 특정할 수 없거나 분명하지 않을 때는 '人'이나 '谁'를 목적어로 쓰거나 혹은 생략도 할 수 있다.

敌人被民兵消灭了。(적은 민병에게 소탕 당했어)
他逐渐被(人)忘记了。(그는 점점 사람들에게 잊혀졌다)

4. '被'구문 전체의 목적어

'被'의 목적어는 일반적으로 동작의 주체자를 나타내지만, 동사의 목적어는 몇 가지로 제한된다.

①목적어가 주어의 결과를 나타낼 경우

他被同学选为班长。
(그는 동학들에 의해 반장으로 선출되었다 → 목적어 '班长'이 주어 '他'에 일어난 결과이므로 가능하다)

②목적어가 동작의 대상이 되고 주어가 그 동작 발생의 장소를 나타낼 경우

墙被挖了一个洞。
(벽에 구멍이 하나 뚫렸다 → '洞'이 술어 '挖'의 동작 대상이 되고 주어 '墙'이

그 동작이 일어나는 배경 장소가 되므로 가능하다)

③ 목적어가 주어의 한 성분일 경우

书被学生拿走了一本。
(책은 학생이 한 권 가져갔다 → 목적어 '一本书' 구성 중에 일부에 해당하는 '书'만 주어 위치로 이동하고 나머지 성분 '一本'이 목적어로 남음)

5. '被'구문의 부사어 위치

① 시간부사, 부정부사, 관련 부사 등은 '被' 앞, 그 외 부사는 '被' 뒤에 위치한다.

那个时候他可能没被人抓去。
(그 때 그는 아마도 누군가에게 잡혀간 게 아닐 거야)

小明被妈妈一把拉住。
(샤오밍이 엄마에게 덥석 잡혔다)

这个建议被我们断然拒绝了。
(이 건의는 우리들에게 단연히 거절당했다)

② '被'의 목적어를 묘사하는 부사어 '被'뒤에 위치한다.

那条狗被人狠狠地揍了一顿。(그 개는 사람들에게 호되게 한 차례 맞았다)

③ 조동사는 '被' 앞에 위치한다.

这一倾向不应该被忽视。
(이러한 추세가 홀시되어서는 안 된다)

如果有人说地球是宇宙的中心，一定会被人笑。
(만일 누군가 지구가 우주의 중심이라고 한다면 틀림없이 사람들에게 비웃음을 당할 거야)

3 '被'구문의 활용

(1) '被'구문은 주어에 대해 불쾌하거나 손해를 입는 상황에서 쓰이며 그렇지 않은 경우는 '被'구문으로 표현하지 않는다.

忽然，门被撞开了。(갑자기 문이 부딪혀 열렸다)

他被赶走了。(그가 쫓겨났다)

*运动会上星期被举行了 → 运动会上星期举行了。
(운동회는 지난주에 열렸다)

*终于，我编的书被出版了 → 终于，我编的书出版了。
(드디어 내가 쓴 책이 출판되었다)

⑵주어가 사람을 나타내는 명사이고, 그 명사가 동작의 주체자가 아닌 수혜자임을 분명히 나타내고자 할 경우도 '被'구문을 쓰기도 한다.

小王被居民选为代表。(샤오왕이 주민들에 의해 대표로 선출되었다)

4 '让' '叫' '给' 피동문

'被'구문은 주로 서면어에 쓰이고, 구어체에서는 '让' '叫' '给' 등으로 피동을 나타낸다.

1) 让

화자가 원하지 않았던 상황이 발생했을 때 주로 쓰인다. '让+목적어' 및 '让'은 생략할 수 있으나, 목적어는 생략하고 '让'만 남겨 둘 수는 없다.

我的自行车让那个朋友拿走了。(내 자전거는 그 친구가 가져갔다)

我的自行车拿走了。

我的自行车那个朋友拿走了。

*我的自行车让拿走了

2) 叫

화자가 원하지 않았던 상황이 발생했을 때 주로 쓰이며 '叫+목적어'는 생략 가능하지만, '叫'의 목적어만 생략할 수는 없다.

我的自行车叫人拿走了。

(내 자전거를 누군가가 가져갔다 → 내 자전거가 도둑맞았다)

我的自行车拿走了。

*我的自行车叫拿走了

3) 给

'给'가 피동을 나타낼 때는 '叫'나 '让'과는 달리, '给' 뒤의 목적어를 생략할 수 있으며, '被'와 함께 어울려 쓰이기도 한다.

我的自行车给拿走了。

我的自行车被人给拿走了。

第三章

연동문[连动句]

하나의 주어에 두 개 이상의 동사나 동사구가 연결되어, 앞의 동사나 동사구와 뒤의 동사나 동사구와 목적 · 방식 · 원인 · 결과 · 시간적 선후 관계 등을 나타내는 관계에 있는 문형을 연동문이라고 한다. 예를 들면, '我去学校学习汉语'에서 제2동사구 '学习汉语'는 제1동사구 '去学校'의 목적을 나타낸다.

연동문의 형식은 $S + V_1 + O_1 + V_2 + O_2$이므로 형식상으로는 제1동사구와 제2동사구의 병렬구조로 보이고, 의미상으로는 제1동사구가 제2동사구를 수식하는 수식구조로 보인다. 하지만 단순한 병렬구조의 경우에는 성분 간의 순서가 바뀌어도 의미 변화가 없지만, 연동문은 순서를 바꾸면 의미가 변하거나 비문이 된다는 점에서 병렬구조와는 구별된다. 또 일반적인 수식관계에서는 수식어의 뒤에 '的'를 넣을 수 있지만, 제1동사구의 뒤에 '的'를 넣어 수식구조임을 나타낼 수는 없다. 따라서 연동문을 병렬구조라고 할 수도 없으며 수식구조라고 할 수도 없다. 또한 하나의 주어에 두 개의 동사구가 연결된 형식이므로 접속문이라고 할 수도 없다.

1 연동문의 형식

(1) 주어 + 동사$_1$ + (목적어) + 동사$_2$ + (목적어)

爸爸开车上班。(아버지가 차를 몰고 출근하셨다)

(2) 주어 + 동사 + (목적어) + 형용사

大家听了这个消息非常高兴。(모두가 이 소식을 듣고 아주 기뻐했다)

(3) 주어 + 有(没有) + 목적어 + 동사 + (목적어)

我有一个问题请教你。(여쭤보고 싶은 문제가 하나 있는데요)
你有什么理由不让我走？ (네가 무슨 이유로 나를 못 가게 하니?)

2 연동문의 구조

1) 부정부사의 위치

부정부사는 일반적으로 제1동사구 앞에 두어, 두 개의 동사구를 모두 부정하는 의미로 쓰인다. 만약 제1동사구나 제2동사구 중 하나만 부정하고자 한다면 부정하고자 하는 동사구 앞에 부정부사를 쓰고, 그의 긍정적 내용을 뒤에 보충하는 것이 일반적이다.

他不开车上班。
(그는 차를 몰고 출근하지 않는다)
她没去图书馆看书。
(그녀는 책 보러 도서관에 가지 않았다)
他去图书馆不看书，找资料。
(그는 도서관에 가서 책을 보는 것이 아니라, 자료를 찾는다)
他不在学校念书，在家里念书。
(그는 학교에서 공부하는 것이 아니라 집에서 공부한다)
他在学校不念书，教书。
(그는 학교에서 공부하는 것이 아니라 가르친다)

2) 정반 의문문의 형식

첫 번째 동사를 반복한다.

你来不来我们这儿看看？(우리 보러 여기 오지 않을래?)
你们今天下午去不去打高尔夫球？(오늘 오후에 골프 치러 가지 않니?)

3) 동사 중첩 형식

일반적으로 제2동사구의 동사를 중첩한다. 연동문의 제2동사구는 제1동사구의 목적이거나 제1동사구가 제2동사구의 방식 혹은 도구인 경우가 많다. 이때 문장의 의미 중점은 목적이나 결과에 있으므로 제2동사구의 동사를 중첩한다.

我上街买买东西。
(물건 좀 사러 시내에 간다)

百闻不如一见，我很愿意去中国看看。
(백문이 불여일견이라고 중국에 가서 한 번 보고 싶어)

4) 동태조사와의 결합

⑴ 동태조사 '了'의 위치

제1동사가 '来/去'이고 제2동사의 동작이 아직 완성되지 않은 상태라면 조사 '了'는 문미에 온다. 제2동사구의 동작도 완성되었다면 조사 '了'는 제2동사 뒤에 위치한다. 이때 동작의 결과를 나타내기 위해 목적어는 수량사나 관형어의 수식을 받거나 혹은 동량보어가 있어야 한다.

他来上课了。
(그는 수업하러 왔다 - 수업은 아직 시작되지 않음)

他去买东西了。
(그는 물건을 사러 갔다 - 아직 사지 않음)

他去买了很多东西。
(그는 많은 물건들을 샀다 – 이미 물건을 샀음)

他来上了两次课。
(그는 두 차례 수업 하러 왔다)

*我昨天去看一部电影了。
('昨天'이라는 시간사가 있으므로 두 동작이 모두 완성되었고, 목적어 또한 수량사의 수식을 받고 있으므로 '了'가 문미에 올 수 없다)

⑵ 동태조사 '过'의 위치

동태조사 '过'로 과거의 경험을 표현하고자 할 경우 '过'는 제2동사구 뒤에 위치한다. 이때 조사 '了'와 달리 목적어가 단순한 형태여도 무방하다.

我去医院看过她(一次)。
(나는 병원에 가서 그녀를 보았다)

他骑自行车进过城市里，挺危险的。
(그는 자전거를 타고 시내로 들어갔어, 아주 위험해)

5) 방향동사 '来/去'와의 결합

방향동사 '来'나 '去'는 제2동사로 쓰이는 경우가 있는데, 이때 '来/去'는 허사화하여 경성으로 변하며 뚜렷한 의미가 없다.

我去买菜。('买菜'가 '去'의 목적으로 성조에 변화가 없다)

我买菜去。(주요 동작은 '买菜'이고 '去'는 허사화되어 경성으로 변한다)

3 연동문의 의미

(1) 두 개의 동작 또는 상황이 연속적으로 발생함을 나타낸다.

孩子们听完故事哈哈大笑起来。
(아이들은 이야기를 듣고 하하 큰 소리로 웃기 시작했다)

他们吃过晚饭散步去了。
(그들은 저녁을 먹고 산보하러 갔다)

(2) 제1동사구는 동작의 진행방식, 제2동사구는 동작을 나타낸다.

我们坐飞机去上海。(우리는 비행기를 타고 상해에 간다)

他微笑着回答…。(그는 웃으면서 대답하였는데 …)

(3) 제2동사구가 제1동사구의 목적을 나타낸다.

下午我们去商店买东西。(오후에 우리는 상점에 물건 사러 간다)

暑假我们一定回来看望你。(여름 방학 때 우리가 꼭 널 보러 올 것이다)

(4) 제1동사구가 제2동사구의 원인을 표시한다.

老师今天去开会不能来上课了。
(선생님이 오늘 회의를 하러 가셔서 수업하러 오지 못하셨다)

第四章

겸어문[兼语句]

하나의 낱말이 앞에 있는 동사의 목적어임과 동시에 뒤에 있는 동사의 주어를 겸하고 있는 문형을 겸어문이라고 한다. 예를 들면, '大家选他做代表'에서 '他'는 '选'의 목적어임과 동시에 '做'의 주어인 겸어[兼语]이다.

겸어 앞에 쓰이는 동사를 겸어 전 동사라고 하는데, 이들 중 대부분은 사동의 의미를 가진 동사이기 때문에 이러한 문장을 사동문이라 하기도 한다. 사동문이란 문장의 의미를 두고 하는 말이며, 겸어문의 의미상의 분류에 지나지 않는다.

겸어문은 주술구조 목적어를 가진 문장과도 다르다는 점에 유의해야 한다. 예를 들면 '我想他来'에서 '他来'는 '想'의 목적어이지만 '我请他来'에서 '他来'가 '请'의 목적어가 아니고, '他'가 '请'의 목적어이면서 '来'의 주어라는 것이다. 따라서 '我请他来'는 '他来'가 목적어가 아니어서 '我请'과 '他来'로 나누어질 수 없기 때문에 목적어를 앞으로 도치한 형태의 '他来, 我请'은 성립될 수 없다.

[1] 겸어문의 형식

주어 + 동사$_1$+ 목적어/주어 + 동사$_2$의 형식으로 목적어는 일반적으로 명사와 대명사이며, 수량사도 가능하다.

你请他来。(네가 그를 오시게 청해라)

他的话使我十分生气。(그의 말이 나를 아주 화나게 한다)

没有一个不称赞他的。(그를 칭찬하는 사람이 하나도 없다)

[2] 겸어문의 의미

1) 사역의 의미

① 겸어 전(前) 동사로 쓰여 사동을 나타내는 낱말로는 '使' '让' '叫' '请' '求' '逼' '命令' '吩咐' '促使' '鼓励' '引导' '启发' '指示' '领导' '禁止' 등이 있다.

我们请他唱首歌, 好吗?(우리가 그에게 노래 한 곡 해달하고 청하자, 어때?)

这个消息使我很高兴。(이 소식이 나를 아주 기쁘게 한다)

② '让'이나 '叫'가 단순히 어떤 행위나 동작을 하게 한다는 사동의 의미로도 쓰일 수 있는 반면, '使'는 어떤 행위나 동작의 조건, 효과, 원인, 결과 등까지 나타낼 수 있을 때 사용한다.

*爸爸使他学习。
(단순히 '学习'라는 행위를 할 뿐 그 행위의 결과가 어떠하여야 한다는 언급은 없음)

*老师使我打扫教室。→ 老师让我打扫教室。
(선생님이 나에게 교실 청소를 하라고 하셨어)

爸爸使他放心地学习。
(아버지가 그가 안심하고 공부할 수 있게 하셨어)

爸爸使他能够学下去。
(아버지가 그가 계속 공부해나갈 수 있게 하셨어)

爸爸使他学习得比谁都好。
(아버지가 그가 누구보다 공부를 잘하게 하셨어)

2) 호칭, 인정의 의미

겸어 전(前) 동사로 쓰여 호칭이나 인정의 의미를 나타내는 낱말로는 '称' '叫' '骂' '呼' '认' '选' '推荐' '认为' 등이 있다. 이때 두 번째 동사로는 주로 '做' '为' '当' '是' 등이 온다.

朋友们都称他为书呆子。(친구들이 모두 그를 책벌레라고 부른다)
人家背后骂我是废物。(사람들이 뒤에서 나를 쓰레기라고 부른다)
同学们一致选我当代表。(동학들이 만장일치로 나를 대표로 선출하였다)

3) 존재, 소유의 의미

① 겸어 전(前) 동사로 쓰여 호칭이나 인정의 의미를 나타내는 낱말로는 '是' '有' '无' '留' 등이 있다.

我有个朋友是经商的。(나한테 친구가 하나 있는데 장사를 한다)

② '有'의 목적어는 불확정적인 것이다. 따라서 '这个' '那个' 등의 관형어를 가진 등의 확정적인 목적어는 올 수 없으며, '一个' '几个' '一些' 등의 관형어를 가진 불확정적인 목적어만 올 수 있다.

有只狼跑过来了, 你看见没有? (늑대 한 마리가 달려왔는데 못 보셨어요?)

③ '是'가 겸어 전 동사일 때는 '是'의 목적어가 강조된 것이다.

是我把她气哭了。(내가 그녀를 화나게 해서 울렸어)

④ 겸어 전 동사가 '是/有'인 경우 이들 동사 앞에 시간이나 처소사가 와 무주어문을 구성하기도 한다.

教室里有几个朋友在聊天。(교실에서 친구 몇 명이 이야기를 하고 있다
今天是他值班。(오늘은 그가 당직이다)

3 겸어문의 구조

1) 동태조사 '了' '过' '着'의 위치

① 겸어문의 내용이 동작의 지속성이나 이미 발생한 내용, 경험 등을 나타낸다고 할지라도 겸어 전 동사 뒤에는 일반적으로 '了' '过' '着' 등의 동태조사가 올 수 없다.

*他让过我看这本书。→ 他让我看过这本书。(그가 나에게 이 책을 보라고 했다)

② 겸어가 불확정적임을 나타내는 관형어를 가지거나, 목적, 원인, 결과를 나타내는 절과 함께 쓰인 복문에 겸어 전 동사가 '请' '叫' '派' '约' '选' '托' 등이라면 '了'가 쓰일 수 있다.

我叫了几个年轻人保护孩子。
(내가 몇몇 젊은이에게 아이를 보호하라고 하였다 – 겸어가 '几个'라는 불확정적인 관형어를 지녔으므로)

为了孩子的安全，我叫了小明保护孩子。

(아이의 안전을 위해 내가 샤오밍에게 아이를 보호하라고 하였다 - 겸어문이 목적, 원인, 결과 등을 나타내는 절과 함께 쓰임)

③ 겸어문이 원인과 결과를 표시하는 절과 함께 쓰였다면 문미에 어조조사 '了'를 써서 새로운 상황의 출현을 나타낼 수도 있다.

那件事托了老王去办了。

(그 일은 라오왕에게 부탁해서 해결하게 했다)

我们选了他当代表，明天他就要开会去了。

(우리가 그를 대표로 선출하여 내일 그는 회의를 하러 간다)

2) 조동사의 위치

겸어문에서 조동사는 겸어 전 동사 앞에 위치한다. 겸어문의 주어에 귀속된 동사는 겸어 전 동사이다. 따라서 주어의 행위에 해당하는 조동사는 겸어 전 동사 앞에 와야 한다.

这件事会叫他感到十分为难。

(이 일은 그를 아주 난감하게 할 수 있다)

怎样才能让千家万户吃饱呢？

(어떻게 하면 수 천 수 만 가구가 배불리 먹게 할 수 있지?)

3) 부정부사의 위치

① 겸어문에서 부정부사는 겸어 전 동사 앞에 위치한다.

他们不让我出院。

(그들은 내가 퇴원하지 못하게 한다)

这种情形，怎能不叫人感到困惑！

(이런 상황에서 어떻게 하면 사람들을 곤혹스럽게 하지 않을 수 있을까!)

② 금지나 만류를 표현하기 위해 '别'나 '不要'를 부정부사로 쓴다면 이들은 두 번째 동사 앞에 위치한다.

他们让我别出院。(그들은 나에게 퇴원하지 말라고 한다)

4) 간접목적어의 위치

겸어 전 동사는 간접목적어와 직접목적어를 모두 가질 수 있으며, 그 순서는 주어 + 동사 + 간접목적어 + 직접목적어 + 동사이다.

你借我车用用。(네가 내 차를 빌려가 쓰렴)

递我那张说明书看一下儿。(설명서 좀 보게 내게 건네 줘)

第五章

존현문[存现句]

사람이나 사물의 존재 · 출현 · 소실 등을 나타내는 문형을 '존현문'이라고 한다. 이런 문장은 어느 장소나 시간에 모종의 대상이 존재하거나 혹은 출현 또는 소실하는 현상을 나타낸다. 이런 문장은 동사 앞에 장소나 시간을 나타내는 낱말이 오며 존재, 출현, 소실의 주체는 동사 뒤에 위치한다.

술어 앞의 처소사나 시간사를 주어로 볼 수도 있고, 장소나 시간을 나타내는 부사어로 볼 수도 있을 것이다. 장소나 시간을 나타내는 말을 부사어로 간주한다면 이런 문장은 무주어문으로 보아야 할 것이다.

동사 뒤의 체언을 일반적으로 목적어로 간주하지만, 존현문에서는 이것이 앞에 있는 동사의 동작 주체자이므로 선뜻 목적어로 인정하기 어려워지고, 이를 주어라고 한다면 주어가 술어 뒤에 위치한다는 점에서도 마찬가지이다.

하지만 중국어의 현상에 대해 일관성 있는 설명을 위해 존현문에서 문두에 오는 처소사 혹은 시간사는 동작 발생의 배경이 아니라 술어의 진술 대상이라는 점에서 주어라고 보고, 술어 뒤의 동작 주체자는 목적어라고 인정하는 것이 일반적 추세이다.

1 존재문

존현문[存现文] 중 존재를 나타내는 문장을 존재문[存在文]이라 한다. 이는 어떤 장소에 어떤 사람이나 사물이 존재함을 설명 또는 묘사하는 문장이다.

1) 존재문의 형식

(1) 처소사 + 동사 + 명사(존재하는 사람/사물)

이때 일반적으로 '在', '从' 등의 전치사는 쓰지 않는다.

桌子上有一本书。(책상에 책이 한 권 있다)

桌子上是一本书。(책상 위에는(/위의 것은) 책 한 권이다)

桌子上放着一本书。(책상 위에 책이 한 권 놓여 있다)

(2) 처소사 + 동사 + 有 + 명사(존재하는 사람/사물)

墙上挂有一幅名画。(벽에 명화가 한 폭 걸려있다)

(3) 처소사 + 수량사 + 명사(존재하는 사람/사물)

이때 수사는 '一'에 국한되며, 생략할 수 없고, 문장 전체의 중점은 수량에 있는 것이 아니라 묘사에 있다.

天上一片乌云。(하늘에 검은 구름 한 점이 있다)

2) 존재문의 문법적 특징

① 동사가 '是'나 '有'가 아니면 동사 뒤에 대부분 동태 조사 '着' '了'가 있다.

墙上挂着他的照片。(벽에 그의 사진이 걸려 있다)

草地上坐了两位客人。(풀밭에 손님 두 분이 앉아 있다)

② 존재문에서 자주 쓰이는 술어 동사는 '坐' '站' '蹲' '躺' '睡' '围' '停' '住' '放' '种' '搬' '挂' '插' '摆' '存' '贴' 등이 있다.

③ 목적어는 불확정적인 것이며, 일반적으로 단일 명사로 쓰이지 않고 수량사나 관형어의 수식을 받는 형태이다.

头发上插着一朵花。(머리에 꽃 한 송이를 꽂고 있다)

④ 술어 앞에 동작의 진행을 표시하는 부사 '正'이나 '在'를 첨가할 수 없다.

*桌子上正放着一本书。

3) 동태 존재문과 정태 존재문

존재문은 그 내용에 의해 다시 동태존재문[动态存在文]과 정태존재문[静态存在文]으로 나눌 수 있다.

①동태 존재문 — 동작의 지속이나 진행을 나타낸다.

空气里弥漫着一股清香。(공기에 맑은 향기가 퍼져 있다)

②정태 존재문 — 실질적인 동작을 나타내는 것이 아니라 상태를 묘사한다.

学校东面是片农田。(학교 동쪽은 밭이다)

③동태존재문의 동사는 동작성을 가지지만 정태존재문의 경우 동작성이 없으며, 동태 존재문의 '着'는 '了'로 교체가 가능한데 정태존재문은 그렇지 않다.

2 은현문

존현문[存现文] 중 사람이나 사물의 출현이나 소실을 나타내는 문장을 은현문[隐现文]이라 한다.

1) 은현문의 형식

처소사/시간사 + 동사 + 명사(출현 혹은 소실하는 사물)

前面来了一个人。(앞쪽에서 어떤 한 사람이 왔다)

昨天发生了一件大事。(어제 큰 일이 하나 일어났다)

장소나 시간을 표시하는 낱말에 '在' '从' 등을 붙이지 않는다.

2) 은현문의 문법적 특징

①술어가 자동사이면서 물체의 이동과 관계가 깊다.

来 | 跑 | 出 | 掉 | 上 | 下 | 起 | 走 | 落 | 生 | 死 | 出现 | 发生

②동사 뒤에 방향보어, 결과보어, 동태조사 了가 많이 온다.

休息的时候，天空飞过一群大雁。(쉴 때 하늘에 기러기 떼가 날아갔다)

东边的村子死了一头牛。(동쪽 마을에 소 한 마리가 죽었다)

③은현문의 목적어

ⓐ목적어는 불확정적인 것이다. 목적어 앞에 수량사가 종종 온다.

这时屋里走出来一位衣服破旧的老大娘。
(이 때 방안에서 낡은 옷을 입은 아주머니 한 분이 걸어 나왔다)

ⓑ부정문에서는 수량사로 이루어진 관형어가 올 수 없다. 이때 부정사는 동작을 부정하는 것이 아니라 수량을 부정하는 것이 되기 때문이다.

*楼下没停着几辆汽车。→ 楼下没停着汽车。
(아래층에 자동차가 서 있지 않아)

ⓒ목적어가 고유명사인 경우 '(一)个'를 목적어 앞에 첨가하는 것이 일반적이다. 이때 그 고유명사는 실제 인물을 가리키는 것이 아니라 '…와 같은 사람'이란 의미로 쓰인다.

我们单位出了个雷锋。(우리 직장에 레이펑(레이펑과 같은 사람)이 나왔네)

ⓓ목적어가 댓구나 병렬을 이루고 있다면 관형어가 없어도 무방하다.

山上长着树, 山下种着庄稼。
(산 위에는 나무가 자라고 있고, 산 아래는 곡식이 심겨져 있다)

第六章

비교문[比較句]

사람이나 사물 간을 서로 비교하여 그 성질이나 정도의 차이를 나타내는 문형을 '비교문'이라고 한다. 비교문에는 같고 다름을 나타내는 문장과 정도의 차이를 비교해서 표현하는 두 가지 형태가 있다.

비교문은 여러 가지 특정한 전치사나 동사를 써서 특수한 형태로 구성하게 된다.

1 같고 다름의 비교

1) A跟B一样 – A와 B는 같다

① A跟B一样(地) + (형용사)

这本书跟那本书一样(地)厚。(이 책과 저 책은 똑같이 두껍다)

我姐姐跟你一样瘦。(우리 언니와 너는 똑같이 여위었다)

② A跟B相同

他的看法跟我的看法相同。(그의 생각과 나의 생각은 같다)

现在生活，跟过去大不相同。(현재의 생활은 과거와는 크게 다르다)

2) A有B那么/这么 – A는 B만큼 …하다

① A有B那么/这么…

A가 B의 정도에 도달했음을 나타낸다. 이때 A와 B는 성질이나 수량 면에서 같은 것이어야 한다.

他弟弟快有我这么高了。(그 사람 남동생은 곧 나만큼 키가 클 것이다)

他有你这么爱笑。(그는 너만큼이나 잘 웃는다)

这间屋子有那间那么大。(이 방은 그 방만큼이나 크다)

② 부정형식은 '没有…'이다.

弟弟没有妹妹高。(남동생은 여동생만큼 크지 않다)

这种没有那种结实。(이 종류는 그 종류만큼 견실하지 못하다)

你没有我努力。(너는 나만큼 노력하지 않는다)

③ 비교의 결과 뒤에 구체적인 차이를 나타내는 표현이 올 수 없다.

*他有我这么大一岁。 ⁝ *他没有我大一点儿。

3) 像

① 비교되는 사람/사물 + '像' + 비교의 대상

이때는 '像'이 문장의 술어로써 정도부사의 수식을 받을 수 있다.

他像他爸爸。(그는 자기 아버지를 닮았다)

这件东西很像你说的那件。(이 물건은 네가 말한 그 물건과 아주 닮았다)

② 비교되는 사람/사물 + '像' + 비교의 대상 + 这么/那么/这样/那样 + 비교의 측면/표준

이 때 부정 형태는 '不像'으로 표현된다. 또한 '像'은 정도부사의 수식을 받을 수 없다.

他像他爸爸那么勇敢。(그는 자기 아버지처럼 그렇게 용감하다)
天气不像往年那么热！(날씨가 왕년처럼 그렇게 덥지 않아!)
*他很像你这么聪明。

③A像B — A와 B가 비슷함을 나타낸다.
A像B那样C — A와 B가 C방면에서 서로 비슷함을 나타낸다.
A有B那么C — A는 C방면에 있어 B의 정도에 도달했음을 나타낸다.

他像他哥哥那样热情。(그는 그 사람 형처럼 열정적이다)
他有他哥哥那么热情。(그는 그 사람 형만큼 열정적이다)

4) 不如

전자가 후자 보다 못함을 '不如'를 사용하여 나타낸다. '不如' 뒤에 다시 다른 술어를 사용해서 비교의 요소 또는 기준을 나타낼 수 있다.

①비교된 사람/사물 + 不如 + 비교의 대상

他汉语说得不如你。(그가 중국어 하는 게 너보다 못하다)
刘邦的力量不如项羽。(유방의 역량은 항우보다 못하다)

②비교된 사람/사물 + 不如 + 비교의 대상 + 那么 + 비교의 요소/기준

我不如他那么刻苦。(나는 그 사람만큼 그렇게 고생하지 않는다)
这个报告不如那个报告那么精彩。(이 보고는 그 보고만큼 흥미롭지 않다)

5) 越来越…(了)

①비교된 사람/사물 + 越来越 + 동사/형용사(변화의 요소)

他越来越健康。(그는 점점 더 건강해진다)
天气越来越冷。(날씨가 점점 더 추워진다)

②비교된 사람/사물 + 越 + 동사/형용사 + 越 + 동사/형용사(변화의 요소)

这本小说我越看越有意思。(이 소설은 보면 볼수록 재밌다)

③'越来越'를 사용한 비교의 문장에서 술어 뒤에 정도보어가 올 때, '越来越'는 정도보어 앞에 와야 하며, 술어 앞에 올 수 없다.

*他越来越长得高了。→ 他长得越来越高了。(그는 점점 더 자란다)

④ 정도부사와 같이 정도를 나타내는 다른 표현과 같이 쓰일 수 없다.

*越来越比较适应。→ 越来越适应。(점점 더 적응해간다)

6) 문두에 비교를 나타내는 구와 함께 쓰이는 경우

① 比…起来

比起跑步来，我更喜欢游泳。
(달리기와 비교하자면 나는 수영을 더 좋아한다)

② 跟…相比

跟他相比，你的成绩更好一些。
(그와 비교해서 네 성적이 조금 더 낫다)

③ 跟…比起来

跟他的朋友比起来，他的成绩更好一些。
(그의 친구와 비교하니 그의 성적이 조금 더 낫다)

2 차이의 비교 — '比'자문

1) '比'자문의 형식

비교되어진 사람/사물 + '比' + 비교의 대상 + 비교의 결과 + (구체적 차이)

今天比昨天冷。(오늘은 어제보다 춥다)
他比我高。(그가 나보다 크다)
今天比昨天冷得不得了。(오늘은 어제보다 훨씬 더 춥다)
牛肉比猪肉更便宜。(소고기가 돼지고기보다 더 싸다)

2) '比'자문의 구성

① '比'의 앞과 뒤의 낱말과 구는 일반적으로 같은 구성 성분이다. 그러나 앞뒤의 낱말이나 구에 공통되는 요소가 있다면 앞 뒤 어느 한 쪽의 공통되는 요소를 생략할 수 있다.

汽车比自行车快。(명사 – 자동차가 자전거보다 빠르다)
坐火车比坐飞机慢。(동목구 – 기차 타는 것이 비행기타는 것보다 느리다)
你讲比他讲更好。(주술구 – 네가 설명하는 게 그가 설명하는 것보다 더 훌륭하다)
他(学习)比我学习更用功。(그가 너보다 더 열심히 공부한다)
今天气温比昨天(的气温)还高。(오늘 온도가 어제보다 높다)

②'比 + 목적어' 뒤의 술어는 보어를 가질 수 있다. 이때 술어 뒤 보어가 형용사로 된 정도보어라면 보어 뒤에는 구체적인 차이를 나타내는 수량사는 올 수 없다. 다만 '一点儿' '一些' '多了' 등만 올 수 있다.

马比牛跑得快。
(말이 소보다 빨리 달린다)

我的负担比你的重得多。
(나의 부담이 너의 부담보다 훨씬 더 무겁다)

*这次比上次考得高五分 → 这次比上次考得高一点。
(이번 시험은 지난 번 보다 점수가 좀 더 높다)

③목적어 없이 정도보어만 온다면 아래와 같이 쓴다.

他比我学得好。(그가 나보다 공부를 더 잘한다)

他学得比我好。

④동사 + 목적어 구조에서는 아래와 같이 쓴다.

他说汉语说得比我好。(그가 중국어 하는 게 나보다 낫다)

他说汉语比我说得好。

*他比我说汉语说得好。

⑤술어 앞에 정도부사 '很' '非常' '最' '十分' '太' '极' '极其' '挺' '怪' '顶' '格外' '相当' '多么' '比较' 등을 사용할 수 없으며, '更' '更加' '稍' '稍微' 등은 이러한 제한 없이 사용될 수 있다.

*今天比昨天很暖和。

*他比我工作得非常好。

⑥비교 내용이 정도보어로 표현된다고 해도 정도보어가 취할 수 있는 정도부사는 '更', '更加', '稍', '稍微'로 한정된다.

*他今天比昨天起得很早。→ 他今天比昨天起得更早。
(그가 오늘은 어제보다 일찍 일어났다)

⑦부정문에서는 '没有'를 쓴다. 이때 술어는 수량보어나 '多了'와 같이 구체적인 정도의 차이를 나타내는 표현과 같이 쓰지 못한다.

期末考试没有期中考试容易。(기말고사는 중간고사만큼 쉽지 않았어)

我长得没有他漂亮。(나는 그 사람만큼 잘생기지 않았어)

*昨天晚上没有早上凉快一点。

*我没有他重两斤。

⑧때로 '不 + 比' 형식을 쓰기도 한다. 이 경우 의미가 두 가지로 나뉜다.

这样做不比那样做好。
(이렇게 하는 것이 그렇게 하는 것보다 좋아)

他起得不比你晚。
(그는 너보다 늦게 일어나지 않았어)

他不比我高。
(그는 나보다 크지 않다. 그나 나나 키가 같다는 뜻과 내가 그 사람보다 키가 크다는 두 가지 의미이다)

我不比你差。= 我比你不差。
(구어체의 경우 형용사가 화자가 원하지 않는 상태나 성질이라면 '不'가 술어 바로 앞에 와서 그 어조를 강조할 수 있다 — 내가 너보다 못하다는 것을 원하지 않는 상황이므로)

⑨ 조동사는 술어 바로 앞에 오고 조동사 앞에는 '更' '还'가 올 수 있다.

最近的小孩比皇帝还会花钱。
(요즘 아이들은 황제보다 더 돈을 쓸 줄 안다)

泪水比笑容更能表达内心的激动与喜悦。
(눈물이 웃는 얼굴보다 마음속의 감동과 기쁨을 더 잘 표현할 수 있다)

⑩ '多' '少' '早' '晚'은 부사어로 술어동사 앞에 위치한다.

我比他多买了一本《旅游天地》。
(내가 그 사람보다 《旅游天地》 한 권을 더 샀다)

我比他晚到三分钟。
(내가 그 사람보다 3분 더 늦게 도착했어)

⑪ 나이를 비교할 때, 술어는 '大'나 '小'이며 '多'나 '少'을 사용해서는 안 된다.

我比你大，他比我小。(나는 너보다 나이가 많고 그는 나보다 어려)

⑫ 나이의 구체적인 차이를 비교할 때 '岁'를 사용해서 나타내며 '年'은 사용할 수 없다.

我比你大两岁，他比我小一岁。
(나는 너보다 두 살 더 많고 그는 나보다 한 살 어려)

第七章

'是…的'구문[是…的句]

'是…的'구문은 이미 발생한 동작의 시간·장소·대상·방법이나 화자의 주관적 감정 및 견해에 대해 강조하는 구문이다.

이 구문은 평서문의 서술부를 '是'와 '的'사이에 두어 체언화하는 방법으로 특정 요소를 강조하는 형식이다.

'是…的' 구문은 형태는 같으나 형식상의 특징 및 강조하는 내용에 따라 일반적으로 '是…的'구문(1)과 '是…的'구문(2)로 나누어 설명한다. 전자는 이미 발생한 동작의 수식 성분, 즉 시간, 장소, 주체자, 대상, 방법 등을 강조하는 구문이고, 후자는 화자의 주관적 감정 및 견해 전체에 대해 강조하는 구문이다. 이에 따라 부정의 형태나 목적어의 위치 등 몇 가지 용법이 차이를 보이게 되므로 이에 유의해야 한다.

1 '是…的'구문(1)

1) '是…的'구문(1)의 형식

(1) 주어 + 是 + 술어 + (목적어) + 的

他是两点半出去的。(그는 2시 반에 나갔어요)

今天中午我们是吃的饺子。(오늘 점심 때 우리는 교자를 먹었어요)

(2) 是 + 주어 + 술어 + (목적어) + 的

是小王告诉我的。(샤오왕이 나에게 일러준 거야)

2) '是…的'구문(1)의 의미

동작이 이미 과거에 발생하였거나 완성되었으며 그 사실을 청자나 화자가 알고 있는 경우에 사용한다. 동작 자체에 의미의 중점을 두는 것이 아니라 동작과 관계있는 다른 요소, 예를 들어 시간, 장소, 방식, 동작의 주체나 대상 등에 의미의 중점이 있다.

① 시간, 장소, 방식, 조건, 목적, 공구를 강조하는 경우

我是从美国来的。
(장소 - 나는 미국에서 왔어요)

他是去年到北京的。
(시간 - 그는 작년에 북경에 도착했어요)

我对新事，是一点一点明白的。
(방식 - 나는 새로운 일에 대해 조금씩 조금씩 이해한다)

我就是为你做这一切的。
(목적 - 나는 바로 너를 위해 이 모든 것을 했어)

这一成绩是在大家的帮助下取得的。
(조건 - 이 성적은 모두의 도움 아래서 얻은 거야)

② 문장에 목적어가 있다면 목적어는 '的' 앞에 올 수도 있고 뒤에 올 수도 있으나, 목적어가 인칭대명사이면 '的'가 목적어 뒤로 가는 경우가 많다.

她是昨天通知我的。(그녀가 어제 나에게 통지했어요)

③ 동사 뒤에 일반명사 목적어와 방향보어가 동시에 온다면 '的'는 그 목적어 앞에 올 수도 있고 뒤에 올 수도 있다. 그러나 방향보어는 반드시 '的' 앞에 온다. 이 때 술어의 직접목적어는 술어 바로 뒤에 나오지 않고 도치되는 것이 일반적이다.

他是昨天打电话来的。

他是昨天打来的电话。(그가 어제 전화를 걸어왔어요)

④동작의 주체를 강조하는 경우

这些文章，一定是他写的。(이 글들은 틀림없이 그가 쓴 거야)

⑤'是'가 문두에 와서 문장 전체의 주어를 강조하는 경우. 이때 '的'는 인칭대명사 목적어 뒤, 일반명사 목적어 앞뒤에 모두 위치할 수 있다.

是谁告诉你的？ - 是小王告诉我的。

(누가 네게 말했니? - 샤오왕이 내게 말했어요)

是你引诱我的。

(바로 네가 나를 유혹했잖아)

是姐姐让我进的屋。

(누나가 나에게 방으로 들어오게 했어)

⑥동작의 대상, 즉 목적어를 강조하는 경우는 '是'와 '的' 사이에 동사가 오며 동사의 대상이 되는 목적어는 '的'뒤에 온다.

老大是学的汉语，老二是学的历史。

(큰 애는 중국어를 공부하고 둘째는 역사를 공부해)

他是喝的咖啡，我是喝的绿茶。

(그는 커피를 마셨고 나는 녹차를 마셨어)

⑦행위 혹은 상황을 강조하되 그 행위나 상황이 어떤 결과의 원인이 될 때. 이때 원인을 나타내는 동사 뒤에 목적어가 있다면 동사를 반복하고 그 사이에 목적어를 위치시킨다. 따라서 문장 구조는 '주어 +是 +동사$_1$+목적어+동사$_1$+的'이다.

她脸红恐怕是海风吹的。

(그녀의 얼굴이 붉은 것은 아마도 해풍이 불어서일 것이야)

他头疼是喝酒喝的。

(그가 머리가 아픈 것은 술을 마셨기 때문이야)

3) '是…的'구문(1)의 구성

(1) 부정형식 — '不是…的', '是…的'

'是' 앞에 부정부사를 두어 강조점을 부정한 뒤, 그 뒤에 긍정하는 내용을 부연해주는 것이 일반적이다.

他不是昨天来的，是前天来的。

(그는 어제 온 것이 아니라 그저께 왔어요)

他的手术，不是我做的，是王大夫做的。

(그의 수술은 내가 한 게 아니라 왕선생이 했어요)

⑵ '是'의 생략

일반적으로 '是'는 생략할 수 있다.

他(是)上星期去的，我(是)这星期去的。

(그는 지난주에 갔고 난 이번 주에 가)

그러나 아래와 같은 경우는 '是'를 생략할 수 없다.

① 주어가 '这' '那'인 경우

这是今天上午送来的。(이건 오늘 오전에 보내왔어)

② 행위나 상황을 강조하는 경우

她脸红恐怕是海风吹的。

(그녀의 얼굴이 붉은 것은 아마도 해풍이 불어서일 것이야)

③ 부정형식인 경우

他不是昨天来的，是前天来的。

(그는 어제 온 것이 아니라 그저께 왔어요)

⑶ 의문문 형식

① 일반 의문문 — 문미에 '吗'를 부가한다.

他是昨天来的吗? (그가 어제 왔어요?)

② 특지 의문문 — 의문의 초점을 의문대명사로 대체시킨다.

他是哪天来的? (그가 며칠에 왔어요?)

③ 정반 의문문 — '是'를 긍정부정 형태로 반복한다.

你是不是给我买的词典? (네가 나에게 사전을 사주지 않았니?)

④ 선택 의문문 — '还是'로 연결한다.

你是投的赞成票，还是投的反对票?

(너는 찬성표를 던졌니, 아니면 반대표를 던졌니?)

2 '是…的'구문(2)

1) '是…的'구문(2)의 형식

(1) 주어 + 是 + 술어 + (목적어) + 的

这种现象是确实存在的。(이러한 현상은 확실히 존재한다)

她是不合适做这个工作的。(그녀는 이런 일을 하는데 적합하지 않다)

(2) 주어 + 是 + 능원동사 + 술어 + (목적어) + 的

주어 + 是 + 술어 + 가능보어 + (목적어) + 的

善意是可以看得出来的。(선의는 알아볼 수 있어)

2) '是…的'구문(2)의 의미

주어에 대한 추측 · 판단 · 추론 · 권유 · 도리 등에 대한 주관적 태도를 강조하거나 주어에 대해 주관적인 견해로 설명하거나 묘사한다.

(1) 추측, 판단, 추론, 권유, 도리 등에 대한 주관적 태도를 강조한다.

你的病是会好的。(너의 병은 꼭 좋아질 거야)

他也许是不愿意来的。(그는 어쩌면 오고 싶어 하지 않을 거야)

(2) 주어에 대한 설명 혹은 묘사를 한다.

那部电影的题目是很容易记的。(그 영화의 제목은 아주 기억하기 쉽다)

3) '是…的'구문(2)의 구성

(1) 부정형식

'是…的'구문(2)는 '是…的'구문(1)과 달리 일괄적으로 '是' 앞에 부정부사 '不'를 첨가하여 부정문을 만드는 것이 아니라 술어의 형식에 따라 각기 다른 부정형을 취하게 된다.

他是会这样做的。(그는 이렇게 할 수 있을 거야)

→ 他是不会这样做的。(그는 이렇게 할 수 없을 거야:조동사의 부정)

那种思想是妥当的。(그런 종류의 사상은 타당하다)

→ 那种思想是不妥当的。(그런 종류의 사상은 타당하지 않아:형용사의 부정)

?他这样不努力，是学得好汉语的。

→ 他这样不努力，是学不好汉语的。

(그가 이렇게 노력하지 않으면 중국어를 잘 할 수 없어:가능보어의 부정)

⑵ '是'와 '的'의 생략

①'是…的'구문⑵구문에서 이 '是'와 '的'는 모두 생략할 수 있다. 그러나 술어가 수식성분을 동반하지 않은 일음절 동사일 경우 생략할 수 없다.

办法是有的。(방법은 틀림없이 있어)

工作当中困难是有的。(작업하다보면 어려움은 반드시 있다)

②문장의 주어가 '这' '那'이거나 이중 부정 형식일 경우 '是'는 생략할 수 없다.

我一直喜欢你，这是你肯定知道的。
(내가 늘 너를 좋아했으니 이건 네가 틀림없이 알거야)

这句话是不可不信的。
(이 말은 믿지 않을 수 없다)

第八章

'是'구문[是字句]

어느 나라 말이든 명제의 주사(主辭)와 빈사(賓辭)를 연결하여 긍정이나 부정의 뜻을 나타내는 낱말이 있는데, 이런 낱말을 계사(繫辭)/연결사(連結詞)/연결동사/코퓰러[copula: 系词]라고 한다. 영어의 대표적 계사는 'be'동사이고, 한국어의 대표적 계사는 '이다' '아니다'이며, 중국어의 대표적 계사는 '是' '不是'이다.

이런 계사를 써서 사물의 이동(異同)을 판단해서 말하는 문장을 판단문[判断句] 혹은 '是'구문[是字句]이라고 한다.

동사 '是'는 여타 동사와는 다른 여러 가지 특징을 가지고 있다. 예를 들면, 동태조사나 각종 보어를 뒤에 둘 수 없다든가, 부정부사는 '不'에 한정된다든지, 중첩 형태를 가지지 않는다는 것 등이다.

동사 '是'가 술어로 쓰일 때 가지는 문법적 특징을 잘 파악하는 것도 매우 중요하다.

1. '是'구문의 의미

'是'구문의 주어와 목적어의 관계에 따라 몇 가지 유형으로 나누어 살펴볼 수 있다.

⑴ 주어와 목적어가 귀납 혹은 동등 관계인 경우

① 귀납관계를 나타내는 경우

이 경우 주어와 목적어의 위치를 바꾸면 의미가 통하지 않거나 달라진다.

他是老师。(그는 선생님이다)

这些花都是玫瑰花。(이 꽃들은 모두 장미꽃이다)

② 동등관계를 나타내는 경우

이때는 주어와 목적어의 위치를 바꾸어도 문장의 의미상 변화가 없다.

王群是她的名字。(왕췬은 그녀의 이름이다)

这首歌是他最喜欢的。(이 노래는 그가 제일 좋아하는 노래다)

③ 비유를 나타내는 경우

이때 주어와 목적어의 위치를 바꾸면 의미가 통하지 않거나 달라진다.

时间就是钱。(시간은 곧 돈이다)

他的脸是多云转晴。(그의 얼굴은 흐린 날씨였다가 맑아졌다)

④ 존재를 나타내는 경우

이때 주어는 대개 처소사나 방위를 나타내는 말이다.

图书馆前边是操场。(도서관 앞쪽은 운동장이다)

桌子上是书。(책상 위는(/위의 것은) 책이다)

⑵ 목적어가 주어에 대한 설명인 경우

이때는 주어와 목적어는 대부분 'A=B'와 같은 등식관계로 설명될 수 없다.

① 성질이나 특징을 나타내는 경우

我的女朋友是短头发。(나의 여자 친구는 짧은 머리이다)

他是个慢性子。(그는 느린 성격이다)

② 장소를 나타내는 경우

我们都住在那个楼，他是三层，我是六层。
(우리는 모두 그 건물에 사는데 그는 3층이고 나는 6층이다)

③시간을 나타내는 경우

開始上課的時間是上午九点。(수업 시작하는 시간이 오전 9시이다)

④확인 및 긍정을 나타내는 경우

他是很用功。(그는 아주 열심이다)

⑤소유하고 있거나 갖추고 있는 물건을 나타내는 경우

我们俩带来的书不一样，我是英文书，他是法文书。
(우리 둘이 가져온 책은 다른 데 나는 영어책이고 그는 불어 책이다)

⑥공구나 수단을 나타내는 경우

他每天上班总是这么一辆破车。
(그가 매일 출근할 때는 늘 이 낡은 자전거이다)

⑶해설 및 원인 등을 나타내는 경우

我去中国是学习汉语，不是赚钱。
(내가 중국에 간 것은 중국어를 공부하러 간 것이지 돈을 벌기 위해 간 것이 아니다)

形成潮汐是由于地球与月球这两个运动物体之间有吸引力。
(조석의 형성은 지구와 달, 이 두 운동 물체 사이에 끌어당기는 힘이 있기 때문이다)

⑷무주어문을 형성하여 해설하는 경우

이 경우 문두의 '是' 앞에 주어는 존재하지 않으며 '是' 뒤의 체언이 '是'의 목적어가 된다. 이때 '是'의 목적어가 뒤에 나오는 동사의 동작 주체자로 강조된다.

是我打了他。
(내가 그를 때렸어요)

是你没听清楚，不是我没说清楚。
(네가 분명히 못 들은 것이지, 내가 분명히 말하지 않은 게 아니야)

⑸양보를 나타내어 '虽然'의 의미를 형성하는 경우

他聪明是聪明，就是不努力。
(그가 비록 영민하긴 해도 노력을 하지 않아)

有是有的，可是不在这儿-问题就在这里！
(있긴 있지만 여기에는 없어 - 문제는 바로 이거야!)

2. 의문문의 형식

①의문조사 '吗'를 쓴다.

你是学生吗？ (너 학생이니?)

书店旁边是银行吗？(서점 옆이 은행입니까?)

②정반의문문으로 만든다.

他是不是你的朋友？(그 사람은 네 친구 아니니?)

③문두, 문중 혹은 문미에 '是不是'를 첨가한다.

是不是明天开会？(내일 회의 하지 않아요?)

他是不是很认真？(그 사람은 아주 열심이지요?)

大家都很喜欢你, 是不是？(모두 너를 좋아하잖아, 그렇지?)

第九章

'有'구문[有字句]

'有'구문은 동사 '有'가 술어인 문장을 말한다. '有'는 중첩할 수 없다든지 각종 보어를 취할 수 없다는 점 등은 '是'와 같지만, 부정부사가 '沒'에 한정된다는 것, 목적어를 취할 경우 정도부사 '很'의 수식을 받을 수 있다는 것 등이 '是'와 구별되는 점이기도 하다.

동사 '有'가 술어로 쓰일 때 가지는 문법적 특징을 잘 파악하는 것도 매우 중요하다.

1. '有'구문의 의미

⑴ 소유나 소속을 나타내는 경우

① 소유 및 소속을 의미하는 경우

他有一辆轿车。(그는 승용차 한 대를 가지고 있다)

我有两本汉语大词典。(나는 중국어 대사전을 두 권 가지고 있다)

② 구비(具備)하고 있음을 나타내는 경우

这个楼有四十层。(이 건물은 40층이다)

这本字典有800字。(이 자전은 800자를 수록하고 있다)

③ 목적어가 주어의 속성을 나타내거나 설명을 하는 경우. 이때 목적어는 대개 추상명사이다.

他们对生活有自信。

(그들은 생활에 자신감을 가지고 있다)

做事有热情。

(일을 하는데 열정이 있다)

成就事业，就应当有这样一种精神!

(사업을 이루려면 마땅히 이런 종류의 정신이 있어야지!)

我对这件事很有信心。

(나는 이 일에 대해 자신이 있다)

⑵ 존재를 나타내는 경우

① 문두 성분은 대개 처소사, 시간사이며 목적어는 존재하는 사물이나 사람으로 존현문의 구조를 가지는 경우가 대부분이다.

墙上有很多画儿。(벽에 많은 그림이 있다)

屋里有几个孩子。(방에 아이 몇 명이 있다)

② 주어가 말할 필요가 없거나 말하기 어려울 때 드러나지 않을 수도 있다.

没有他的电话。(그의 전화는 없었어요)

③ 존재하는 사물이 '有' 앞에 위치하여 주어 역할을 할 수도 있다.

这种事不会有。(이런 일은 있을 수 없어)

⑶ 발생 및 출현 등을 나타내는 경우

이때 목적어는 일반적으로 이음절 동사이다.

最近他有了很大的进步。(최근에 그는 아주 큰 진보가 있었어)

国家财政收入有了增长。(국가 재정 수입이 증가하였다)

⑷ 모종의 수량에 도달함을 나타내는 경우

降雨量只有三四百毫米。(강우량은 겨우 삼사백 밀리미터 밖에 되지 않는다)
他进报社已经有五个月了。(그가 신문사에 들어간 지 이미 오개월이 되었다)
今天她可能有六十岁了。(오늘 그녀는 아마 예순이 되었을 것이다)

⑸ 비교문에서 비교의 기준을 나타내는 경우

他有我这么高。(그는 나만큼 크다)
他有我这么喜欢运动吗？(그가 나만큼 운동을 좋아합니까?)
我家没有奶奶的家那么美丽。(우리 집은 할머니 집만큼 예쁘지 않아)
这一课生词没有那一课生词多。(이 단원의 새 단어는 그 단원만큼 많지 않다)

⑹ 연동문의 제1동사구를 형성하는 경우

①'有'의 목적어가 제2동사구의 대상이 되는 경우

我有一个问题想跟你商量商量。(내게 문제가 하나 있는데 너와 상의하고 싶어)
有话藏不住，马上说出来。(할 말이 있으면 숨기지 못하고 금새 말한다)

②'有'의 목적어가 추상명사이며 제2동사구가 의미상 이 목적어의 관형어 역할을 하는 경우

我们没理由怀疑她的成绩。
(우리는 그녀의 성적을 의심할 이유가 없다)
这个人根本就没有资格当董事长!
(이 사람은 근본적으로 이사장이 될 자격이 없다)

⑺ 겸어문의 겸어 전 동사로 쓰이는 경우

이때 무주어문으로 사용되는 것이 아주 일반적이며 '有'의 목적어는 주로 불확정적인 것이다.

家里还是有一个人支持我的。
(집에는 아직 나를 지지해주는 사람이 한 사람 있다)
但是从来没有一个人成功过。
(그러나 이제껏 단 한 사람도 성공한 적이 없다)
有几个人举起了手。
(몇 사람이 손을 들었다)
有几只怪鸟在啼叫。
(이상한 새 몇 마리가 울고 있다)

2. 의문문의 형식

① 의문조사 '吗'를 쓴다.

北京也有很多韩国餐厅吗? (북경에도 한국 식당이 많이 있니?)

②정반의문문으로 만든다. '有没有' 형식과 '有 + 목적어 + 没有' 형식이 있다.

你有没有自行车? (너 자전거가 있니 없니?)

你有自行车没有? (너 자전거가 있니 없니?)

第六編

문장과 문법

第一章

문장의 종류

문장은 여러 각도에서 분류할 수 있다. 문장의 문법적인 구조에 따라, 주어가 있고 없음에 따라, 술어의 특성에 따라 나눌 수도 있고, 문장의 용도에 따라 분류할 수도 있다.

이러한 기준에 따라 문장을 분류하고 그것들의 특징에 대해 숙지하고 활용하는 것은 중국어를 잘 구사하는 것과 밀접한 관련이 있다.

1 구조에 따른 분류

1) 단문과 접속문

(1) 단문[单句]

주어와 술어의 관계가 한 번만 이루어지는 문장

今天没有课。(오늘은 수업이 없어)

你去哪儿？ (너 어디 가니?)

(2) 접속문[复句]

둘 이상의 단문(單文)으로 이루어진 하나의 문장

如果他不来，我就不说。
(만일 그가 오지 않는다면 나는 말하지 않겠다)

虽然你有很多钱，却买不了我的一颗心。
(네가 비록 돈이 많다고 해도 내 마음을 살 수는 없어)

2) 주술문과 비주술문

(1) 주술문[主谓句]

주어와 술어를 모두 가지고 있는 단문의 일종

她很漂亮。(그녀는 아주 예쁘다)

我学习韩国语。(나는 중국어를 공부한다)

我明天一定来。(내일 꼭 올께)

(2) 비주술문[非主谓句]

주어와 술어를 모두 갖추지 못한 단문의 일종

谢谢！(고마워!) ⁝ 下雨了。(비가 온다) ⁝ 死了父亲。(아버지가 돌아가셨어)

(3) 무주어문[无主句]

주어는 없고 술어만 있는 문장

来了。(왔어요) ⁝ 走了。(갔어요) ⁝ 去吧！(가자!)

(4) 단어문/일어문[独词句/独语句]

하나의 낱말이나 수식구조로 이루어진 문장을 단어문(單語文) 혹은 일어문(一語文)이라고 한다.

谁？ (누구?) ⁝ 火！(불이야) ⁝ 再见 (안녕)

3) 술어에 따른 분류

⑴ 동사술어문[动词谓语句]

동사나 동사구가 술어로 쓰인 단문의 일종

我学习汉语。(나는 중국어를 공부한다) ¦ 我做菜。(요리를 해요)

⑵ 형용사술어문[形容词谓语句]

형용사나 형용사구가 술어로 쓰인 단문의 일종

我很忙。(나는 아주 바쁘다) ¦ 他的脸通红。(그 사람 얼굴이 온통 빨갛다)

⑶ 명사술어문[名词谓语句]

명사나 명사구가 술어로 쓰인 단문의 일종

明天晴天。(내일은 맑은 날씨다) ¦ 我李明。(저는 리밍입니다)

⑷ 주술술어문[主谓谓语句]

주어와 술어로 구성된 주술구가 술어로 쓰인 단문의 일종

老王哪儿都去过。(라오왕은 어디든 모두 가보았어)

我肚子疼。(나는 배가 아프다)

2 용도에 따른 분류

1) 진술문/평서문[陈述句]

듣는 이에게 자기 생각을 말하거나 남의 물음에 대답하는 내용의 문장

他是我的老师。(그는 나의 선생님이다)

昨天我们没见面。(어제 우리는 만나지 않았는데)

문미에 화자의 어조를 표현하고 강조할 수 있는 어조조사가 첨가될 수도 있다.

这学期收获不少呢。(이번 학기는 수확이 적지 않다)

这件事情本来就不是他的错误嘛。(이 일은 본래 그의 잘못이 아냐)

2) 의문문[疑问句]

⑴ 판단 의문문[判断疑问句/是非疑问句]

'그렇다' 혹은 '아니다'라는 대답을 요구하는 의문문으로, 진술문의

문미에 의문조사 '吗'를 첨가하여 만든다.

这是他的书吗？(이것은 그의 책입니까?)

你父亲在家吗？ (아버지 집에 계시니?)

⑵ 특지의문문[特指疑问句]

의문대명사로 알고자 하는 내용을 특별히 지정하여 묻는 의문문으로, 의문대명사로 의문문임을 알 수 있으므로 '吗'를 첨가하지 않는다.

他是谁的老师？(그 사람은 누구의 선생님입니까?)

你什么时候回家？(너는 언제 집에 가니?)

她为什么一句也不说？(그녀는 왜 한 마디도 하지 않아?)

⑶ 선택의문문[选择疑问句]

두 가지 이상의 사물이나 상황 중 한 가지만 선택하여 대답하길 바라는 의문문으로, 일반적으로 '(是…), 还是…' 형태이다.

你明天去，还是后天去？(너는 내일 가니? 아니면 모레 가니?)

出国还是留下，你自己决定！(출국하든지 남든지 네 스스로 결정해라)

⑷ 정반 의문문[正反疑问句]

술어의 긍정 형식과 부정 형식을 병렬하여, 두 가지 중 어느 한 가지를 선택하여 대답하길 바라는 의문문을 가리킨다. 긍정부정 의문문이라고도 한다.[53)]

① V + 不/没 + V[54)]

你去不去？

那件东西大不大?

② V + O + 不/没 + V + O

你去学校不去学校？

你能去学校不能去学校?

③ V + O + 不/没 + V

你去学校不去？

53) 이 의문문의 형식 또한 두 가지 중 어느 한 가지를 선택하는 것으로 선택의문문으로 분류하기도 하지만 몇 가지 용법상의 특징이 있으므로 여기서는 따로 분류한다.

54) 병렬하는 낱말이 이음절이면 긍정 형식의 제2음절을 생략할 수도 있다.

你知道不知道? ; 你知不知道?

我可以不可以去玩儿? ; 我可不可以去玩儿?

你能去学校不能去?

④V + O + 不/没

你去学校不?

你能去学校不能?

⑤V + 不/没 + V + O

你去不去学校?

你能不能去学校?

⑥V(+ O) + 不是

你去学校不是?

你能去学校不是?

⑦V(+ O) + 是不是/没(有)

你去学校是不是?

你能去学校, 是不是?

他去了学校没有?

(5) '呢'를 이용한 단순 의문문

'명사(구)/대명사 + 呢' 의 형식으로 단순한 의문문을 구성할 수 있다. 이때 다른 술어가 없어도 대화의 흐름으로 관련 동작 및 상황을 추측할 수 있다.

我的书包呢?

(내 가방은? → 내 가방은 어디 있지?)

我们明天去香山, 你们呢?

(우리는 내일 향산 가는데 너희는? → 너희는 어디 가니?)

3) 반어문[反问句]

되묻는 형식으로 의문이 아닌 강한 강조를 나타내는 문장이다. 화자가 이미 답을 알면서 하는 질문으로 긍정형으로 쓸 경우 부정적 내용을 강조하는 것이며, 부정형으로 쓸 경우 긍정적 내용을 강조하는 것이 된다.

这不是已经决定的吗?

(이것은 이미 결정된 것이 아냐? → 이미 결정된 사항이니 더 말할 필요가 없다)

我怎么不认识他?

(내가 어찌 그를 모르겠는가? → 당연히 알고 있다)

你怎么跟我说这样的话呢?
(너 어떻게 나한테 그런 말을 할 수 있니? → 마땅히 그런 말을 해서는 안 된다)
我哪里有钱?
(나에게 돈이 어디 있겠니? → 돈이 없다)
这么小的孩子懂什么?
(이렇게 어린 아이가 무얼 알겠니? → 아는 바가 없다)

4) 명령문[祈使句/命令句]

청자로 하여금 모종의 행동을 하거나 혹은 못하게 하는 문장이다. 중국어에서 '祈使句'라고 하는 것은 상대방이 모종의 동작을 하거나 하지 않기를 바라는 문장이란 뜻이다.

(1) 긍정형식

① 동사가 단독의 명령문은 그 어감이 비교적 강압적이다.
来! | 进去!

② 동사 중첩형식의 명령문은 어조가 많이 완화된다.
研究研究! | 我们考虑考虑吧!

③ '请 + 동사(구)'의 형식의 명령문은 정중한 부탁이나 권고의 의미를 나타낸다.
请里边坐! (안쪽에 앉으세요) | 请稍微等一下! (잠시만 기다리세요)

④ '동사(구) + 吧' 형식의 명령문은 청유나 요구, 권고의 의미를 가지며 어조가 많이 완화된다.
你自己收拾吧! (네 스스로 정리해라!)

⑤ '동사(구) + 着' 형식의 명령문
听着! (들어봐!)

⑥ 형용사 단독의 명령문은 형용사가 의미하는 대로 하라는 명령문이 된다.
快! (빨리!) | 安静! (조용히!) | 请安静点儿! (좀 조용히 하세요!)
慢着! (천천히!)

(2) 부정형식

동사 앞에 '不要' '别' '不准' '不许' '不得' 등의 부정사를 써서 금지의 의미를 나타낸다.

不要进去！(들어가지 마!) | 不得吸烟！(흡연은 안 됩니다!)
别让他自己收拾吧！(그 사람이 직접 정리하게 하지 마라!)

5) 감탄문[感叹句]

화자의 감정을 표현하는 문장이다. 문장 중에 그러한 느낌을 전달해 줄 감탄사 및 감탄 조사 '啊' '了' '啦' '呢' 등을 사용할 수 있다.

(1) 감탄문의 형식

① '好' '太' '多么' '这么' '那么' 등의 낱말들로 화자의 느낌을 과장하거나 강조한다.

好漂亮！(정말 예쁘다) | 太贵了！(너무 비싸다!)
我们的生活多么幸福！(우리의 생활이 얼마나 행복한지!)
他说得多么亲切！(그는 얼마나 친절하게 말하는지!)

② 감탄사를 사용한다.

哟，急了急了！(아이, 급해 급해!) | 哎呀，真了不起！(와, 정말 대단하다!)
哦，明白了！(아, 알았어요)

③ 문미에 감탄의 어조를 나타낼 수 있는 어조조사를 쓴다.

急死啦！(급해죽겠어!) | 真是好人呐！(정말 좋은 분이시네요!)

④ 위에서 언급한 문법적 표지 외에 어조만으로도 표현할 수 있다. 대화체에서는 어조만 드러나고 서면어에서는 느낌표만으로 표현된다.

日子过得真快！(세월이 정말 빨리 흐른다)
我们终于见面了！(우리가 드디어 만났다)

(2) 감탄문의 구조

① 명사, 형용사, 동사, 감탄사 등의 낱말만으로도 감탄문을 구성할 수 있다.

坏蛋！| 误会！| 聪明！| 啊！

② 단어구도 감탄문을 구성할 수 있다.

你这个人！(당신이라는 사람!) | 吃这么多东西！(이렇게 많은 걸 먹다니!)

③ 하나의 문장도 감탄문을 구성할 수 있다.

今天天气真好！(오늘 날씨가 정말 좋아요)

第二章

접속문[复句]

의미상 관계가 있는, 두 개 또는 두 개 이상의 단문으로 구성된 문장을 접속문(接續文) [复句]라고 하며, 접속문을 구성하는 각 단문을 절(節) [小句/分句]이라고 한다. 이 접속문은 각각의 절이 의미상 관련을 맺고 있되 구조적으로 서로를 포함하지 않는 즉, 서로 상대방의 문장성분이 되지 않아야 한다는 특징이 있다.

중국어의 접속문은 대체로 접속사나 접속 부사의 도움을 받아 연결되지만 접속사나 접속 부사의 표지 없이 의미만으로 연결되는 경우가 매우 많다. 이런 경우 각 절의 논리 관계는 일반적인 상황에 근거해 오해나 혼란의 여지가 없는 것이어야 하지만, 이를 한국어로 번역할 때 적당한 접속형 어미로 연결하는 것은 매우 중요하다.

절 사이의 휴지(休止)를 표시할 경우, 쉼표(,)나 쌍반점(;)을 사용하기도 하지만 두 절이 긴밀하게 연결되는 긴축문의 경우처럼 쉼표나 쌍반점 없이 연결되기도 한다.

1 접속문의 종류

1. 단문[单句]과 복문[复句]

(1) 단문(單文)/홑문장[simple sentence:单句]

주어와 서술어의 관계가 한번만 이루어지는 문장이다.

秀彬去学校。(수빈이는 학교에 간다)

(2) 중문(重文)/대등복문/거듭문장[compound sentence:等立复句/联合复句]

서로 같은 형식의 단문이 연결되어 이루어진 문장이다.

秀彬去学校，秀琳去市场。(수빈은 학교에 갔고, 수림은 시장에 갔다)

(3) 연합복문(連合複文)/겹문장[endocentric complex sentence:主从复句/偏正复句]

하나의 단문이 다른 단문에 종속적으로 연결된 문장. 종속적으로 연결된 단문을 종속절(從屬節)[subordinate clause:从句]이라 하고 종속절을 거느리는 단문을 주절(主節)[main clause:主句]이라고 하는데, 일반적으로 선행절이 종속절이며 후행절이 주절이다.

因为秀彬去学校，所以秀琳去市场。
(수빈이가 학교에 갔기 때문에 수림이가 시장엘 갔다)

(4) 포유복문(包有複文)/가진문장[contain embedded clause sentence:包孕复句/子母句]

① 하나의 단문이 다른 단문을 문장성분의 하나로 포함하고 있는 형식의 문장. 문장성분에 해당되는 문장을 내포문(內包文)/안긴문장[embedded sentence:子句]이라 하고 내포문을 가진 문장을 모문(母文)/모형문(母型文)/안은문장[matrix sentence:母句]이라고 함.

秀彬知道秀琳去了市场。(수빈은 수림이 시장에 간 것을 알았다)

② 중문과 복문의 관계가 한 문장 안에 모두 있을 때 이를 혼성문(混成文)/중복문(重複文)[compound-complex sentence:并列复合句]이라고 하며, 중문을 대등복문(對等複文)이라 하여, 복문의 일종으로 보기도 하지만 일반적으로 연합복문(連合複文)과 포유복문(包有複文)만을 복

문(複文)[complex sentences:复合句/复句]이라고 한다.

③중문과 복문은 실제로 구별하기 어려울 때가 많아 중문과 복문을 묶어 접속문(接續文)이라고 하는 경우가 많으며, 이럴 경우 절들이 대등하게 이어진 대등접속문(對等接續文)/등위접속문(等位接續文)과 종속적으로 이어진 종속접속문(從屬接續文)으로 나눌 수 있다.

④중국어 문법에서는 1920년대에 복문[复句]을 포유복문(包有複文)[包孕复句], 중문(重文)[等立复句], 연합복문(連合複文)[主从复句]로 나누었으나[55] 일반적으로 포유복문은 복문으로 보지 않고 단문으로 간주한다. 두 개의 주술구조가 연이어 있는 문장은 복문이지만, 주술구조를 문장성분으로 내포하고 있는 문장은 복문으로 보지 않는다는 뜻이다. 또 주어 다음에 서술어가 병렬되어 있을 경우 서술어 사이에 휴지가 있으면 복문이지만 휴지가 없으면 단문으로 간주한다. 중국어 문법에서 포유복문을 단문으로 분류하는 이유는 한 문장 내에 다른 문장이 내포될 때 영어나 한국어와는 달리 문장 성분을 나타내는 접속사나 연결어미가 없이 단순히 문장 내의 필요한 위치에 삽입되는 고립어적 특성 때문일 것이다.

学生多做运动比较好。(단문)
李老板人小，度量可大。(복문)
李老板胆大心细。(단문)

2. 대등접속문과 종속접속문

중국어의 접속문은 일반적으로 다음과 같이 분류한다.

1) 대등접속문[联合复句]

앞 뒷 절이 문법적으로 대등하여 서로 수식하거나 설명하는 관계가 아닌 접속문이다. 병렬접속문, 연접접속문, 점층접속문 등이 여기에 속한다.

---

55) 黎锦熙[여금희], ≪新著着国语文法≫(초판:1924년, 商务印书馆, 2007년 12월 湖南教育出版社)에서는 복문을 '包孕复句' '等立复句' '主从复句'로 나누고 '包孕复句' 아래 '名词句' '形容词' '副词句'로, '等立复句' 아래 '并列句' '选择句' '承接句' '转折句'로, '主从复句' 아래 '时间句' '原因句' '假设句' '范围句' '让步句' '比较句'로 나누었다.

⑴ 병렬접속문[并列复句]

앞 뒷 절이 문법적으로 대등하게 단순히 병렬된 접속문을 말한다. 단문의 순서를 바꾸어도 의미의 변화가 없다.

我们每天复习生词，写汉字，做练习。
(우리는 매일 새 낱말을 복습하고 한자를 쓰고 연습을 한다)

这是新书，那也是新书。
(이것은 새 책이고 저 것도 새 책이다)

⑵ 점층접속문[递进复句]

① 뒷 절이 앞 절보다 더 진일보한 내용을 가지며 연접접속문과 마찬가지로 각 절의 순서가 바뀌면 안 된다. 점층접속문에는 주로 '不但/不仅…, 而且…'가 사용된다. 이때 앞 절의 접속사는 생략이 가능하지만 뒷 절의 접속사를 생략하는 경우는 없다. 뒷 절의 접속사를 생략하면 앞 절과 뒷 절의 경계가 불분명해져서 의미가 달라지거나 통하지 않을 수 있기 때문이다.

他(不但)会说英文，而且说得很流利。
(그는 영어를 할 줄 알 뿐 아니라 게다가 아주 유창하게 한다)

② '(并)且' '还' '更' '甚至' 등의 관련사가 뒷 절에 쓰이기도 한다.

企业亏损的情况很严重，甚至停产半停产。
(기업들의 손실 상황이 아주 심각해서 심지어는 파산을 하기도 한다)

⑶ 연접접속문[承接复句]

연속적으로 발생한 몇 개의 동작이나 사건을 순서에 따라 서술한 것이다. 이 연접접속문은 시간적 선후 관계가 있어 각 절의 순서를 바꿀 수 없다.

① 각 절은 아무런 관련사 없이 직접적으로 연결될 수도 있다.

他一说，大家就大笑起来了。(그가 말하자 모두가 크게 웃기 시작했다)

② '(首先)…, 然后…'으로 연결될 수도 있다.

他首先讲了话，然后别的同学也讲了话。
(그가 먼저 발표를 하고 그 다음에 다른 동학도 발표를 했다)

③ 뒷 절에 '便', '就', '又'등의 관련사를 써서 연결할 수도 있다.

三杯酒下肚，便有了胆量。(술 석 잔이 배에 들어가니 담이 커진다)

⑷ 선택접속문[选择复句]

두 개 이상의 사건이나 상황 중 어느 한 가지를 선택하는 내용의 접속문이다. 선택접속문은 그 내용에 따라 다시 두 가지로 나눌 수 있다.

①두 가지 이상의 항목 중 어느 하나를 선택하는 것.

진술문에서 '或者…, 或者…' '要么…, 要么…', 의문문에서 '还是'와 같은 관련사를 사용하며 때로 관련사의 도움 없이 각 절을 나열하는 것으로 나타내기도 한다.

或者去上课, 或者在家睡觉, 都随你的便。
(수업을 하러 가든지, 집에서 자든지 모두 네 맘대로 해라)

在暑假里, 我们要么去海滨游泳, 要么上黄山观景。
(여름 방학 때 해수욕장에 수영을 하러 가든지, 황산에 구경을 가든지 할 것이다)

是和家人欢度节日, 还是在做寒假作业?
(집안 식구들과 명절을 보낼 거니, 아니면 겨울 방학 숙제를 할 거니?)

②두 가지 이상의 항목 중 어느 하나를 반드시 선택해야 하는 것.
'不是…, 就是…'의 관련사를 사용한다.

今天没来上课的, 不是生病了, 就是有事。
(오늘 수업에 오지 않은 것은 병이 났거나 아니면 일이 있어서이다)

2) 종속접속문[主从复句]

주절(主節)과 종속절(從屬節)로 이루어져 하나의 절이 다른 하나의 절을 수식하거나 제한하는 접속문이다.

只要你努力, 就一定能学好。(네가 노력만 하면 틀림없이 잘 배울 수 있어)

⑴ 인과접속문[因果复句]

①앞 뒷 절이 서로 원인과 결과를 나타낸다.

因为天气不好, 所以我们没去那儿。
(날씨가 좋지 않아 그래서 우리는 거기에 가지 않았다)

由于路太远, 病人在半路死去了。
(길이 너무 멀어 환자가 도중에 죽었다)

②인과관계는 주로 원인과 결과를 설명하는 논리 관계이지만 원인에 따른 결과를 판단하는 예도 있다. 해당 관련사로 '既然…, 就…'가 있다. 이런 인과관계는 결과의 실현 여부는 나타나지 않는다.

既然是来比赛，就要打出自己的水平，力争好成绩。
(이왕 시합하러 왔으니까 자신의 수준을 발휘하여 좋은 성적을 쟁취하여야 한다)

既然这么爱唱歌，那就去学音乐吧。
(이왕 이렇게 노래 부르는 걸 좋아하니 음악을 배우러 가려무나)

(2) 전환접속문[转折复句]

앞 절에 언급한 사실과 상반된 내용이 뒷 절에 나타나는 접속문이다. '虽然…, 但是/可是…' '否则' '不然'은 비교적 어감이 강조되고 '却' '不过'는 전환의 어감이 비교적 가볍다. 뒷 절에 '可是' '但是' 등만 쓰는 것보다 이와 같이 앞 절과 뒷 절의 관련사를 같이 쓰면 의미가 더욱 강조된다.

她虽然不是他的妈妈，可是比妈妈对他还好。
(그녀가 비록 그의 엄마는 아니지만 그의 엄마보다 그에게 더 잘해준다)

(3) 가정접속문[假设复句]

앞 뒷 절이 가설과 그에 따라 예측되는 결과를 나타내는 접속문이다. '要是…, 就…' '如果…, 就…' 등으로 가설 관계를 나타낸다. 이 때 접속사를 쓰지 않고 의미만으로 접속문을 구성하기도 한다.

要是我父亲还活着，我们的生活比现在还好。
(만일 우리 부친이 아직 살아계신다면 우리의 생활이 지금보다는 좋을 거야)

有什么困难，我们一定帮助你。
(어떤 어려움이 있으면 우리가 반드시 널 도울 거야)

(4) 조건접속문[条件复句]

앞 절에서 언급한 조건의 결과를 뒷 절에서 나타내는 접속문이다. 이 조건 관계 또한 그 내용과 사용하는 관련사에 따라 아래와 같이 두 가지로 나눌 수 있다.

① 한 가지 특정한 조건 아래서만 결과가 실현됨을 설명하는 특정 조건문으로 '只要…, 就…' '只有…, 才…' '除非'의 관련사가 이에 해당된다.

只要你努力，就一定能学好。
(네가 노력하기만 하면 분명히 잘 배울 수 있을 거야)

只有你亲自去请求，他才会答应呢！
(네가 직접 가서 부탁을 해야만 그가 겨우 대답할거야)

除非你也去，不然我就不去!
(너도 가지 않으면 나도 가지 않아!)

② 어떠한 조건아래서도 결과는 동일하게 실현됨을 설명하는 무조건문으로 '不管/不论/无论…, 却/也/还' 등의 관련사를 사용해서 표현할 수 있다.

不管有多大的困难，我也要干下去。
(어떤 큰 어려움이 있다고 해도 나는 계속 해 나갈 것이다)

⑸ 양보접속문[让步复句]

전환 관계를 나타내는 접속문 중 앞 절에서 언급한 어떤 사실이나 가정이 성립한다 하더라도 뒷 절에서 그것에 대해 양보하겠다는 의미를 나타내는 접속문이다. 양보접속문은 앞 절과 뒷 절이 내용상 사실상 전환관계를 나타내고 있으므로 전환접속문의 일종이라고 할 수도 있다. 양보관계도 내용 및 사용되는 관련사에 따라 아래와 같이 나눌 수 있다.

① 사실에 근거한 양보. '尽管' '固然'을 사용해서 표현한다.

他固然不对，可是你的态度也不好啊！
(그가 설사 틀렸다고 해도 너의 태도 또한 나쁘잖니!)

② 가정에 근거한 양보. '即使' '哪怕' '就是'을 사용해서 표현한다.

治病救人是我应尽的责任，即使你没钱，我也会给你治的。
(환자를 치료하고 사람을 살리는 것은 내가 해야 할 책임입니다. 당신이 설령 돈이 없다고 할지라도 나는 당신을 치료할 것입니다)

⑹ 취사접속문[取舍复句]

앞 뒷 절에 언급된 각기 다른 두 가지 사물이나 상황 중 어느 하나만을 취하겠다는 뜻을 포함한 접속문이다. '与其…, 不如…' '宁可…, 也不…'의 관련사가 이에 해당한다.

与其等死，不如起义反抗。
(죽기를 기다리느니 차라리 일어나 반항하겠다)

宁可不吃不喝，也要救活儿子。
(안 먹고 안 마실지언정 아들을 반드시 살려내겠다)

2 긴축문

긴축문 혹은 축약문[紧缩句]은 단문의 형식으로 접속문과 같은 논리관계를 가진 문장 형식을 말한다. 내용상 접속문이지만 접속 기능을 가진 낱말을 이용해 단문(單文) 형식으로 축약한 문장으로 연접, 점층,

가설, 양보 등의 관계를 나타낸다.

(1) 연접 관계 — '一…就…'

他一看见我就留下眼泪。(그는 나를 보자마자 눈물을 흘렸다)

这孩子一看书就睡觉。(이 아이는 책만 보면 잠을 잔다)

(2) 점층 관계 — '越…越…' '越来越…'

这个学生越说越糊涂。(이 학생은 말을 하면 할수록 더 헷갈려 한다)

冬天到了，天气越来越冷了。(겨울이 왔다. 날씨가 점점 더 추워진다)

(3) 가설 및 양보 관계

①'再…也…'

雨下得再大也要去。(비가 더 많이 내린다 해도 갈 것이다)

②'非…不/才…'

我非把文章写完不回家。(이 글을 다 쓰지 않으면 집으로 돌아가지 않겠다)

③'不…不…'

你不说清楚就不能去。(너 분명히 말하지 않으면 못 가)

④'不…也…'

不想吃也得吃。(먹고 싶지 않아도 먹어야 해)

강식진

國立臺灣師範大學 문학박사(중국어학 전공)
국립부산대학교 교수(1980년~현재)
여러 중국 관련 학회 회장 역임

대표 편저서
≪老乞大朴通事研究≫(臺灣學生書局, 1985년)
여러 종의 ≪中韓辭典≫과 ≪韓中辭典≫
중학교 및 고등학교 중국어 교과서
어학관련 저서·논문 다수

이수진

국립부산대학교 문학박사(중국어학 전공)
국립부산대학교 강사(2007년~현재)
부산대학교 문법, 작문, 교직과정 및 임용 강좌 담당

대표 편저서
≪현대중국어 주제어의 통사적 성분화 연구≫ (2008년 부산대학교)
<중국어 존현동사구문의 비대격성과 격 문제>(≪중국어문학논집≫, 2010년)
<중국어 존현문의 의미 구조와 논항 실현>(≪중국어문학≫, 2010년)
<현대 중국어 어휘 사동의 의미 구조>(≪중국어문학논집≫, 2011년)
<중국어 사동 표현과 거리 도상성>(≪중국어문학≫, 2012년) 외 다수

신선한 중국어문법
普通话的语法

초판 1쇄 찍음 · 2013년 4월 5일

공 저 자 · 강식진 · 이수진
발 행 인 · 정 현 걸
발　　행 · 신 아 사
인　　쇄 · 예지인쇄
출판등록 · 1956년 1월 5일 (제9-52호)
주　　소 · 서울특별시 은평구 녹번동 28-36번지 2F
전　　화 · (02)382-6411 · 팩스 (02)382-6401
홈페이지 · www.shinasa.co.kr
E-mail · shinasa@chol.com

ISBN 978-89-8396-811-1(93720)

정가 *15,000* 원